"十二五"高职高专规划教材·精品系列

国家骨干高职院校建设项目成果系列教材

仓储业务管理

WAREHOUSING BUSINESS MANAGEMENT

胡云峰 主 编
张卓远 柳 娜 副主编

中国铁道出版社
CHINA RAILWAY PUBLISHING HOUSE

图书在版编目（CIP）数据

仓储业务管理 / 胡云峰主编. -- 北京 : 中国铁道出版社, 2014.1

“十二五”高职高专规划教材. 精品系列

ISBN 978-7-113-17802-4

Ⅰ. ①仓… Ⅱ. ①胡… Ⅲ. ①仓库管理－高等职业教育－教材 Ⅳ. ①F253.4

中国版本图书馆CIP数据核字(2013)第292687号

书　　名：仓储业务管理

作　　者：胡云峰　主编

策　　划：左婷婷　　　　**读者热线**：400-668-0820

责任编辑：张丽娜

编辑助理：邢斯思

封面设计：刘　颖

封面制作：白　雪

责任校对：龚长江

责任印制：李　佳

出版发行：中国铁道出版社（100054，北京市西城区右安门西街8号）

网　　址：http://www.51eds.com

印　　刷：北京铭成印刷有限公司

版　　次：2014年1月第1版　　2014年1月第1次印刷

开　　本：787mm×1092mm　1/16　**印张**：12.25　**字数**：280千

印　　数：1～2 000册

书　　号：ISBN 978-7-113-17802-4

定　　价：38.00元

"十二五"高职高专规划教材·精品系列

前言 FOREWORD

随着经济的发展，电子商务及现代信息技术都促使物流行业快速发展，作为现代物流重要支柱之一的仓储活动也越来越得到制造商、分销商、零售商的关注，处理好仓储业务，可以极大地降低供应链中的物流成本，提高企业利润。仓储是商品流通活动中不可缺少的重要环节，对任何企业来讲都是极为重要的。仓储活动的研究范围包括两大部分，一部分是基础设施设备，包括仓库的选址与布局、仓库设备的选择与数量确定等；另一部分为与储存相关的部分，包括货物的出入库管理、在库期间的储存保养等内容。

本书作为高职高专类物流管理的专业教材，注重理论与实践的有机结合，每个任务中都设计了引导案例和基本的技能训练。本书共分为 7 个项目 23 个任务，项目 1 主要介绍仓储管理的基本知识，包括仓库的分类与设施，仓库合同与仓单。项目 2 主要介绍入库作业，包括入库作业的准备工作与作业流程。项目 3 主要介绍货物在库作业的管理，包括保管与养护、堆码与苫垫、装卸搬运等内容。项目 4 主要介绍出库作业的管理，包括出库作业的准备与流程及退货处理。项目 5 主要介绍特殊货物的管理，包括冷藏货物、危险品、保税货物的管理。项目 6 主要介绍仓储成本管理的方法与指标，绩效管理的方法与指标。项目 7 主要介绍仓储安全管理，包括仓储安全保卫工作、消防常识、安全操作技术，等等。

全书由黑龙江职业学院胡云峰担任主编，负责教材统稿和定稿工作，并负责编写项目 5、项目 6、项目 7；黑龙江职业学院张卓远负责编写项目 2、项目 3、项目 4，黑龙江职业学院柳娜与吉林工业职业技术学院郭宇环参与编写项目 1。本书在编写过程中得到了黑龙江省物流与采购联合会秘书长谢岩、哈尔滨龙运物流园区刘伟杰、吕剑光的大力支持和悉心帮助，在此表示感谢。

本书可以作为高职高专学校物流管理与工程、电子商务、市场营销等专业的教材，也可以作为普通高等学校物流管理专业的实践教材，各层次成人教育、企业培训教材，物流管理从业人员的自学读物。

由于时间仓促，本书难免有不足之处，在本书的内容和体系上还有进一步修改、完善的空间，为此，敬请各位读者批评指正。

编 者

2013 年 10 月

CONTENTS 目录

目 录 CONTENTS

项目1

仓储业务管理认知

说起仓储人们都知道是储存物品的活动，但是将物流的理念和仓储结合起来时，就构成了现代仓储（物流仓储）的雏形。传统仓储的目的是如何存，如何存好，如何减少物品的损坏、丢失。而现代仓储（物流仓储）的目的是在传统仓储的基础上，要研究如何存的刚好满足需求，如何方便物品的流入和流出。目前我国的仓储多为现代仓储的理念，传统仓储的管理方法、设施设备仍很落后；只有少数厚利企业全部采用现代仓储的理念和设施设备，因此从总体上看我国仓储的滞后阻碍了物流业的发展。要改变这种状态需要经过一个较长的过程，才能形成满足物流需求的仓储环境。

任务 1.1 走进仓储

工作思考

1. 什么是仓储?
2. 仓储业务管理包含哪些内容?
3. 仓储业务管理与库存管理有何关系?

引导案例

A 公司在深圳市福田保税区拥有 30 000 m^2 的保税仓库。其主要客户包括日本理光国际通运有限公司、华润物流等近百家外资、港资物流企业。A 公司向客户提供保税仓库的长租和短租服务，并附带从事流通加工等物流增值服务。

A 公司的盈利模式是以仓库库位出租为核心的物流服务项目的收费。基本收费项目是仓租费。另外还有装车、卸车、并柜、拼箱，对货品进行贴标、缩膜、打板、换包装、简单加工，以及代客户进行报关、报检等服务项目的收费。主要支出是人工、水电、仓储物和设备折旧带来的维修维护费用等。

A 公司的仓库主要是平面仓，有部分库区常用立体货架。以托盘为基本搬运单元，用叉车（以及手动托盘车）进行进出库搬运和库内搬运。一楼是越仓区，有 5 辆燃气动力的叉车。二楼到十楼为储存区，每层都有一到两台电动叉车。有两个大型货运电梯上下。车辆停靠在月台有十多个车位，可以停靠货柜车、箱式车等多型号的运输车辆。

目前 A 公司仍是以订单为驱动，以业务为中心进行运作的仓储服务企业。公司存在的问题主要是保税仓库的固定资产超过 8 000 万元，而每年的利润却不到 500 万元，资产回报率太低。提高保税仓库区工作人员士气，努力增强服务意识，注重品质提升，增大物流增值服务比例，大幅提高仓租费以外的收入来源，争取到更多利润贡献率高的优质客户，淘汰利润率低的客户等都是势在必行要解决的问题。

任务发布

假如你是 A 公司的经理，为了改善公司的经营状况，请完成以下任务：

（1）根据本公司的实际情况，请制定出能提高 A 公司盈利的经营方案。

（2）根据本公司的实际情况，请指出如何提高 A 公司的仓储服务管理水平。

我要学习啦

仓储是历史发展的产物，随着生产力发展、剩余产品的出现而产生，伴随着商品流通领域与规模的扩大而发展。我国仓储产生于古代的“邸店”与“塌房”，历史虽然久远，但现代仓储业的真正发展却是在 20 世纪 80 年代后。

1.1.1 仓储的含义

"仓"即仓库，为存放、保管、储存物品的建筑物和场地的总称，可以是房屋建筑、洞穴、大型容器或特定的场地等，具有存放和保护物品的功能。"储"即储存、储备，表示收存以备使用，具有收存、保管、交付使用的意思。所谓仓储，是指通过仓库对物资进行储存和保管。它随着物资储存产生发展起来，在社会分工和专业化生产的条件下，为保持社会再生产过程的顺利进行，必须储存一定量的物资，以满足一定时间内社会和消费的需要。

现代仓储，是在供应链一体化与经济全球化背景下的仓储，是现代物流系统中的仓储，它表示一项活动或是一个过程，是以满足供应链上下游的需求为目的，在相应的场所，运用现代化技术对物品的进出库、库存、分拣、包装、配送以及对其信息进行有效的执行和控制的物流活动。首先仓储是一项物流活动，或者说物流活动是仓储的本质属性。仓储不是生产、不是交易，而是为生产与交易服务的物流活动中的一部分。这表明仓储只是物流活动之一，物流环节其实还有许多其他活动，仓储业务要融于整个物流系统之中，应该与其他物流活动相联系、相影响、相配合。

仓储的含义可以从两个方面来理解，即狭义的仓储与广义的仓储。

狭义的仓储仅指通过仓库等场所实现对在库物品的储存与保管，是一种静态仓储。可喻之为"蓄水池"。

广义的仓储是指除了对物品的储存、保管，还包括物品在库期间的装卸搬运、分拣组合、包装刷唛、流通加工等各项增值服务功能，是一种动态仓储。可喻之为"河流"。配送中心就是其最好的例证。

1.1.2 仓储的功能

仓储的功能主要体现在经济利益和服务利益两个方面。

1. 经济利益

在整个的物流过程中，当使用一个或多个仓库设施时，必然会增加仓储成本，但只要物流过程的总成本能够下降，就能够证明该仓库在经济上是合理的，这样就产生了仓储的经济利益。仓储的基本经济利益有四个：整合；分类和交叉；堆存；加工／延期。

（1）整合。整合是仓储的一个经济利益，在仓储中，整合就是把不同的货物，使它们结合在一起进行集合运输、储存，以求减少成本、增加效益。

整合仓库接收来自一系列制造工厂指定送往某一特定顾客的材料，然后把它们整合成单一的一票装运，其好处是有可能实现最低的运输费率。

整合装运的主要利益是，把几票小批量装运的物流流程结合起来联系到一个特定的市场地区。整合仓库可以由单独一家厂商使用，也可以由几家厂商联合起来共同使用出租方式的整合服务。如图 1.1 所示，工厂 A、B、C 将各自的产品运送到整合仓库中，由仓库将产品拼成一票整车运输，送到特定的顾客群所在地。整合仓库应距离生产企业较近，才会发挥作用。通过这种整合方案的利用，每一个单独的制造商或托运人都能够享受到物流总成本低于其各自分别直接装运的成本。

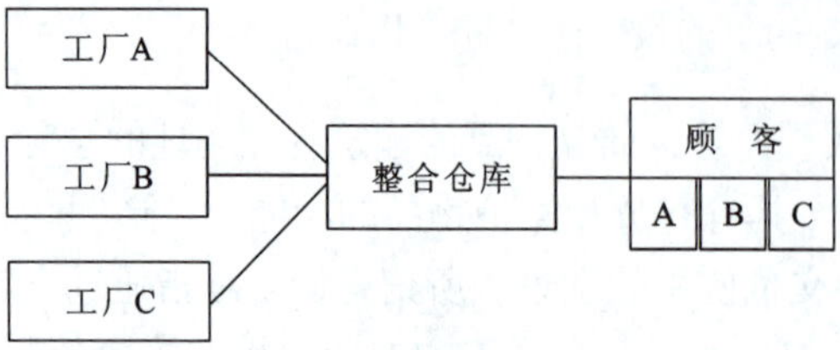

图 1.1 整合作业

（2）分类和交叉。分类作业与整合作业相反，即接收来自制造商的顾客组合订货，并把它们装运到不同的顾客处。分类仓库或分类站把组合订货分类或分割成个别的订货，并安排当地的运输部门负责递送。如图 1.2 所示，工厂 A 将产品首先集合成整车运输，送到分类仓库后，由仓库将产品分割成较小的组合，分别运送到顾客 X、Y、Z 处，仓库应距离特定顾客群较近，才会发挥作用。分类作业与整合作业都是在长距离运输中采用大批量装运，所以运输成本相对比较低。

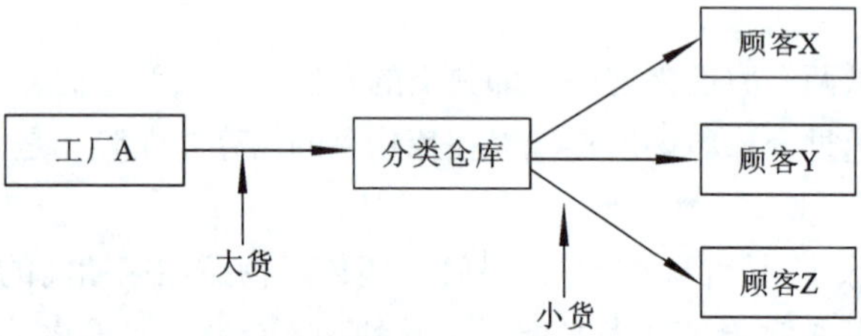

图 1.2 分类作业

交叉作业是在分类作业的基础上发展而来的，如图 1.3 所示，交叉作业涉及多个制造商，交叉作业设施与分类作业设施具有类似的功能。交叉作业先从多个制造商处运来整车的货物，然后，产品交叉穿过作业仓库装上指定去适当顾客处的拖车，一旦该拖车装满了来自多个制造商的组合产品后，它就被放行运往零售店处。这种作业方式被零售连锁店广泛采用。交叉作业的经济利益中包括从制造商到仓库的满载运输，以及从仓库到顾客的满载运输。

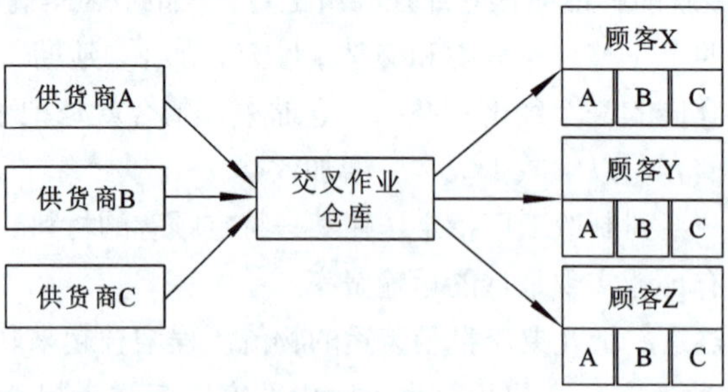

图 1.3 交叉作业

（3）堆存。堆存作业是仓储服务的直接经济利益，即在生产与消费或供给与需求的时间差距里，妥善地保护货物实体。堆存作业提供了存货数量缓冲、存货时间缓冲、存货地点缓冲，即可以通过堆存来克服商品产销时间上的不平衡（如季节生产，全年消费的粮食）；克服存货地点的不平衡（如 A 地生产，B 地销售）；克服存货数量上的不平衡（如供过于求）。

（4）加工 / 延期。加工 / 延期作业是指仓库通过承担加工或参与少量的制造活动来延期或延迟生产。加工 / 延期一般是简单的包装或加标签作业，企业可以先生产出未加标签或包装的产品，然后入库储存，一直到知道该产品的需求时，才完成产品的最后一道生产，即加包装或标签。

加工 / 延期提供了两个基本的经济利益：第一，能够使风险最小化；因为最后的包装要等到敲定具体的订购标签和收到包装材料时才完成；第二，可以降低存货水平；通过对基本产品使用各种标签和包装配置，达到降低存货水平的目的。在加工 / 延期作业中，即使在仓库包装的成本要比在制造商的工厂处包装更高，但由于降低风险与降低存货水平，往往能够降低物流系统的总成本。

2. 服务利益

当一个仓库主要是根据服务条件来证明其存在是否合理时，支持它的理由是即使没有降低成本、增加效益，但却使整个物流系统的服务能力得到了改进，那么我们也认为这个仓库有存在的必要。通过仓库实现的 5 个基本服务利益分别是：现场储备、配送分类、组合、生产支持以及市场形象。

(1) 现场储备。在实物配送中经常使用现场储备，尤其是那些产品品种有限或产品具有高度季节性的制造商偏好这种服务。他们不是按照年度计划在仓库设计中安排各种存货，而是直接从制造工厂进行装运，并通过在战略市场中获得提前存货的承诺，可以大大减少递送时间。

(2) 配送分类。提供配送分类的仓库可以为制造商、批发商或零售商所利用，按照对顾客订货的预期，对产品进行组合装备。这类配送分类可以代表来自不同制造商的多种产品，或者有顾客指定的各种配送分类。配送分类仓库可以使顾客减少其必须打交道的供应商数目，并因此改善了仓储服务。此外，配送分类仓库还可以对产品进行结合以形成更大的装运批量，并因此而降低了运输成本。

(3) 组合。在典型的组合运输条件下，从制造工厂运输整卡车的产品到批发商处，每次大批量的装运可以享受尽可能低的运输费率。一旦产品到达了组合仓库时，卸下从制造工厂装运来的货物后，就可以按照每一个顾客要求或市场需求，选择每一种产品的运输组合。通过运输组合进行转运，在经济上通常可以得到特别的运费率的支持，即给予各种转运优惠。

(4) 生产支持。合适的零部件储存对维持长时间生产具有重要意义，而生产支持仓库则可以向装配工厂提供稳定的零部件和材料供给。

(5) 市场形象。市场形象因素基于这样的见解和观点，即地方仓库比起距离更远的仓库来，对顾客的需求反应更敏感，提供的递送服务也更快。

仓库服务的类型有很多，很多与存货储备有关。但事实上，现代仓储服务降低了基本的储备需要。这就要求传统的仓库要有适应当前服务需要的能力。

1.1.3 仓储业务管理

1. 仓储业务管理定义

根据中华人民共和国国家标准《GB/T 18354—2006 物流术语》的解释，仓储业务管理是指对仓储设施布局和设计以及仓储作业所进行的计划、组织、协调与控制。

2. 仓储业务管理的主要内容

仓储业务管理与仓库管理相比要复杂得多，仓库管理是指物品的入库、在库、出库等环节的管理，是一种业务层面的管理。而仓储业务管理既包括战略层面的管理，如选址与建设，又包括出入库、储存保管、分拣配送等业务层面的管理，如图 1.4 所示。

（1）仓库的选址与建设。例如：仓库选址的原则与考虑的因素、仓库的建筑面积与结构、库内平面布置与作业区域划分等，此问题属于仓储战略管理，其直接关系到仓库企业未来的发展与战略优势的保持。

（2）仓库机械设备的选择与配置。即如何根据仓库作业特点和所储存物品的种类及其物理特性、化学特性及生理生化特性选择机械设备的种类及应配备的数量。恰当的选择适用于不同作业类型的仓库设施和设备将大大降低仓库作业中的人工作业劳动量，并提高物品流通的通畅性和有效保障流通过程物品的质量。

（3）仓库业务管理。即如何组织物品的出入库、在库保管、保养等各项业务活动，这将是本书重点介绍的核心内容。

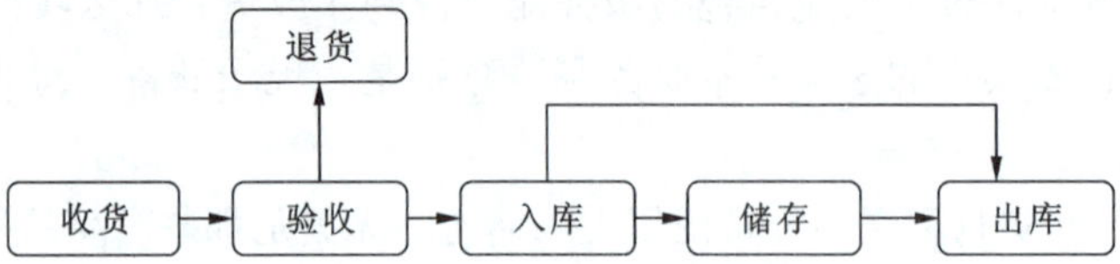

图 1.4 一般仓储业务流程图

（4）仓库的库存控制管理。即如何利用新技术、新方法来实现在保证供应的前提下的库存成本的有效降低，进而实现物流总成本的最低。

（5）人力资源的管理。即仓储人员的招聘与后期的培训，建立、健全各岗位职责，各岗位人员配置与优化，人机系统的高效组合等。

1.1.4 库存控制与仓储业务管理

1. 库存的含义

库存是指储存作为今后按预定的目的使用而处于闲置或非生产状态的物品。广义的库存还包括处于制造加工状态和运输状态的物品（根据中华人民共和国国家标准《GB/T 18354—2006 物流术语》）。仓库为满足生产部门（客户）的需要必须保持一定数量的物品库存，企业库存不足，会导致供货不及时、供应链断裂，会丧失市场占有率或交易的机会，形成巨大损失。物品库存会形成库存成本和一定的维持费用，同时还存在由于物品积压和损失而产生的库存风险。所以，有效的库存管理是仓储业务管理中的重中之重。

2. 库存控制

库存控制是指在保障供应的前提下，使库存物品的数量合理所进行的有效管理的技术经济措施（根据中华人民共和国国家标准《GB/T 18354—2006 物流术语》）。

库存控制是企业物流管理的重要内容，也是现代物流管理成败的关键。通常来讲，库存控制应解决这样几个问题：什么时候订货，订多少货，即控制物品在库的数量。根据不同的思路，理论研究者建立了一些数学模型来解决这些问题。这些模型是实际现象的抽象模拟，因而总是存在这样那样的缺陷。实践中，人们往往根据企业的不同情况选择适合自身特点的库存管理模型，并结合实践经验进行修正，以期达到优化客户服务，降低总成本的物流管理目标。

3. 库存控制与仓储业务管理

仓储业务管理与库存控制二者既有区别又有联系，仓储业务管理是围绕着在库“物品”的管理，即对在库“物”的管理；库存控制是对物品的在库“数量”进行控制的管理，即对在库“量”的管理。

对于企业而言，如果物品的需求确定、已知，而且物品能够即刻供给，以满足这种需求的话，那么从理论上讲，不会有库存，也就不需要仓储。然而，需求无法准确预测，所以用这种方法去经营企业既不实际也不经济。因此，企业要用库存来更好的平衡供需，降低总成本。而要保有库存，就会对仓储产生需求，并在很大程度上对物品装卸搬运产生同样需求。因此，与其说仓储是一种必要的活动，不如说是一种很经济的便利活动。仓储和物品搬运成本具有经济上的合理性，因为它们能平衡运输和生产—采购成本。也就是说，企业通过储存一定量的物品，可以调整其经济生产批量和生产次序来降低生产成本。利用这种方法，企业就可以避免因需求模式不确定和产品多样性造成的产出水平的大幅度波动。同时，储备库存也可以通过更大、更经济的运输批量来降低运输成本。总之，仓储业务管理的目的就是利用恰到好处的仓储，并通过仓储作业保证物品的安全、出入库流畅且满足客户需求，实现仓储、生产和运输成本之间良好的、经济的平衡。

库存是指处于储存状态的物品，库存控制是一种经济现象，有效的库存控制是建立在良好仓储业务管理基础上的。

仓储业务管理的对象是库存物品，仓储业务管理是在库物品保管的方法和措施的总和，合理的仓储业务管理既可以保证企业资源的供应，又可有效的控制库存成本。

现代企业运作对库存控制提出了更高的要求，管理者必须保证企业物品的供应像流水一样顺畅，使库存周转迅速。其根本目标是谋求“通过适量的库存达到合理的供应，使得总成本最低”。

任务 1.2 仓库认知

工作思考

1. 仓库的功能有哪些？
2. 仓库有哪些主要类型？

引导案例

安邦物流是国家 5A 级物流企业，主营国内公路零担运输业务和空运代理业务，公司成立于 2001 年 9 月，截至 2012 年 8 月，安邦物流已经在全国 31 个省级行政区开设了 2 000 余家直营网点，自有运输车辆 5 000 余台，货台总面积超过 50 万 m^2，日吞吐货量近 3 万 t。

从公司成立开始，安邦物流以华南为基地，陆续在华北、华南、西部等大区铺设直营网点。迄今为止，公司设立了广州、深圳、东莞、华东、西南等八大区，拥有 280 家直属分公司和营业部，卡车通达 50 多个城市，普通长途专线通达 60 多个城市。

任务发布

假如你是安邦公司的仓储主管，请完成以下任务：

（1）根据公司的实际情况，完成安邦公司总部和最大仓库的选址。

（2）根据公司的实际情况，制定出仓库管理的操作流程。

我要学习啦

1.2.1 仓库与仓库管理

仓库是用于储存、保管货物的场所。仓库管理是对物资储存的经营管理，是指对物流过程中物资的储存以及由此带来的商品包装、分拣、整理等活动的经营管理。其目的是为企业保证仓储货物的完好无损，确保生产经营活动的正常进行，并在此基础上对各类货物的活动状况进行分类记录，以明确的图表方式表达仓储货物在数量、品质方面的状况，以及目前所在的地理位置、部门、订单归属和仓储分散程度等情况的综合管理形式。

1.2.2 仓库管理职能

仓库管理职能是指企业对所拥有的、处于暂时停滞状态的物资数量和质量进行储存、保管、调节、配送、加工等职能的总称。

1. 储存职能

储存职能是指对物资的储存时间进行控制，也就是对物资储备量进行控制。物资储存时间在实物形态上的表现形式就是物资储备数量，要求企业物资的储存时间保持在一个既能可靠地保证供应而又不超出物资流通所必需的合理时间间隔之内。

2. 保管职能

保管职能是指对物资进行保存和管理。保持物资使其数量和质量完好，取用方便。其实质是保持物资的原有使用价值，并且让这种使用价值在企业需要的时候能随时得以体现。

3. 调节职能

调节职能是指对物资实物供应量进行调节，利用物资储备来实现企业生产所需要的合理、均衡、连续的供应。可见，仓库调节职能主要是为了消除供需之间的时间和地域差异、变物资以成批、间歇式的到货为生产的均衡、连续的供应。

4. 配送加工职能

配送加工职能是指对物资进行分类、加工、整理、配送等项工作，其实质是能及时、准确、保质、保量地供应所需物资，为生产和销售服务。

1.2.3 仓库管理方法

1. 制定仓库管理制度

其实任何企业的管理都离不开制度的约束，尤其是在仓库管理这方面，程序多，项目繁杂，小到货物的摆放，大到全部货物的采购，都应该有一个可以遵循的制度，这样才能井井有条的来做。井井有条就是仓库管理制度的核心内容，以条例管理，以制度执行，仓库管理才有效果。

2. 建立仓库管理平台

仅有仓库管理制度还不行，仓库的混乱是我们都不愿意看到的，最终结果的造成，都是来源于我们在乱之前没有畅通的信息流。如果我们清楚地知道，哪些货物应该多进，什么货物有破损应该何时交谁处理，那么仓库管理就不再盲目。所以，建立一个以仓库管理软件为支撑点的科学的管理平台对一个企业的发展尤为重要。

3. 强化仓库管理执行力

有了制度，有了仓库管理软件，剩下最重要的就是执行力了。强化执行力，对于仓库管理工作至关重要，毕竟制度实施和平台操作都是靠人来完成的。人不操作或者随意操作，一切都是白搭，执行者根据仓库管理软件上的仓库信息，严格按制度执行，这样再乱的仓库，都会管理好的。

1.2.4 仓库管理流程

物流中的仓库功能已经从单纯的物资存储保管，发展到具有担负物资的接收、分类、计量、包装、分拣、配送、存盘等多种功能，如图 1.5 所示。仓库管理是指商品储存空间的管理。仓库管理的流程作业应注意的问题有 ：

1. 储存商品要进行定位管理

其含义与商品配置图表的设计相似，即将不同的商品分类、分区管理的原则来存放，并用货架放置。仓库内至少要分为三个区域 ：第一，大量存储区，即以整箱或栈板方式储存 ；第二，小量存储区，即将拆零商品放置在陈列架上 ；第三，退货区，即将准备退换的商品放置在专门的货架上。

2. 明确储位标识

区位确定后应制作一张配置图，贴在仓库入口处，以便于存取。小量储存区应尽量固定位置，整箱储存区则可弹性运用。若储存空间太小或属冷冻（藏）库，也可以不固定位置而弹性运用。

3. 储存商品不可直接与地面接触

一是为了避免潮湿 ；二是由于生鲜、仪器等特殊物品的相关规定 ；三是为了堆放整齐。

4. 保持存储区的温湿度稳定

要注意仓储区的温湿度，保持通风良好，干燥、不潮湿。

5. 设施齐全

仓库内要设有防水、防火、防盗等设施，以保证商品安全。

6. 掌握货物的储存信息

商品储存货架应设置存货卡，记载商品信息。如商品进出要注意先进先出的原则。也可采取色彩管理法，如每周或每月不同颜色的标签，以明显识别进货的日期。

7. 与仓储委托方信息互通

仓库管理人员要与订货人员及时进行沟通，以便到货的存放。此外，还要适时提出存货不足的预警通知，以防缺货。

8. 注意仓库作业的效率

仓储存取货原则上应随到随存、随需随取，但考虑到效率与安全，有必要制订作业时间规定。

9. 有关商品的记录要完善

商品进出库要做好登记工作，以便明确保管责任。对有些商品（如贵重和重要的商品）为讲究时效，要经常进行盘点和管护。

10. 严格保安、保卫及消防工作

仓库要注意门禁管理，不得随便入内。

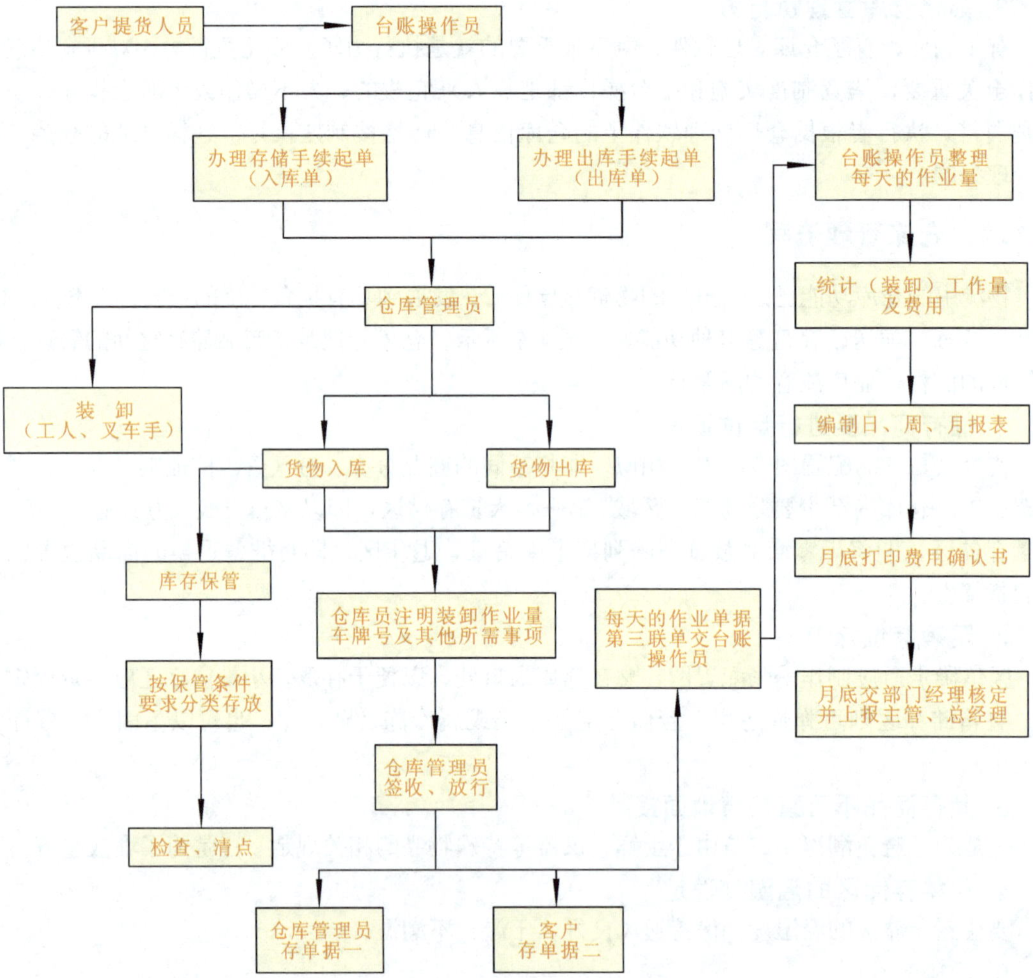

图 1.5 仓库管理流程

1.2.5 仓库的分类

从现代物流系统的角度来看，仓库是从事储存、包装、分拣等物流作业活动的物流节点设施。一个国家、一个地区、一个企业的物流系统中需要有各种各样的仓库，它们的结构形态各异，服务范围和对象也有着较大的差异。根据不同的标准，可将仓库可分成不同的类型。

1. 按营运形式不同分类

(1) 自营仓库。自营仓库是指由企业或各类组织自营自管，为自身提供储存服务的仓库（根据中华人民共和国国家标准《GB/T 18354—2006 物流术语》)。仓库的建设、保管物品的管理以及出入库等业务均由公司自己负责。所保管物品的种类、数量相对确定，仓库结构和装卸设备与之配套。

(2) 公共仓库。公共仓库是指面向社会提供物品储存服务，并收取费用的仓库（根据中华人民共和国国家标准《GB/T 18354—2006 物流术语》)。它是一种社会化的仓库，面向社会，以经营为手段，以营利为目的。与自营仓库相比，公共仓库的使用效率更高。

一般自营仓库称为第一或二方物流仓库，而公共仓库被称为第三方物流仓库。

2. 按保管物品种类的多少分类

（1）综合库。综合库是用于存放多种不同属性物品的仓库。

（2）专业库。专业库是用于存放一种或某一大类物品的仓库，如图 1.6 所示。

（a）酒库

（b）粮库

图 1.6 专业库

3. 按保管形态不同分类

（1）通用仓库。通用仓库是指用来储存没有特殊要求的一般性货物的普通仓库，如存放五金材料的仓库等。这种仓库的设备和结构较简单，储存的货物品种繁多，如图 1.7（a）所示。

（2）专用仓库。专用仓库是指能够调节温度和湿度，且有隔热、防寒和密封作用，用来存放具有相同特征或保管要求的货物仓库，如用来存放水果、肉类、珍贵药材等货物的仓库，如图 1.7（b）所示。

（3）特种仓库。特种仓库是指用来储存易燃、易爆、有毒、有腐蚀性或放射性的危险品仓库，也指专门用来储存粮食的仓库，如储存化学危险品、油品、高压气体等货物的仓库。这种仓库的货物品种单一，其构造和安全设施都比其他仓库的要求高，如图 1.7（c）所示。

（4）水上仓库。水上仓库是指漂浮在水面的储藏货物的趸船、囤船、浮驳或其他水上建筑，或者是在划定水面保管木材的特定水域或沉浸在水下保管货物的水域。例如，为了给大型船舶卸油，在港口外的深水区设立的大型水面油库，如图 1.7（d）所示。

（a）通用仓库

（b）专用仓库

图 1.7 不同保管条件的仓库

（c）特种仓库

（d）水上仓库

图 1.7 不同保管条件的仓库（续）

4. 按仓库建筑封闭程度分类

（1）封闭式仓库。封闭式仓库俗称“库房”，该结构的仓库封闭性强，便于对仓储物进行维护保养，适于存放保管要求比较高的物品，如图 1.8（a）所示。

（2）半封闭式仓库。半封闭式仓库俗称“货棚”，其保管条件不如库房，但出入库作业比较方便，且建造成本较低，适宜存放那些对温湿度要求不高且出入库频繁的物品，如图 1.8（b）所示。

（3）露天式仓库。露天式仓库俗称“货场”，其最大的优点是装卸作业极其方便，适宜存放较大型的物品，如图 1.8（c）所示。

（a）封闭式仓库

（b）半封闭式仓库

（c）露天式仓库

图 1.8 不同封闭程度的仓库

5. 按建筑结构分类

（1）平房仓库。平房仓库结构比较简单，建筑费用便宜，人工操作比较方便，如图 1.9（a）所示。

（2）楼房仓库。楼房仓库是指二层以上的仓库，它可以减少土地的占用面积。物品上下移动作业复杂，进出库作业可采用机械化或半机械化，楼房隔层间可依靠垂直运输机机械联系，也可以坡道相连，如图 1.9（b）所示。

（3）高层货架仓库。高层货架仓库建筑物本身是平房结构，但高层棚的顶很高，内部设施层数多，具有可保管 10 层以上的托盘的仓库棚。在作业方面，高层货架仓库主要使用电子计算机控制，有堆垛机、吊机等装卸机械自动运转，能实现机械化和自动化操作，也称自动化仓库或无人仓库，如图 1.9（c）所示。

（4）罐式仓库。罐式仓库的构造特殊，呈球形或柱形，主要用来储存石油、天然气和液体化工品等，如图 1.9（d）所示。

（5）简易仓库。简易仓库构造简单，造价低廉，一般是在仓库不足而又不能及时建库的情况下采用的临时代用办法，包括一些固定或活动的简易货棚等，如图 1.9（e）所示。

（a）平房仓库

（b）楼房仓库

（c）高层货架仓库

（d）罐式仓库

（e）简易仓库

图 1.9 不同建筑结构的仓库

6. 按建筑材料分类

现代化的高层楼房仓库，用钢筋混凝土的较多，一般平房仓库大部分仍采用砖石和木结构，一些特殊仓库如储油罐等，则用钢结构，也有一些新型材料建成的仓库。

7. 按库内形态分类

（1）地面型仓库。地面型仓库一般指单层地面库，多使用非货架型的保管设备，如图 1.10（a）所示。

（2）货架型仓库。货架型仓库指采用多层货架保管的仓库。在货架上放着物品和托盘，物品和托盘可在货架上滑动。货架分固定货架和移动货架，如图 1.10（b）所示。

（3）自动化立体仓库。自动化立体仓库指出入库采用运送机械存放取出，用堆垛机等设备进行机械化自动化作业的高层货架仓库，如图 1.10（c）所示。自动化立体仓库的入库、检验、分类整理、上货入架、出库等作业由计算机管理控制的机械化自动化设备来完成，与普通仓库相比其优点在于：

① 节省人力，大大降低劳动强度，能准确、迅速地完成出入库作业；

② 提高储存空间的利用效率；

③ 确保库存作业的安全性，减少货损货差；

④ 能及时了解库存品种、数量、金额、位置、出入库时间等信息。

自动化立体仓库的使用要有足够的资金作为保障，同时对库存物品的包装标准化、体积和重量都有较高的要求。

（a）地面型仓库

（b）货架型仓库

（c）自动化立体仓库

图 1.10 不同库内形态的仓库

知识链接

一、自动化立体仓库的概念

自动化立体仓库由高层货架、巷道堆垛起重机（有轨堆垛机）、入出库输送机系统、自动化控制系统、计算机仓库管理系统及其周边设备组成，可对集装单元货物实现自动化存取和控制的仓库。

生产力的发展，要求建造大量仓库，建造大量仓库就必然要占用大量土地。据国外资料统计，土地费用占整个建筑费用的 15％左右，而建造普通仓库比建造自动化立体仓库的土地占用多三倍至五倍。在这种情况下，人们提出了“向空间要货位”、“向空间要仓库”的口号，推动了仓库向高空发展。目前世界上最高的仓库高达 40 m，普通仓库亦在 10~20 m之间。仓库的高度化，使仓库的储存面积相应增加，建筑面积的土地费用相应下降。巷道堆垛起重机的出现，解决了向高层货架送取货物的难题。仓储企业为了减少自身商品搬运费用，力求提高生产效率，节省费用，使用占用人力少的机械，代替那些效率低，费用多，占用人力多的机械。巷道堆垛起重机不仅具备上述优点，而且能够快速、准确地完成向高层货架送取货物的任务。它的出现为自动化立体仓库的建设提供了商品搬运条件。电子计算机在物流部门中的应用，立即引起了人们的重视，它的应用范围越来越广泛。将电子计算机应用到仓储作业中，改变以往传统的手工管理方式，为仓库的自动化开辟广阔的前景。

自动化立体仓库能够充分发挥仓库的使用效能，满足商品储存的要求。同时针对商品的特性，采用先进设备，确保商品的使用价值。而且还能够做到吞吐快捷，加速运输工具的周转，促进商品的流通。

二、自动化立体仓库的分类

自动化立体仓库从不同的角度有不同的分类，主要有以下几种：

1. 按仓库的建筑形式分

（1）整体式自动化立体仓库。这种自动化立体仓库的货架与建筑物结为一体，货架既是储存货物的构件，又是仓库屋顶和墙体支撑的结构体系。

（2）分离式自动化立体仓库。分离式自动化立体仓库是一种货架设置在库房建筑之内，货架结构与库房建筑分离的自动化立体仓库。

2. 按仓库高度分

（1）高层自动化立体仓库。所谓高层自动化立体仓库是指仓库高度在 12 m 以上的自动化立体仓库。

（2）中层自动化立体仓库。中层自动化立体仓库是指仓库高度在 5 ~ 12 m 之间的自动化立体仓库。

（3）低层自动化立体仓库。低层自动化立体仓库是指仓库高度在 5 m 以下的自动化立体仓库。

3. 按仓库容量分

（1）小型自动化立体仓库。托盘数量在 2 000 个以下的仓库，称为小型自动化立体仓库。

（2）中型自动化立体仓库。托盘数量在 2 000 ~ 5 000 个之间的仓库，称为中型自动化立体仓库。

（3）大型自动化立体仓库。托盘数量在 5 000 个以上的仓库，称为大型自动化立体仓库。

三、自动化立体仓库的优点

自动化立体仓库最早出现于 20 世纪 60 年代，虽然不到半个世纪，但已发展到相当高的水平，与传统仓库相比较，自动化立体仓库具有许多优点：

（1）自动化立体仓库可以节省劳动力，节约占地。由于自动化立体仓库采用了高效率的巷道堆垛起重机，使仓库的生产效益得到了较大的提高。自动化立体仓库的高层货架能合理地使用空间，使单位土地面积存放货物的数量得到提高。在相同的土地面积上，建设自动化立体仓库比建设普通仓库储存能力高达几倍，甚至十几倍。这样在相同储存量的情况下，自动化立体仓库节约了大量土地。

（2）自动化立体仓库出入库作业迅速、准确，缩短了作业时间。现代化的商品流通要求快速、准确。自动化立体仓库由于采用了先进的控制手段和作业机械，采用最快的速度，最短的距离送取货物，使商品出入库的时间大大地缩短。同时，仓库作业准确率高，仓库与供货单位、用户能够有机地协调，这有利于缩短商品流通时间。

（3）提高仓库的管理水平。由于电子计算机控制的自动化立体仓库结束了普通繁杂的台账手工管理办法，使仓库的账目管理以及大量资料数据通过计算机贮存，随时需要，随时调出，既准确无误，又便于情报分析。从库存量上，自动化立体仓库可以将库存量控制在最经济的水平上，在完成相同的商品周转量的情况下，自动化立体仓库的库存量可以达到最小。

（4）自动化立体仓库有利于商品的保管。在自动化立体仓库中，存放的商品多、数量大，品种多样。由于采用货架—托盘系统，商品在托盘或货箱中，使搬运作业安全可靠，避免了商品包装破损、散包等现象。自动化立体仓库有很好的密封性能，为调节库内温度，搞好商品的保管养护提供了良好的条件。在自动化立体仓库中配备报警装置和排水系统，仓库可以预防和及时扑灭火灾。

四、自动化立体仓库的使用条件

自动化立体仓库具有一般普通仓库不可比拟的优点。但是要建立和使用自动化立体仓库需要具备一定的条件。

（1）商品出入库要频繁和均衡。自动化立体仓库具有作业迅速、准确的特点，一般出入库频繁的商品使用自动化立体仓库较合适，否则自动化的上述优点便不能得到充分的体现。自动化立体仓库要求均衡的作业，出入库频率不可变化过大。

（2）要满足仓库建设的一些特殊要求。自动化立体仓库的建设比普通仓库的设计和建造要求特殊一些，因为使用高层货架，仓库的地坪承载能力要比普通仓库大好几倍。要建造具有相当承压的地坪，就必须考虑建库地址的地质状况。自动化立体仓库进行自动作业，巷道堆垛起重机自动从货架中送取货箱和托盘，对货架的规格尺寸有严格的要求，以保证作业的吻合。

（3）一次性投资大。建造一座自动化立体仓库一次性投资大，自动化立体仓库的建设不仅要消耗大量的钢材和其他材料，而且设备费用也高。因此，要建造自动化立体仓库必须慎重考虑资金情况，以及材料、设备的供应情况。

8. 按仓库功能分类

现代物流管理力求进货与发货同期化，使仓库管理从静态管理转变为动态管理，仓库功能也随之改变，这些新型仓库据点有了以下新的称谓：

(1)集货中心。将零星物品集中成批量物品称为“集货”。集货中心可设在生产点数量很多，每个生产点产量有限的地区。只要这一地区某些物品的总产量达到一定水平，就可以设置这种有“集货”作用的物流据点。

(2) 分货中心。将大批量运到的物品分成批量较小的物品称为“分货”，分货中心是主要从事分货工作的物流据点。企业可以采用大规模包装、集装货散装的方式将物品运到分货中心，然后按企业生产或销售的需要进行分装。利用分货中心可以降低运输费用。

(3) 转运中心。转运中心的主要工作是承担物品在不同运输方式之间转运。转运中心可以进行两种运输方式的转运，也可进行多种运输方式的转运。在名称上有的称为卡车转运中心，有的称为火车转运中心，还有的称为综合转运中心。

(4) 加工中心。加工中心的主要工作是进行流通加工。设置在供应地的加工中心主要进行以物流为主要目的的加工，设置在消费地的加工中心主要进行实现销售、强化服务为主要目的的加工。

(5) 储调中心。储调中心以储备为主要工作内容，其功能与传统仓库基本一致。

(6) 配送中心。作为仓储的一种形式，配送中心将拣选与送货的作用发挥到极致。配送中心是从事配送业务且具有完善信息网络的场所或组织，应基本符合下列要求：主要为特定客户或末端客户提供服务；配送功能健全；辐射范围小；提供高频率、小批量、多批次配送服务（根据中华人民共和国国家标准《GB/T 18354—2006 物流术语》）。

(7) 物流中心。物流中心是物流功能的集中体现，仓储在其中占重要地位。物流中心是从事物流活动且具有完善信息网络的场所或组织。应基本符合下列要求：主要面向社会提供公共物流服务；物流功能健全；集聚辐射范围大；存储、吞吐能力强；对下游配送中心客户提供物流服务（根据中华人民共和国国家标准《GB/T 18354—2006 物流术语》）。

1.2.6 仓库的选址

仓库是物流系统重要的基础设施，它不仅自身承担着多种物流功能，而且越来越多地执行着指挥调度、信息处理等神经中枢的职能，它建设的好坏，直接影响整个物流系统。合理选择仓库的建设地址，对整个物流系统的建设和运行，具有十分重要的现实意义。

1. 影响仓库选址的主要因素

(1) 自然环境因素。

① 气象条件。仓库选址过程中，主要考虑的气象条件有温度、湿度、风力、降水量等，由于很多货物对保管的条件要求较高，所以要格外注意。北方的仓库要注意冬季的库内温度，南方的敞开式仓库要注意雨季的湿度。另外，不良的气象条件会导致外包装的老化，也要一并考虑。

② 地质、地形条件。仓库的选址应考虑在地势较高、平坦宽敞的地方，避免靠近水滨、河岸、土地酥松的地方。应具备一定的面积，有良好的进出通道。

(2) 经营环境因素。仓库所在地是否有较优惠的物流产业政策，能否提供数量充足、素质较高的物流从业人员也是要考虑的因素。

① 物流费用。仓储费用和运输费用占物流费用的绝大部分，所以仓库选址时应考虑离物流服务需求地相对较近的地方或靠近生产企业、原材料基地的地方，用以缩短运距，降低运输费用。同时也要考虑库场的租用成本、人力成本等，这些指标是物流仓库选址定量设计时所考虑的主要目标。物流费用最低的方案一般就是选址的备选方案。

② 商品特性与服务水平。仓库应能很好地适应商品的特性，不同的商品对仓库的选址有不同的要求。如家电仓库就应尽量靠近客户的所在地，这样就能够尽量的做到即时配送、准时配送。当客户向仓库提出需求时，可以快速做出反应。

（3）基础设施状况。

① 交通条件。仓库的选址应尽量靠近交通运输主干道、机场、码头、铁路货栈等交通枢纽，以方便物流作业。良好的交通条件是仓库选址的必备条件，也是前提条件。

② 公共设施状况。仓库的选址所在地要求有良好的水、电、暖条件，良好的通讯条件，最好还有相应的生活服务设施。

（4）其他因素。

① 环保要求。仓库的设立，不可避免要对周围环境造成一定的影响，因此应选在远离城市中心的地方。当然这里也有土地成本的问题。城市建设的规划部门可以考虑在离繁华市区较远、地势平坦的地方设立物流园区，集中安置物流企业。这样即方便管理，也避免对城市的影响。

② 土地的利用。一般大中型仓库占地均在 20 万 m^2 以上，对物流中心的规划应本着节约土地资源的原则，认真进行内部配置与规划。即满足需求，留有一定发展空间，又能充分利用土地资源。

③ 国家是否有优惠的产业政策对仓储业进行扶持、国家法律法规对仓储业的相关规定等政治因素都对仓库选址有影响。

对仓库的选址一般采用定量与定性结合的方式。单纯的定性方法缺乏可靠的依据，而单纯的定量方法，又往往会发现最后的选址结果是不可行的。

2. 仓库选址的原则

（1）经济性原则。仓库的选址不同，其未来储运活动辅助设施的建设规模及建设费用等都是不同的，选址应以费用最低作为重要选址原则。

（2）竞争性原则。仓储活动是服务性活动，用户的选择必将引起仓储服务的竞争。若不考虑这种竞争性机制，而单从成本最低、线路最短、速度最快等角度出发，就会剥夺用户的选择权利，导致垄断，从而阻碍服务质量的提高。

（3）动态性原则。在仓库选址时，不能将环境条件和影响因素绝对化，而是从动态出发，将仓库选址建立在详细分析现状及对未来变化做出合理预测的基础上。

（4）统筹性原则。仓库的位置与生产力布局、消费布局密切相关。在规划时，必须统筹兼顾，微观宏观综合考虑。

（5）交通便利性原则。仓库选址，要考虑现有交通条件，同时预测和规划未来交通发展趋势，保证仓库投入使用后交通便利。

（6）战略性原则。仓库选址要有前瞻性，制定长远发展规划。显然，只有顾客密集分布、交通与装运条件方便、地价低廉等主要条件得到满足的地方，才是合适的仓库地址。

3. 仓库选址的基本方法

（1）综合因素评价法。设施选址受到许多因素的影响，包括自然因素、基础设施因素等非经济因素；也包括成本、费用等经济因素。属于定性分析的非经济因素要经过一定的量化，与经济因素进行整合，来对选址的优缺点进行评估，这就是综合因素评价法。综合因素评价法分为加权因素法和因次分析法。加权因素法偏重于对非经济因素进行评价，而因次分析法则将各个因素进行综合处理。

（2）重心法。当产品成本中运输费用所占比重较大或可以只考虑运输成本对仓库的选址有影响的情况下，原材料由多个供应点供应或产品提供给多个商家，可以考虑使用重心法进行选址。**重心法是指将物流系统中的需求点和资源点看成是分布在某一平面范围内的物体系统，各点的需求量和资源量分别看成是物体的重量，那么物体系统的重心就是仓库的最佳设置点，然后通过求物体系统重心的位置来确定仓库位置。需要指出的是，仓库的选址涉及因素较多，简单的数学方法计算出的地址方案不一定是合理的地址。**所以使用重心法求出来的解通常不是合理方案，但有一定的参考价值。通常将重心法与其他选址方法结合使用，考虑选择与重心法选址相近的方案作为可行方案。

（3）最优化规划方法。这是运筹学的基本方法之一，主要是指在约束条件的限定下，求出使目标函数为最大、最小或固定值的解，即求出可以得出最优化方案的解。当然，可供选择的方案有多个，需要从其中找到一个较为优化的方案，使物流系统成本最低或反应时间最短。一般是使用运筹学中线性规划的方法解决，主要约束条件有两个，必须有两个或两个以上方案。即这两个方案竞争同一资源，另一个约束条件是所有变量之间的关系都是确定的，可以用数学模型来描述的。随着计算机技术的发展和数据处理能力的增强，当涉及仓库选址和物流时，使布局的多变量规划求解成为可能。线性规划和整数规划也是目前应用最广泛的选址方法。一般是考虑选址的数学模型使总成本最小，然后用整数变量来描述选择关系，即选或不选，用约束条件来规划平衡关系。最优化规划方法的优点在于使用定量的方法解决问题，相对较为精确，能够获得精准的最优解。缺点是如果数学模型较为复杂，则难以计算，或变量之间的关系极其复杂，数学模型根本无法建立。有时候尽管能够得到最优解，但在实际工作中也是不可行的，例如，使用重心法进行选址，最优解往往是不可行的。

1.2.7 仓库的布局

仓库主要由以下几部分组成：物品储存作业区，验收、分发作业区，管理室及生活间及其他辅助设施等。库区布局是指一个仓库的各个组成部分，如库房、货棚、货场、辅助建筑物、铁路专运线、库内道路、附属固定设备等，在规定的范围内，进行平面和立体的合理安排。

仓库平面布置是否合理，将对仓储作业的效率、储存质量、储存成本和仓库盈利目标的实现产生很大影响。

1. 影响仓库平面布置的因素

（1）仓库的专业化程度。仓库专业化程度主要与库存物品的种类有关。库存物品种类越多，仓库的专业化程度越低，仓库平面布置的难度越大；反之难度小。因为，储存物品种类越多，各种物品的理化性质就会有所不同，所要求的储存保管保养方法及装卸搬运方法也将有所不同。因此，在进行平面布置时，必须考虑不同的作业要求。

（2）仓库的规模和功能。仓储的规模越大、功能越多，则需要的设施设备就越多。设施设备之间的配套衔接成为平面布置中的重要问题，增加了布置的难度，反之则简单。

2. 仓库平面布置的要求

（1）仓库平面布置要适应仓储作业过程的要求，有利于仓储作业的顺利进行。

① 仓库平面布置的物品流向，应该是单一的流向。仓库内物品的卸车、验收、存放地点之间的安排要适应仓储生产需要，按一个方向流动。

② 最短的搬运距离。根据作业方式、仓储物品品种、地理条件等，合理安排库房、专用线与主干道的相对位置，尽量减少迂回运输。

③ 最少的装卸环节。减少在库物品的装卸搬运次数，物品的卸车、验收、堆码作业最好一次完成。

④ 最大限度的利用空间。仓库总平面布置是立体设计，应有利于物品的合理储存和充分利用库容。

（2）仓库平面布置要有利于提高仓储经济效益。要因地制宜，充分考虑地形、地质条件，利用现有资源和外部协作条件，根据设计规划和库存物品的性质能够更好的选择和配置设施设备，以便最大限度发挥其效能。

（3）仓库平面布置要有利于保证职工的安全和健康。仓库建设时严格执行《建筑设计防火规范》的规定，留有一定的防护火间距，并有防火防盗安全设施。作业环境的安全卫生标准要符合国家的有关规定，有利于职工的身体健康。

3. 单层仓库平面布置原则

（1）重、大件物品、周转量大和出入库频繁的物品，宜靠近出入口布置，以缩短搬运距离，提高出入库效率。

（2）易燃的物品，应尽量靠外面布置，以便管理。

（3）要考虑充分利用面积和空间，使布置紧凑。

（4）有吊车的仓库，汽车入库的运输通道最好布置在仓库的横向方向，以减少辅助面积，提高面积利用率。

（5）仓库内部主要运输通道，一般采用双行道。

（6）仓库出入口附近，一般应留有收发作业用的区域。

（7）仓库内设置管理室及生活间时，应该用墙把库房隔开，其位置应靠近道路一侧的入口处。

4. 多层仓库平面布置原则

多层仓库平面布置除必须符合单层仓库布置原则要求外，还必须满足下列要求：

（1）多层仓库最大占地面积、防火隔间面积、层数，根据储存物品类别和建筑耐火等级遵照现行《建筑设计防火规范》来确定。

（2）一座多层库房占地面积小于 $300m^2$ 时，可设一个疏散楼梯；面积小于 $100m^2$ 的防火隔间，可设置一个门。

（3）多层仓库建筑高度超过 24m 时，应按高层库房处理。

（4）多层仓库存放物品时遵守上轻下重，周转快的物品分布在低层。

（5）当设地下室时，地下室净空高度不宜小于 2.2m。

（6）楼板载荷控制在 2t/m^2 左右为宜。

1.2.8 储位划分

储位划分的目的，一方面是为了提高仓库平面和空间利用率；另一方面是为了提高物品保管质量，方便出入库作业，从而降低物品的仓储处置成本。

1. 储位划分的依据

在确定物品存放位置时，应采取物品分区分类存放。

（1）分区分类应考虑的因素。

① 物品所需的储存条件。仓库中储存的物品在理化性质和生物特性上存在着较大差异。理化性质及生物特性不同的物品对储存环境有着不同的要求。在确定货区货位时必须考虑物品自身的特性及物品之间的特性差异，应严格遵守“四一致原则”即“属性一致、养护方法一致、作业手段一致、消防方法一致”。

② 仓库空间利用率。仓库空间利用率的高低是衡量仓库经营管理水平的重要指标。在对物品分区分类时在保证物品安全的前提下要尽可能提高仓库空间利用率，以期降低成本提高利润。

③ 地坪载荷。地坪负荷即每单位面积地坪所能承受的最大设计压力（t/m^2）。一般地坪载荷为 2 t/m^2，加强型地坪载荷为 5 t/m^2，所以在对粗大笨重物品确定货位时一定要考虑地坪的承受能力，若地坪载荷承受不了巨大的压力（也就是我们所说的超载），地坪会塌陷，造成货架或物品倾覆。地坪载荷的大小是在规划和设计仓库时，根据仓库储存对象而规划确定的，并不是越大越好。因为，地坪载荷越大仓库施工费用越高。每个仓库的地坪载荷可以不同，一般仓储企业可以按地坪载荷不同划分为不同的区域。

④ 仓库设施条件。仓库设施条件也是在对物品进行分区分类时所要考虑的一个重要条件。由于物品在属性、尺寸、单位重量、包装形态上存在着差异，有些可在露天堆码存放，有些又必须入库上架存储，有些可在常温常湿条件下存储。而又有些物品存储时需要严格的恒温恒湿。所以在对物品分区分类时一定要充分考虑到现有的仓库设施条件，以达到既能做到科学的分区分类又能经济、合理、高效的利用仓储设施设备。

（2）分区分类方法。

① 按物品种类和性质分区，按物品的自然属性归类。对化学品、危险品的存放、归类时应注意不同性质的危险品之间相互引发危险的可能。

② 按不同货主分区分类。当仓库为几个大货主服务时，为方便货主物品的存取，避免和减少物品混淆，往往采用这种方式。

③ 按物品流向分区分类。这种方式多适用于短期中转储存的物品，如在各种场、站、码头、机场的中转库，一般可采用这种方法。

④ 按物品必须的储存条件分区分类。这种方式在货主没有特殊要求时被普遍采用。

⑤ 按物品的流时分区分类。这种方式主要适用于长期储存物品和短期储存物品混存在同一仓库时，将长期储存物与短期储存物严格分开，一般短期储存物存放在离库门比较近的地方，方便物品出入。

2. 储位划分的形式

仓库内部布局包括平面布局和空间布局。仓库内部平面布局是对保管场所内的货垛（架）、通道、垛（架）间距、收发货区等进行合理规划，并正确处理他们的相对位置。

（1）仓库内部平面布局。保管面积是库房使用面积的主体，它是货垛、货架所占面积的总和。货垛、货架的排列形式决定了库内平面布置的形式，仓库货位布置一般有以下类型：

① 横列式。横列式就是指货位、货架或货垛与库房的宽向平行排列布置，如图 1.11 所示。特点：货垛整齐美观、存取查点方便、通风采光良好，但仓库空间利用率较低。

图 1.11 仓库横列式布局示意图

② 纵列式。纵列式就是指货位、货架或货垛与库房的宽向垂直排列布置，如图 1.12 所示。特点：仓库空间利用率较高，主干道货位利于存放周转期短的物品，支干道货位利于存放周转期长的物品。但不利于通风采光及机械化作业。

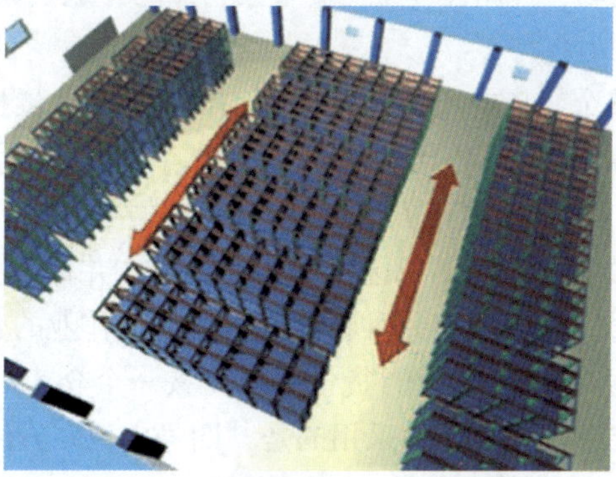

图 1.12 仓库纵列式布局示意图

③ 混合式。混合式就是指横列式和纵列式在同一库房内混合布置货位或货架的一种形式，如图 1.13 所示。其兼有上述两种方式的特点，混合式是最常用的一种方式。

图 1.13 仓库混合式布局示意图

露天货场货位的布置形式一般多采取与货场的主作业通道成垂直方向排列，以便于装卸和搬运。货位布局既要考虑操作的需要，又要考虑物品的安全。要留出一定的作业通道、垛距、墙距等，要合理、充分利用库房面积，尽量提高仓库、货场的利用率。

货位布局除了考虑平面布局外，还应考虑空间布局。如就地堆码与架上平台公用、货架存放、空中悬挂等，有效地利用空间，降低仓储成本。

(2) 仓库内部空间布局。仓库内部空间布局也称为仓库内部竖向布局，指储存物品在仓库立体空间上的布局，其目的在于充分有效地利用仓库空间。空间布局的主要形式有：

① 物品堆垛。仓库存放物品数量较大时，单层堆放已无法满足要求，需要采用堆码这种适合大批量货物的垂直布置形式。它是将物品包装后直接堆码在托盘或地坪上，层层堆码到一定高度。

② 利用货架。物品进行竖向布置的主要手段是利用各种货架。货架的类型和高度决定了竖向布置的形式和高度。有些物品可以用原包装直接存入货架，有的可以装入货箱或码到托盘上再存入货架，这样可充分利用仓储空间，并有利于迅速发货。

③ 采用架上平台。在仓库净空比较高和货架比较矮的情况下，可采用架上平台的方式充分利用有效空间。即在货架的顶部铺设一层承压板构成二层平台，这样可在平台上直接堆放物品，也可排布货架。

3. 储位编码

储位编码是将库房、货场、货棚、货垛、货架按物品的存放具体位置顺序，统一编列号码，并做出明显标志。

(1) 库房的编号。把整个仓库的所有储存场所，依其地面位置按顺序编号，对库房的号码可统一写在库房外墙上或库门上，编号要清晰醒目，易于查找。

(2) 库房内货位编号。根据库内业务情况，按照库内主干支干道分布，划分为若干货位，按顺序以各种简明符号与数字，来编制货区、货位的号码，并标于明显处。

(3) 货架上的货位编号。在收发多品种物品及进行拼装作业的仓库，往往在一个库房有许多货架，每个货架有许多格，作为存货的货位。可先按一个仓库内的货架进行编号，然后再对每个货架的货位按层、位进行编号。常采用的是“四号定位”方法，即第一位，表示库序号；第二位，表示货架号；第三位，表示货架层号；第四位，表示货位号。顺序应从上到下（也有企业从下到上）、从左到右、从里到外。

货位编号，可以用符号或数字，数字可以是 1 ~ n 位。在实际应用时可以根据企业仓库的实际情况和需求来定。

(4) 货场货位编号。货场货位编号常见的有两种方法：一种是在整个货场内先按排编上排号，然后再按各排货位顺序编上货位号；另一种是不分排号，直接按货位顺序编号。对于集装箱堆场，应对每个箱位进行编号，并画出箱门和四角位置标记。

技能训练

【实训 1.1】

◆ 情境设置

米可公司是一家专为市内各大超市配送饼干、饮料、小食品、各种调味品及洗涤用品等货物的企业。其仓库储存有上千个品种的各类食品、饮料、调味品；近百种洗涤用品。请判断该公司仓库属于何种类型？并为该公司的仓库做一个准确的定位。

◆ 技能训练目标

1．要求学生通过训练，掌握仓库的分类和各类仓库的特点。

2．能够根据货物的流通情况，选择相适应的仓库进行货物储存。

◆ 技能训练准备

1．学生每 5 人为一组，每小组选一名组长。

2．以组为单位，完成米可公司仓库的定位。

3．教师现场指导。

4．训练时间安排：2 学时。

【实训 2】

◆ 情境设置

金时代物流公司新建了一个日用品仓库，主要存储床上用品、洗涤用品、化妆品、调味品、干菜、休闲食品，预计年储存周转量为 5 000 t。试为该公司仓库做货区布置方案。

◆ 技能训练目标

要求学生通过训练，了解仓库内部的内部结构，仓库内部的分区。掌握仓库内部规划方法，能够合理地进行仓位的布置。

◆ 技能训练准备

1．学生每 5 人为一组，每小组选一名组长。

2．以组为单位，完成金时代物流公司仓库货区的布置。

3．教师现场指导。

4．训练时间安排：2 学时。

任务 1.3 仓库设施与设备

工作思考

1. 仓库设施与设备有哪些？
2. 各种设备的主要用途是什么？
3. 如何管理这些设施设备？

引导案例

鸿业公司是一家专业生产香料、食品添加剂、医药原料等产品的高科技化工企业。为了保证所有仓储设备的顺利运行，公司决定为其制订日常检查和预防性维护计划，具体维护对象如下：

装卸搬运工具：包括电动叉车、液压叉车、手推车等。

控制设备：包括空调机、暖气管、抽风机等。

消防设备：包括灭火器、消火栓、自动喷淋系统、报警器等。

照明设备：包括防爆灯、应急灯、照明线路等。

其他可能对货物储存造成影响的设施设备。

任务发布

假如你是公司的仓储部主管，请完成以下任务：

（1）根据公司的实际情况，制定出仓储装卸搬运工具的使用规范。

（2）根据公司的实际情况，制定出装卸搬运工具日常维护方案。

我要学习啦

1.3.1 仓库设施设备的类型

仓储设施设备是辅助仓储作业、保障货物和作业安全的各种机械设备的总称。要高效地实现仓储基本功能，必须借助于机械等设备的帮助支持，根据仓库的功能、储存对象要求等确定主要设施、设备的配置是仓储业务及整个物流流程高效运行的有力保障。

1. 存货、取货设备

存货、取货设备包括货架、叉车、堆垛机械、起重运输机械等。

（1）货架。

① 货架的概念。货架是指用立柱、隔板或横梁等组成的立体储存物品的设施（根据中华人民共和国国家标准《GB/T 18354—2006 物流术语》）。货架在仓储中占有非常重要的地位，为改善仓储环境和条件，不仅要求一定数量的货架，而且具有多功能，能满足实现机械化、自动化的要求。

② 货架的作用。

货架在仓储业务活动中占有非常重要的地位，其主要作用如下：

- 充分利用仓库空间：货架是一种架式结构物，可充分利用仓库空间。
- 提高货物的储存质量：货架具有防潮、防尘、防破坏的功能，可避免货物相互挤压，并保证货物性能完好，从而提高货物的储存质量。

（2）货架的分类

货架的种类很多，常见的分类形式如表 1.1 所示。

表 1.1 货架的分类

划分标准	种类名称
货架发展形态	传统：层架式货架、抽屉式货架、悬臂式货架、轮胎货架等。 新型：旋转式货架、移动式货架、驶入式货架、托盘货架、阁楼式货架、重力式货架等
货架是否移动	固定式货架、移动式货架、旋转式货架、可调式货架和流动储存货架等
货架高度	低层货架（5m 以下）、中层货架（5 ~ 15m）、高层货架（15m 以上）
货架载重量	轻型货架（每层载重 150kg）、中型货架（每层载重 150 ~ 500kg）、重型货架（每层载重 500kg 以上）
货架载货方式	悬臂式货架、橱柜式货架和棚板式货架等

（3）主要的货架。

① 轻型货架。轻型货架是用优质钢板制造，表面采用静电喷涂处理，防腐、防锈、坚固美观，如图 1.14 所示。它的各种规格及承重设计可满足工厂、仓库、装配线、超市仓储的使用要求。

货架承重 100 ~ 250kg/ 货格，轻型货架还可组成平台使用，其适合于储存轻型散件物品和超市仓储使用。

特点：插接方式组装，安装拆卸方便，用途广泛。钢层板上下任意调节，满足多种使用要求。

② 中型货架。

- 中型挂板式货架：采用优质冷轧板冲压成型，经磷化处理粉末喷涂而成，如图 1.15 所示。结构合理，坚实耐用，其承重可达到 500kg/ 货格 ，可随意组合，拆装方便，能充分利用空间，层高可自由调整，适合中型仓库使用。

特点：连接形式为插接式连接，除顶层和底层不可调节外，层与层之间高度可按物品的尺寸任意调节，节省仓储空间，货架表面采用防腐防锈处理，坚固实用。

- 中型挂梁式货架：通过横梁与立柱之间的拉力及侧片斜支撑及横支撑的作用，使货架增加了坚固性和稳定性，每货格在均匀分布状态下承重可达 400 ~ 800kg。货架的两个柱片之间由横梁连接，隔板铺设在横梁上，因此它比挂板式货架具有更大的载重量。主、副架的连接形式又可节省空间和费用，横梁之间可铺设纵梁隔网及各种隔板。隔板可以使用钢板层、木板层、中密度板等。

特点：每层高度可以调整，使货架的间距可随摆放物品的大小任意调整，增加存货的随意性和灵活性。

- 中重型货架：结构简单，安装拆卸方便。在适度的距离内可以任意调整间距，如图 1.16 所示。视野宽阔，层距任意调节。主、副架无限连接，可增加货架的牢固度，节省投资。中重型货架适用于中大型企业仓储。

图 1.14 轻型货架

图 1.15 中型货架

③ 重型（选取式托盘）货架。选取式托盘货架（如图 1.17 所示）是使用最广泛的托盘类物品存储系统，有较强的通用性。其结构是货架沿仓库的宽度方向分成若干排，其间有一条巷道，供堆垛起重机、叉车或其他搬运机械运行。每排货架沿仓库纵方向分为若干列，在垂直方向又分为若干层，从而形成大量的货位，可以用托盘存储物品。

特点：每个托盘均能单独存入或移动，而不用移动其他托盘。可适应各种类型的物品，可按物品尺寸要求调整横梁高度。配套设施最简单，成本也最低，能安装及拆除，物品装卸迅速。主要适用于整托盘出入库或大件物品的存放，能尽可能地利用仓库的上层空间。

图 1.16 中重型货架

图 1.17 重型货架

④ 驶入式货架。驶入式货架（如图 1.18 所示）又称为“通廊型货架”，是指可供叉车（或带货叉的无人搬运车）驶入并存取单元托盘物品的货架（根据中华人民共和国国家标准《GB/T 18354—2006 物流术语》）。这是一种不以通道分割的、连续性的整栋式货架。在支撑导轨上，托盘按深度方向存放，一个紧接着一个，这使得高密度存储成为可能。物品存取从货架同一侧进出，“先存后取，后取先存”。前移式叉车可方便地驶入货架中间存取物品

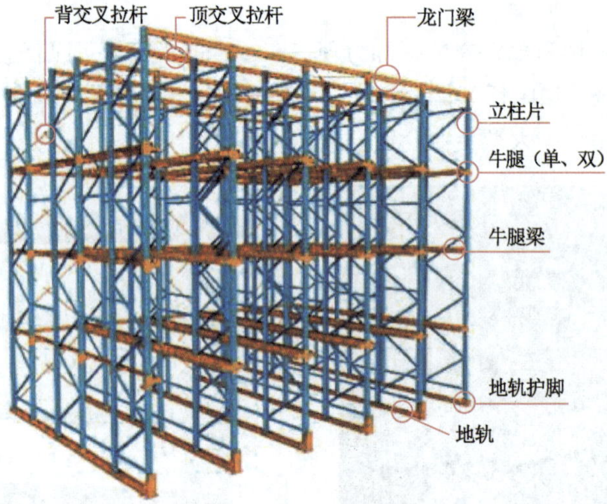

图 1.18 驶入式货架

驶入式货架投资成本相对较低，适用于横向尺寸较大、品种较少、数量较多且物品存取模式可预定的情况，常用来储存大批相同类型物品。由于其存储密度大，对地面空间利用率较高，常用在冷库等存储空间成本较高的地方。

特点：品种少而数量多的物品，每一开口一个品种，先入先出或先入后出，搬运车辆可以驶入内部选取物品，支撑结构稳妥，便于滑动，单位货位载荷 200 ～ 1 000kg。

⑤ 阁楼式货架。阁楼式货架（如图 1.19 所示）的底层货架不但是保管物品的场所，而且也是上层建筑承重梁的支撑（柱）。可设计成多层楼层（通常 2 ～ 3 层），配楼梯、扶手和物品提升电梯等。阁楼式货架适用于库房较高、物品较轻、人工存取、储货量较大的情况，也适用于现有旧仓库的技术改造，可提高仓库的空间利用率。其底层承重梁的跨距如果缩小，则建筑费用也可大大降低。

⑥ 悬臂式货架。悬臂式货架（如图 1.20 所示）适用于存放超长物品、环型物品、板材、管材和不规则物品。托臂可以是单面或双面。其前伸的悬臂具有结构轻、载重能力好的特点。增加了隔板后，特别适合空间小、高度低的库房，管理方便，视野宽阔。与普通搁板式货架相比空间利用率更高，存取物品方便、快速，对物品的存放一目了然。

特点：适合细长物品的保管和整理；特别是加固的立柱结构，可以承受 2 000 ~ 3 000kg 压力；悬臂单臂承重 200 ~ 500kg；设计背拉增加稳定程度；安装简易，配件齐全。

图 1.19 阁楼式货架

图 1.20 悬臂式货架

⑦ 流利货架 。物品从有坡度的滑道上端存入，当在低端取货时，物品借助重力自动下滑，可实现“先进先出”作业，使用成本低，存储密度大。广泛用于超市、医药、化工和电子等行业。流利货架的主要部件包括架体、滑轨、滚轮、滚轴等。

流利货架（如图 1.21 所示）在存放散货时可很方便地为操作人员提供生产物品，增加工作效率，提高生产流水线的工作速度。

⑧ 抽屉式货架。用于存放中小型模具，顶部可配置移动葫芦车（手动或电动），便于模具的起吊和存取。抽屉板下设置有滚轮轨道，使重载后依然能用很小的力轻松拉动。通常每层承载量小于 500 kg。重型抽屉式货架可用于存放特重型模具和物品。

抽屉式货架（如图 1.22 所示）特点主要有以下几点：

图 1.21 流利货架

图 1.22 抽屉式货架

- 节省场地：占地面积仅为 1.8 m^2，可存放几十套中小型模具；
- 结构简单：由多种组合部件装置而成，便于拆卸、运输和组装；
- 操作轻便：采用轴承组合，滑动平稳并附有独立吊模装置；
- 安全可靠：附加定位保险装置，使用安全可靠。

⑨ 移动式货架。移动式货架（如图 1.23 所示）又叫做动力式货架，是指可在轨道上移动的货架（根据中华人民共和国国家标准《GB/T 18354—2006 物流术语》）。地面上设有轨道，货架底部装有滚轮，通过电机驱动装置，它可以沿水平放向移动。移动式货架平时密集相接排列，因此大幅度减少了通道数，提高了仓库利用率，使得地面使用率达 80%。可直接存取每一项物品，不受先进先出的限制。主要适用于仓库面积有限，但数量较多的物品的存储。但相对来说电气装置较多，建造成本较高，维护也比较困难。

⑩ 重力式货架。重力式货架（如图 1.24 所示）是指一种密集存储单元物品的货架系统。在货架每层的通道上，都安装有一定坡度的、带有轨道的导轨，入库的单元物品在重力的作用下，由入库端流向出库端（根据中华人民共和国国家标准《GB/T 18354—2006 物流术语》）。其基本结构与普通层架类似，但是深度比一般层架深得多。每一层隔板成前端（出货端）低，后端（进货端）高的一定坡度，物品在重力的作用下自动向低端滑移。可以在滑道上安装辊子或滚轮，以提高货体的运动性能，尽量将坡度做得小一点。

重力式货架使得单位库房面积存储量大。并且固定了出入库位置，减少了出入库工具的运行距离。由于入库作业和出库作业完全分离，两种作业可各自向专业化、高效率发展。而且在出入库时，工具不互相交叉、不互相干扰、事故率降低、安全率增加，能够保证物品先进先出。主要用于大批量、少品种储存物品的存放或配送中心的拣选作业中。

图 1.23 移动式货架

图 1.24 重力式货架

2. 叉车

叉车是指具有各种叉具，能够对物品进行升降和移动以及装卸作业的搬运车辆（根据中华人民共和国国家标准《GB/T 18354—2006 物流术语》）。是仓储装卸搬运机械中应用最广泛的一种，主要用于仓库内物品的装载搬运。是一种既可做短距离水平运输，又可堆、拆垛和装卸卡车、铁路平板车的机械。在配置其他取物设施以后，还能用于散货和各种规格品种物品的装卸作业。

（1）叉车的特点及用途。叉车与其他搬运机械一样，能够减轻装卸工人繁重的体力劳动。除了能提高装卸效率、缩短车辆停留时间、降低装卸成本以外，它还有以下特点和用途：

① 机械化程度高。使用各种自动的取物装置或在货叉与货板配合使用的情况下，可以实现装卸工作的完全机械化，不需要工人的辅助体力劳动；

② 机动灵活性好。叉车外形尺寸小、重量轻，能在作业区域内任意调动，适应物品数量及货流方向的改变，可机动地与其他起重运输机械配合工作，提高机械化的使用率；

③ 可以“一机多用”。叉车在配合和使用各种取货装置如货叉、铲斗、臂架、吊杆、货夹、抓取器等的条件下，可以适用于各种品种、形状和大小物品的装卸作业；

④ 能提高仓库容积的利用率。堆码高度一般可达 3m，采用高门架叉车可达到 6m；

⑤ 有利于开展托盘成组运输和集装箱运输；

⑥ 成本低、投资少，能获得较好的经济效果。

（2）叉车的分类。

① 叉车的类型很多，根据性能等方面，叉车的分类如表 1.2 所示：

表 1.2 叉车分类表

耗能方式分类	特种行业分类	工业车辆分类	行走方式分类
燃料叉车 电力叉车 手动叉车	防爆叉车 多向走叉车 越野叉车 集装箱行走吊 军用工业车辆 车载式叉车 无人驾驶工业车辆	电动托盘搬运车 前移式叉车 低位拣选叉车 高位拣选叉车 电动拖头 集装箱叉车 伸缩臂叉车	电动托盘堆垛车 电瓶叉车 侧面叉车 固定平台搬运车 集装箱正面吊 三向堆垛叉车

② 按照结构特点分类（如图 1.25 所示）：

- 平衡重式叉车；
- 插腿式叉车；
- 侧面式叉车；
- 前移式叉车；
- 集装箱叉车；
- 高（低）货位拣选式叉车。

(a) 平衡重式叉车

(b) 插腿式叉车

图 1.25 叉车种类

(c) 侧面式叉车

(d) 前移式叉车

(e) 集装箱叉车

(f) 高位拣选叉车

图 1.25 叉车种类（续）

(3) 叉车的技术参数和主要性能指标。

- 额定起升质量。指用货叉起升货物时，货物重心至货叉垂直段前壁的距离不大于载荷中心距时，允许起升货物的最大质量。

额定起升质量系列：0.5t、0.75t、1.0t、1.5t、2.0t、3.0t、4.0t、5.0t、8.0t、10t、12t、15t、16t、20t、25t、32t、40t。

- 载荷中心距。指在货叉上放置标准质量的货物、确保叉车纵向稳定时，其重心至货叉垂直段前壁间的水平距离。
- 最大起升高度。指叉车在平坦坚实的地面上，满载、轮胎气压正常、门架直立，货物升至最高时，货叉水平段的上表面至地面的垂直距离。
- 门架倾角。指无载叉车在平坦、坚实的地面上，门架相对其垂直位置向前和向后倾斜的最大角度，如图 1.26 所示。

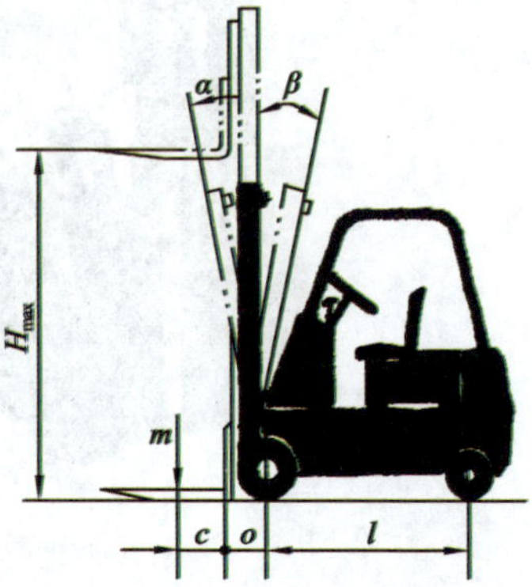

图 1.26 叉车角度示意图

门架前倾角 α：作用是便于叉取和卸放货物。

门架后倾角 β：作用是当叉车带货行驶时防止货物从货叉上滑落。

- 最大起升速度。通常指叉车在坚实的地面上满载时，货物举升的最大速度。

- 最大运行速度。一般指叉车满载时，在干燥、平坦、坚实的地面上行驶时所能达到的最大速度。
- 满载最大爬坡度。指叉车满载时，在干燥、坚实的路面上，以低速档等速行驶所能爬越的最大坡度。
- 最小转弯半径。指叉车在空载低速行驶、转向轮处于最大偏转角时，瞬时转向中心距叉车纵向中心线的距离。
- 最小离地间隙。指车体最低点与地面的间隙。
- 直角通道最小宽度。指可供叉车往返行驶的、成直角相交的通道的最小理论宽度。
- 堆垛通道最小宽度。指叉车在正常作业时，通道的最小理论宽度。
- 回转通道最小宽度。指可供叉车调头行驶的直线通道的最小理论宽度。
- 最大高度和宽度。指决定叉车能否进入仓库、集装箱、船车内进行作业的参数。

（4）叉车的合理使用。提高叉车的生产效率和降低营运费用必须重点抓好对叉车司机的培训、叉车的养护维修和蓄电池的合理使用。

① 叉车司机的培训。

- 叉车司机上岗前经过专门的技术培训。通过基本理论知识学习和实际操作驾驶技术的训练，考核合格，具备相应的安全操作证，方能从事驾驶叉车进行装卸作业的工作。
- 熟悉有关规章制度和安全操作规程，并且严格遵守。
- 懂得日常保养和维护工作，并认真负责、贯彻执行。定人定车的承包责任制有利于叉车的日常养护。
- 驾驶叉车时必须聚精会神，专心一致。管理部门应经常对司机进行各种教育，考核其工作业绩，提高劳动效率、工作质量和安全行车意识。

② 叉车的维修保养。良好的维修保养不仅是保证叉车良好技术状态的必要条件，还是防止叉车过早磨损、延长叉车使用寿命和提高经济效益的有效手段。

叉车的三级维修保养：

- 日常保养。日常保养应由司机每日进行。一般在使用前检查，使用后保养。

a. 清除外露部分的油污灰尘，保持叉车外部清洁。

b. 检查各部位紧固件，如有松动或缺少，应紧固配齐。

c. 检查电气线路接头的紧固情况，保持其接触良好。

d. 检查制动油、液压油是否充足，并进行加油和注润滑油。

e. 检查并保持蓄电池内电解液比重和液面高度正常。

- 定期保养。一级保养每月进行一次，二级保养（停机）每半年进行一次 .
- 大修保养。大修保养每两至三年进行一次。

③ 蓄电池的合理使用。蓄电池的合理使用对其使用寿命和经济效益有很大的影响。

- 蓄电池应随购随用。未使用过的新蓄电池允许保存期为一年，逾期会影响容量和使用寿命。保管的环境应为 0℃以上、30℃以下的干燥通风之处，绝对避免潮湿。
- 新蓄电池 (或经干藏后再使用的电池) 在使用前要进行“初次充电”。之后则进行正常充电。对于充电的电压、容量、时间、电解液比重和温度等两者都必须严格遵守其操作技术规程。充电要充足，又不能过充电。
- 必须按照额定容量放电，不得超负荷放电。

- 不要过放电，放电后的蓄电池应在短时间内及时充电，切忌长期搁置不管。
- 已经充电但暂时不使用的蓄电池，在存放期内应每月按正常充电方法增加充电一次。
- 电解液的相对密度、温度和容量对蓄电池的充放电有密切关系，要经常检查控制。

3. 堆垛机

堆垛机（如图1.27所示）是仓库机械设备，专门用来堆码货垛或提升物品的机械。普通仓库使用的堆垛机（又称上架机）是一种构造简单、用于辅助人工堆垛、可移动的小型物品垂直提升设备。堆垛机的特点是：构造轻巧，人力推移方便，能在很窄的走道内操作，减轻堆垛工人的劳动强度，且堆码或提升高度较高，仓库的库容利用率较高，作业灵活，所以在中小型仓库内广泛使用。它有桥式堆垛机、巷道式堆垛机等类型。

图1.27 堆垛机

4. 起重机

起重机（如图1.28所示）适用于装卸大件笨重物品，也可借助于各种吊索具装卸其他物品；同时，起重机也是唯一以悬吊方式装卸搬运物品的设备。其吊运能力一般在3～30t。

（a）桥式起重机　　（b）门式起重机

图1.28 起重机

1.3.2 分拣、配货设备

分拣、配货设备包括分拣机械、托盘、搬运车、传输机械等。

1. 托盘

托盘是指在运输、搬运和存储过程中，将物品规整为物品单元时，作为承载面并包括承载面上辅助结构件的装置（根据中华人民共和国国家标准《GB/T 18354—2006 物流术语》）。

托盘是用于集装、堆放、搬运和运输的放置物品和制品的作为一个单元负荷的水平台板装置。在台板上集装一定数量的单件物品，并按要求捆扎加固，组成一个运输单位，便于运输过程中使用机械进行装卸、搬运和堆存。这种台板有供叉车从下部叉入并将台板托起的叉入口。以这种结构为基本结构的台板和在这种基本结构基础上形成的各种形式的集装器具都统称托盘。托盘化运输对提高物流生产效率是非常重要的。

（1）托盘的特点。

① 搬运或出入库场都可用机械操作，减少物品堆码作业次数，从而利于提高运输效率，缩短货运时间，减轻劳动强度；

② 以托盘为运输单位，货运件数变少体积重量变大，而且每个托盘所装数量相等，既便于点数、理货交接，又可以减少货损货差事故；

③ 投资比较少，受益比较快；

④ 托盘的回收利用、组织工作难度较大，会浪费一部分运力。托盘本身也占用一定的库容空间。

（2）托盘的种类及规格。

① 托盘的种类（如图 1.29 所示）。托盘按结构可以分为：平板托盘、箱型托盘、立柱型托盘、折叠式托盘。按材料可分为：金属托盘、木制托盘、纸制托盘。另外还有单面托盘、双面托盘；两向叉入、四向叉入式托盘。

（a）木制托盘

（b）塑料托盘

图 1.29 托盘的种类

② 托盘的规格（如图 1.30 所示）。我国托盘规格与国际标准化组织规定的通用尺寸一致，主要有六种规格：1200 mm × 1000 mm、1200 mm × 800mm、1219 mm × 1016 mm（即 48in × 40in）、1140 mm × 1140 mm、1100 mm × 1100 mm、1067 mm × 1067 mm（即 42in × 42in）（根据《ISO 6780：2003 洲际物料输送用平托盘主要尺寸和公差》）。

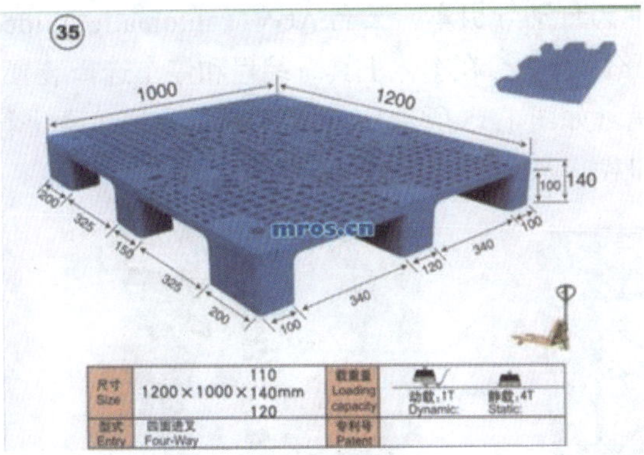

（a）1 200 mm × 1 000 mm

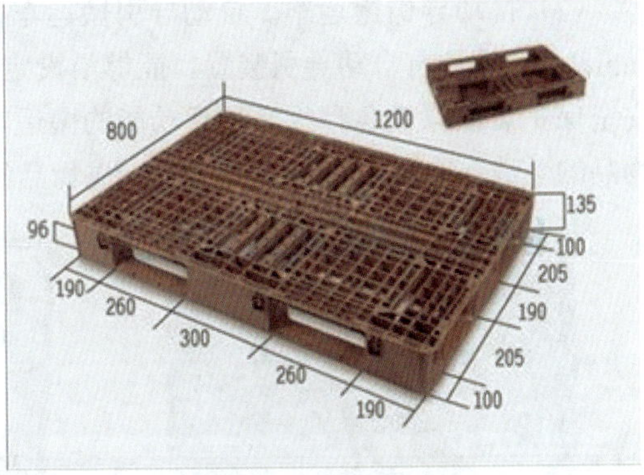

（b）1 200 mm × 800 mm

图 1.30 托盘的规格

2. 分拣设备

分拣是指将一批相同或不同的物品，按照不同的要求（如品种、发运的目的地、要货客户等）分别拣出，进行配送或发运，如图 1.31 所示。

随着经济和生产的发展，商品交易“小批量、多批次”的趋势日趋明显，因此流通也趋于小批量、多品种和及时制（JIT）各类配送和货运中心的分拣任务十分艰巨，分拣系统成为一种重要的物流设施。

3. 输送机

输送机主要为了仓库内部运输，将物品送到事先安排的目的地。一般分为平面输送机和折叠输送机两种。适用于立体输送和平面输送。输送机具有操作连续性强、占地面积小和辅助作业（核对、置换、分拣）等特点，如图 1.32 所示。

图 1.31 分拣设备

图 1.32 输送机

4. 搬运车

搬运车主要作用是完成仓储过程中的装卸搬运活动，一般可以分为人工搬运车和自动导引搬运车。适用于水平装卸搬运活动，具有灵活性强，使用方便的特点。

（1）人工搬运车。人工搬运车也可称为手推车，根据其脚轮数量不同可以分为二轮手推车（如图 1.33 所示）和多轮手推车，根据其结构特点不同可以分为立体多层式手推车、折叠式手推车、升降式手推车、可用于阶梯式电梯的手推车、物流笼车（如图 1.34 所示），等等。

（2）自动导引搬运车。自动导引搬运车也称为自动导引车，又名 AGV（automatic guided vehicle），是具有自动导引装置，能够沿设定的路径行驶，在车体上具有编程和停车选择装置、安全保护装置以及各种物品移载功能的搬运车辆（如图 1.35 所示）。它能够自动在一位置进行物品的装载，自动行走到另一位置完成物品的卸载。

图 1.33 二轮手推车

图 1.34 物流笼车

图 1.35 自动导引搬运车

1.3.3 仓储设备的使用管理

1. 设备管理的方式

由于仓储设施设备的繁杂，功能各异，所以大部分设备都是分散使用。因此设备的管理方式，通常是在统一管理的基础上，实行分级管理、专人操作、专门管理部门负责的方式。当然，因为企业各自情况的不同，比如仓库规模、设备数量、设备集中与分散、固定与流动等不同，造成管理方式的不同。所以企业应根据自身的情况选择适合的管理方式。

2. 设备的技术管理

对于仓库中的设备必须建立管理、使用、维修、保养制度。这是仓储业务管理工作中的一个重要环节，尤其是一些大型仓库机械设备较多，更应加强管理。其中装卸搬运机械管理工作有以下 4 个要点：

(1) 制定必要的规章制度、操作规程，并认真贯彻执行；

(2) 加强对操作、维修人员的安全教育和技术培训，实行使用、维修相结合的方法，不断提高技术水平；

(3) 加强技术资料的管理工作，建立设备技术档案；

(4) 及时总结推广先进经验，努力节约原材料、燃料，降低装卸搬运成本。

任务 1.4 仓储合同

工作思考

1. 仓储合同的内容有哪些？
2. 仓储合同的法律效力有哪些？
3. 仓储合同中各方当事的权利和义务有哪些？

引导案例

2012 年 11 月，凯德贸易公司由于业务拓展需要库房 10 000m^2，该公司仓储部经理联系 CBD 物流公司，洽谈租用库房业务。

双方交换供需信息后，达成合作意向，初步定于 10 日后签订仓储合同。

任务发布

假如你是凯德贸易公司的仓储经理，请完成以下任务：

(1) 制定仓储合同中的主要条款。

(2) 规定仓储合同中各方当事人的权利与义务。

我要学习啦

1.4.1 仓储合同

仓储合同是保管人储存存货人交付的仓储物，存货人支付仓储费的合同。提供储存保管服务的一方称为保管人，接受储存保管服务并支付报酬的一方称为存货人。交付保管的货物为仓储物，仓储合同属于保管合同的一种特殊类型。

1. 仓储合同的特点

仓储合同与保管合同不同，仓储合同有其法定的特点，所以在签订履行时要注意自己权利义务的内容、起始时间，这决定着承担责任的内容和开始时间。例如合同生效时间二者不同，前者为成立时生效，后者为交付时生效；前者均为有偿，而后者有偿与否则由当事人自行约定。

仓储合同的具体特点如下：

（1）仓储的货物所有权不发生转移，只是货物的占有权暂时转移，而货物的所有权或其他权利仍属于存货人所有。

（2）仓储保管的对象必须是动产，不动产不能作为仓储合同的保管对象。这也是仓储合同区别于保管合同的显著特征。

（3）仓储合同的保管人，必须具有依法取得从事仓储保管业务的经营资格。

（4）仓储合同是诺成合同。仓储合同自成立时生效。这是仓储合同区别于保管合同的又一显著特征。

2. 仓储合同中各方当事人的权利与义务

（1）保管方的义务与存货方的权利。

① 保证货物完好无损。

② 对库场因货物保管而配备的设备，保管方有义务加以维修，保证货物不受损害。

③ 在由保管方负责对货物搬运、看护、技术检验时，保管方应及时委派有关人员。

④ 保管方对自己的保管义务不得转让。

⑤ 保管方不得使用保管的货物，其不对此货物享有所有权和使用权。

⑥ 保管方应做好入库的验收和接受工作，并办妥各种入库凭证手续，配合存货方做好货物的入库和交接工作。

⑦ 对危险品和易腐货物，如不按规定操作和妥善保管，造成毁损，则由保管方承担赔偿责任。

⑧ 一旦接受存货方的储存要求，保管方应按时接受货物入场。

（2）存货方的义务与保管方的权利。

① 存货方对入库场的货物数量、质量、规格、包装应与合同规定内容相符，并配合保管方做好货物入库场的交接工作。

② 按合同规定的时间提取委托保管的货物。

③ 按合同规定的条件支付仓储保管费。

④ 存货方应向保管方提供必要的货物验收资料。

⑤ 对危险品货物，必须提供有关此类货物的性质、注意事项、预防措施、采取的方法等。

⑥ 由于存货方原因造成退仓、不能入库场，存货方应按合同规定赔偿保管方。

⑦ 由于存货方原因造成不能按期发货，由存货方赔偿逾期损失。

3. 仓储合同中的主要条款

仓储合同的主要条款一般有：货物的品名和种类；货物的数量、质量及包装；货物验收的内容、标准、方法和时间；进出库存手续、时间、地点、运输方式；货物损耗标准和损耗处理；计费项目、标准和结算方式、银行、账号、时间；责任的划分和违约处理；合同的有效期限；合同应订明提出变更或解除合同的期限，以便对方作好相应的准备。

仓储合同示例：

仓储合同

（示范文本）

保管方：__________　签订地点：______________

存货方：__________　签订时间：____年___月___日　合同编号：______

根据《中华人民共和国经济合同法》和《仓储保管合同实施细则》的有关规定，存货方和保管方根据委托储存计划和仓储容量，经双方协商一致，签订本合同。

第一条 仓储物品

品名	品种规格	性质	数量	质量	件数	包装	标记

第二条 储存场所、储存物占用仓库位置及面积：______________。

第三条 仓储物（是 / 否）有瑕疵。瑕疵是：______________。

第四条 仓储物（是 / 否）需要采取特殊保管措施。特殊保管措施是：_______。

第五条 仓储物入库检验方法、时间与地点：_____________。

第六条 存货方交付仓储物时，保管方应当给付仓单。

第七条 储存期限：从_______年_______月_______日至_______年_______月_______日止。

第八条 仓储物的损耗标准及计算方法：___________。

第九条保管方发现仓储物有变质或损坏的，应及时通知存货方或仓单持有方。

第十条 仓储物（是 / 否）已办理保险，险种名称：_________；保险金额：_________；保险期限_________；保险人名称：___________________。

第十一条 仓储物出库检验的方法与时间：________。

第十二条 仓储费（大写）______________________________元。

第十三条 仓储费结算方式与时间：_____________________________。

第十四条 存货方未向保管方支付仓储费的，保管方（是 / 否）可以留置仓储物。

第十五条 违约责任：__________________________。

第十六条 合同争议的解决方式：本合同在履行过程中发生的争议，由双方当事人协商解决；也可由当地工商行政管理部门调解；协商或调解不成的，按下列第（ ）种方式解决；

（一）提交__________________________仲裁委员会仲裁；

（二）依法向人民法院起诉。

第十七条 其他约定事项：___________________________。

存货方（章）：	保管方（章）：
地址：	地址：
法定代表人：	法定代表人：
委托代理人：	委托代理人：
电话：	电话：
开户银行：	开户银行：
账号：	账号：
邮政编码：	邮政编码：

鉴（公）证意见：

经办人：

鉴（公）证机关（章）

年 月 日

知识链接

仓单质押业务

仓单质押业务是指企业以动产（包括库存原料、产成品）为质押物向银行申请贷款时，物流企业经银行或出资担保人授权，以第三方的身份为出资方履行对质押物的监管责任，并收取监管费用的一项业务。

仓单质押业务有两种操作模式：一是质押仓模式；二是管理输出模式。质押仓模式是指监管方利用自己管理的仓库开展仓单质押业务，为存货用户提供仓单质押监管服务，帮助企业向银行融资，收取仓储费及监管费用。适用于对存货条件要求不高、存货量和存货滚动量适中的用户。管理输出模式是指物流企业按照银行或出资担保人的要求，向有动产融资需求的企业派驻监管人员进行动态监管的形式，分为接管仓库作业和不接管仓库作业两种模式。适用于对存货要求相对专业、存货滚动量较大的用户。

★ 仓单质押业务的运作模式

（一）仓单质押物的设定

仓单质押的质押物须经过严格检查，且必须具备以下条件：

1. 所有权明确，不存在与他人在所有权上的纠纷。

2. 无形损耗少，不易变质，易于长期保管。

3. 经出资企业认定市场价格，且市场价格稳定、波动小，产品不易过时、市场前景较好。

4. 规格明确，便于计量。

5. 产品合格并符合国家有关标准，不存在质量问题。

（二）仓单质押启动流程质押监管前的准备工作：

1. 质押监管前，出资企业、贷款企业、邮政速递物流公司三方应就监管事项进行协商，共同签订《质押监管协议》，确定监管区域和监管时间。

2. 签订合作协议后，仓库由邮政速递物流公司直接管理，并成立质押监管项目小组。

3. 按输出管理模式开展业务的，业务开展初期要对监管仓库的硬件设施和进出库作业条件进行审核，达到标准方可开展业务。

4. 贷款企业负责提供质押物清单，清单内容包括质押物的品名、规格、产地、数量、单价、金额等信息。出资企业与邮政速递物流公司共同对以上信息进行核定后，正式启动项目。在监管质押物入库时，邮政速递物流公司还要根据质押物清单核对货物库存，核对无误后将最初的库存数据输入监管系统。

5. 项目小组根据出资企业提供的货物单价，计算质押物的期初库存价值，以此作为贷款企业抵押物的期初价值。

6. 质押期间，贷款企业应当根据出资企业指定的险种、投保金额，为质押物办理财产保险，且在保险期内，贷款企业不得以任何理由中断和撤销保险。办理保险的具体事宜可由贷款企业委托邮政速递物流公司办理，费用由贷款企业承担。质押期间，相关保险单据正本由出资企业保管。

（三）动产入库的监管

1. 贷款企业相关人员须对入库质押物提供品名、规格、产地、数量、单价、金额等信息，并保证数据的真实性。

2. 质押物到货时，项目小组应对货物的相关凭证（贷款企业的《入库单》）进行审核（可以由贷款企业在监管软件中录入入库申请，经出资企业在系统中确认后打印），对货物的品种和数量进行现场清点验收，确认无误并经双方盖章后，才能办理入库手续（并在监管软件中进行确认）。项目小组签发《入库单》一式4份，并留存二联，一联整理归档，一联定期交质权人进行审核。

（四）动产出库的监管

贷款企业若需要提取货物进行销售，必须按先进先出的原则进行，如果质押存货存量出现低于设定的最低质押货值时，贷款企业则必须补齐货物，否则项目小组不能给贷款企业办理出库手续。具体出库手续为：

1. 贷款企业填写《提货申请书》提交出资企业审核（在监管系统中录入出货申请）。

2. 出资企业根据贷款企业交存的保证金额核算《提货申请书》所记载的拟出库货物金额，若金额相符，出资企业应当在《提货申请书》上签章并返还贷款企业，同时为贷款企业开具《放货通知书》。

3. 项目小组在收到《放货通知书》后，对有关印章、签字进行核实，确认属实后，项目小组方可办理相关手续。

4. 在完成上述手续后，贷款企业凭《提货申请书》和《放货通知书》向项目小组要求提取货物。

5. 项目小组在放货完成后，向出资企业出具《放货通知书（回执）》，向出资企业确认解除质押部分货物已经放行。

（五）库存动产的监管

1. 每月末，项目小组都要在系统中打印《期末质押物资盘点余额表》，对货物进行静态盘点。按最新成本价格计算期末存货金额，确定存货的期末价值。此时，项目小组要对质押物的盘点结果进行复查，确定差异率。之后，将差异率交贷款企业进行确认，根据差异率调整质押物的期末价值。

2. 质押物单价管理。质押物单价由质权人确认后交邮政速递物流公司执行。

3. 报表。项目小组月末制作项目《入库汇总表》、《出库汇总表》、《质押物库存清单》、《质押物库存检查表》、《质押货物月度汇总表》和《期末质押物资余额表》提供给质权人，并报一份给市邮政速递物流公司财务部备案审核。

4. 数据的取得与处理。《入库单》、《出库单》用于记录当日质押物的进销动态情况；《质押物清单》、《质押物库存检查表》、《质押货物月度汇总表》用于记录贷款企业每月底质押物的库存明细；《期末质押物资余额表》用于记录月末仓库内的质押物状态。

5. 对实施监管货物的任何进出信息，邮政速递物流公司都应在汇总后于次日 12 时前以电子邮件、传真、电子数据等双方认可的形式向出资企业报备。

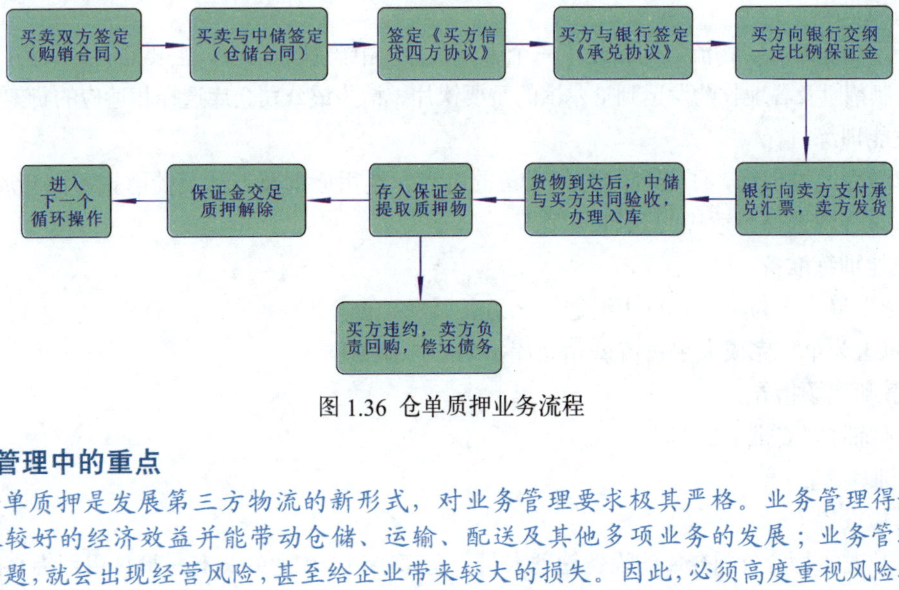

图 1.36 仓单质押业务流程

★ 管理中的重点

仓单质押是发展第三方物流的新形式，对业务管理要求极其严格。业务管理得好，能够带来较好的经济效益并能带动仓储、运输、配送及其他多项业务的发展；业务管理一旦出现问题，就会出现经营风险，甚至给企业带来较大的损失。因此，必须高度重视风险控制。

（一）出质方风险

1. 质押物产权风险。首先，必须正确地规定承担质押物产权界定的责任人，即由谁来承担相关的产权界定工作。界定责任人应该是有能力调查用户贸易渠道、结算方式、往来账目的专业人才。其次，在合约中还必须正确地确定审核产权的方式。通常选择审核产权的方式应该充分地考虑质押物的性质和上下游的贸易关系，审核人可以直接审核相关法律证明材料，也可通过审核出质货物的发票、购销合同、质检证明、上游企业的出售证明、运输发票等方式来间接界定产权。对于进出口货物，还可以审核海关通关单、关税证明、结算证明、进口许可证等来间接界定产权。

2. 质押物品种选择风险。应选择资源型物资、热销产品、通用产品及价格稳定的产品。

3. 质押物动态价格监控风险。可通过质押率、平仓线、警戒线等进行风险控制。

4. 质押物品存放安全风险。可通过用户保险进行风险控制。

（二）监管方风险

1. 质押物品种选择风险。应选择易于计量、监管，无形损耗少，不易变质的产品。

2. 质押物品存放安全风险。可通过用户保险进行风险控制。

3. 质押物初始数据风险。应严格按要求审核数据，由第三方协助核对数据。

4. 质押物库存差异风险。可通过落实监管制度进行风险控制。

5. 出质人道德风险。可通过联合反担保、加强抽查等方式进行风险控制。

6. 监管人员道德风险。可通过加强抽查进行风险控制。

（三）其他风险控制

1. 如果仓单上为特定货物，应通过制定三方协议来约定不可抗力的范围，并要求企业办理相应的商业保险。

2. 项目小组严格按照质权人设立的库存价值警戒线办理出入库手续，一旦库存量到达价值警戒线，停止办理出库手续并报告质权人及公司物流业务部；在其货物未解押的情况下，需要突破货物质押总量风险控制线提货时，必须由出资企业出具加盖公章的通知函。

3. 严格审查入库实物的真实性、有效性、规范性，仓单上必须载明必要的记载事项。

技能训练

【实训 1.2】

◆ 情境设置

位于香坊区的大宇物流公司新建了一个中药饮片、中药制剂仓库，主要储存各大药厂生产的各类中药制剂以及各地收购发运到哈尔滨的重要饮片。请为该公司仓库选择相适应的货架类别。

◆ 技能训练目标

要求学生通过训练，了解各种仓库设备的特点、选用原则及方法。能够按不同仓库储存货物的要求，合理选择相适应的仓储设备。

◆ 技能训练准备

1．学生每 5 人为一组，每小组选一名组长。

2．以组为单位完成大宇物流公司仓库货架的选择工作。

3．教师现场指导。

4．训练时间安排：2 学时。

【实训 1.3】

◆ 情境设置

小李是龙鑫物流公司仓库的设备管理人员，仓库接到入库通知，有一批日用百货共计 1 000

个托盘，在23号15点到达仓库，需要5h内完成卸车入库作业，请小李做好设备的配备准备工作。（注：仓库叉车装卸一个托盘的周期时间为1.5min）

◆ 技能训练目标

要求学生通过训练，掌握各种仓库设备的使用管理方法。能够按储存货物的储存搬运要求合理选择相适应的仓储设备，并根据货物装卸量大小确定设备数量。

◆ 技能训练准备

1．学生每5人为一组，每小组选一名组长。

2．以组为单位帮助小李做好设备的配置准备工作。

3．教师现场指导。

4．训练时间安排：2学时。

综合实训

仓库布局与货架识别实训项目

“每次家乐福进入一个新的地方，都指派1个人来开拓市场。”家乐福企划行销部总监罗定中用这句令人吃惊的话介绍家乐福。他解释说，这第一个人就是这个地区的总经理，他所做的第一件事就是招一位本地人做他的助理。然后，这位空投到市场上的光杆总经理和他唯一的员工做的第一件事，就是开始市场调查。他们会仔细去调查当时其他商店里有哪些本地的商品要出售，哪些产品的流通量大，然后再去与各类供应商谈判，决定哪些商品会在家乐福里出现。一个庞大无比的采购链，完全从零开始搭建。

这种进入中国市场的方式粗看起来难以理解，但却是家乐福在世界各地开店的标准操作手段。所以，我们以家乐福进入中国市场在哈尔滨建立营业网点为例进行本次实训。

一、指导思想及作用

通过此实训项目，使学生具备仓库选址布局的能力、储位规划的能力、设施设备选取的能力等。为培养学生成为高素质技能型人才奠定基础。

二、技能目标

（1）能根据仓库主要设备及特点选择能满足企业生产经营活动的设施设备的能力。

（2）具备进行仓库布局的能力。

（3）有货位地址编排定位的能力。

（4）选择合理存储方式的能力。

（5）协调、规范管理的能力。

（6）树立作业过程中节约费用和降低成本意识的能力。

三、作业知识的准备

1．仓库的分区布置

仓库平面布置应遵循单一的物流流向，考虑最短的搬运距离、最少的装卸环节，强调最大限度的利用空间，有利于提高仓储经济效益。

2．各种货架结构知识

货架的结构特点，如何根据物品类型及仓库空间选择货架。

3．实施中应注意的问题

通过该项目实施，使学生对仓库合理布局及货架的合理使用由初步认识到深刻理解，提高仓库利用率，熟悉各种货架的功能，熟悉“四号定位”法。

四、实训时间安排

建议4课时。

五、作业要素

（1）装卸工具，搬运工具（叉车、地牛、台车等）。
（2）堆场（应有场地条件，包括五距、通道宽度要求、现场示意图等资料）。
（3）托盘（含常用托盘的图示及作用说明）。
（4）物品（选择五种以上物品名称、规格、型号、数量）。
（5）货架（位）（满足托盘要求的有3种以上）。
（6）作业任务单（满足上述要素条件和作业要求的单据）。

六、内容与步骤

（1）抽取任务单。

任务1

任务单编号：01

作业地点：物流中心 货位：出货区、货物暂存区、装卸搬运设备存放区 质量要求：快速、准确回答 作业内容：指出存货区 作业人员签名： 作业日期：　年　月　日

任务2

任务单编号：02

作业地点：物流中心 货位：1号货架A区第2层左数第二个位置的货位编号 质量要求：快速、准确回答 作业内容：指出指定货位的货位编号，并解释各号码的含义 作业人员签名： 作业日期：　年　月　日

任务 3

任务单编号：03

作业地点：物流中心 货位：2 号货架 质量要求：快速、准确回答 作业内容：指出该货架的名称、特点，指出该货架适合存放货物的特点，是否能实现“先进先出”等   作业人员签名： 作业日期：　年　月　日

（2）识别仓库平面布局，理解各区的主要功能。

（3）识别货架，根据任务单选择物品的存放货位。

七、完成方式

个人项目，每个学生独立完成。

八、考核标准

仓库布局与货架识别实训项目考核评分表

专业　　　　班级　　　　姓名

序号	评分标准	满分	得分
1	指出作业区名称	20	
2	说出指定货位的货位号及号码含义	30	
3	说出指定位置的货架名称、构造特点、物品存放要求	50	
总分		100	

考核日期：　年　月　日

九、作业过程指导

（1）教师和学生在仓库门口，教师讲解实训项目内容、要求及仓库号的标注位置。

（2）教师和学生进入仓库，教师讲解仓库内部布局及作业区的划分，学生在老师的讲解后能够对作业区识别，对学生进行提问。

（3）教师讲解该仓库的编号原则，利用“四号定位”法让学生进行识别。特别要强调对货位编号是仓库管理的需要。

（4）教师按顺序分别讲授悬臂式货架、抽屉式货架、流利式货架、托盘式货架、驶入式货架、重力式货架、阁楼式货架的名称、构造特点、存货类型、仓库空间利用情况、物品出货与补货方法、能否实现先进先出等情况。

在讲解悬臂式货架时，教师示范存取物品，然后让学生示范取出物品。

在讲解抽屉式货架时，教师示范手动葫芦搬运车的使用，然后让学生操作。

在讲解流利式货架时，教师示范补货方法，使学生理解一端出货另一端补货，物品借助重力自然下滑的原理。

在讲解托盘式货架时，教师示范用半自动堆高车存放物品，然后让学生模拟取货，对操作不规范的部分进行讲评。

在讲解驶入式货架时，强调物品存放顺序是从里到外依次存放，教师进行示范，取货是从外到里依次取货，由学生操作，不能实现先进先出。

在讲解重力式货架时，指出与流利式货架的异同，二者都是重力式货架，流利式货架属轻型货架，适合存放小件物品，重力式货架属中重型货架，适合存放托盘货。

在讲解阁楼式货架时，指出其上下层结构，各层适合存放物品类别等，强调是为了提高仓库空间利用率。

小　结

仓储是集中反映工厂物资活动状况的综合场所，是连接生产、供应、销售的中转站，对促进生产、提高效率起着重要的辅助作用。

本项目主要介绍仓储基本知识、仓库的种类，以及仓储设施设备，最后介绍了仓储合同的主要条款。

项目2

入库作业管理

任务 2.1 入库作业准备

工作思考

1. 货物入库之前需要做那些准备？
2. 如何编制入库作业计划？

引导案例

中盛公司共有成品仓库三个，分别是成品一组仓库、成品二组仓库和成品三组仓库，且仓库中的货架都是三层四列。成品一组仓库位于一楼，目的是方便进出货，所以那里存放的货物种类较多，如筒灯、灯盘等，并且外销品也存放在一组。成品二组仓库存放的主要是路轨灯、T4 灯、T5 灯以及光源。成品三组仓库主要存放特定的格栅灯、吸顶灯、导轨灯以及别的公司的一些产品。这些灯都属于易碎物品，在运输、包装、装卸搬运及存储过程中都有较高的条件限制。

该公司现有一批 24 箱周转量低的 T4 灯及 18 箱周转量高的 T5 灯需要入库。

仓管员在核对进货账卡，对货物进行清点后，了解仓库库存、设备、人员情况，清查货位，发现仓库中刚好有一个托盘货架空缺，且这两种产品没有期初库存。仓管员根据入库需求制定入库计划，因 T5 灯的周转量相对较大，出库频率较高，将其存放在了货架的下层且靠近出口通道处，以便于货物的出入库作业；T4 灯的周转量较低，出入库的频率不高，将其存放于三层货架上。

任务发布

假如你是中盛公司的仓储经理，请完成以下任务：

（1）根据本公司的实际情况，制定出货物入库作业计划。

（2）根据本公司的实际情况，安排好货物入库前的准备工作。

我要学习啦

入库作业是指仓储部门按照存货方的要求合理组织人力、物力等资源，按照入库作业程序，认真履行入库作业各环节的职责，及时完成入库任务的工作过程。

影响入库作业的因素：

1. 货品供应商及货物运输方式。
2. 商品种类、特性与数量。
3. 入库作业的组织管理情况。

根据不同的管理策略、货物属性、数量以及现有库存情况，自动设定货物堆码位置、货物堆码顺序建议，从而有效地利用现有仓库容量，提高作业效率。

2.1.1 入库信息处理

1. 入库申请

入库申请是存货人对仓储服务产生需求，并向仓储企业发出需求通知。仓储企业接到申请之后，对此项业务进行评估并结合仓储企业自身业务状况做出反应，或拒绝该项业务，并做出合理解释，以求客户的谅解；或接受此项业务，并制定入库作业计划，并分别传递给存货人和仓库部门，做好各项准备工作。所以，入库申请是生成入库作业计划的基础和依据。

2. 入库作业计划及分析

入库作业计划是指仓库部门根据本部门和存货人等外部实际情况，权衡存货人的需求和仓库存储的可能性，通过科学的预测，提出在未来一定时期内仓库要达到的目标和实现目标的方法。

入库作业计划是存货人发货和仓库部门进行入库前准备的依据。入库作业计划主要包括：到货时间、接运方式、包装单元与状态、存储时间及物品的名称、品种、规格、数量、单件体积与重量、物理、化学、生物特性等详细信息。

仓库部门对入库作业计划的内容要进行分析，并根据物品在库时间，物理、化学、生物特性，单品体积、重量，包装物等，合理安排货位，仓库部门通过对入库作业计划做出测评与分析之后，即可进行物品入库前的准备工作。

影响入库作业的因素包括：

(1) 供应商的送货方式。供应商的送货方式将直接影响入库作业的组织和计划。供应商的以下信息对仓库的接货作业的影响要加以考虑：

① 每天平均送货的供应商数量及最大量。平均每天来送货的供应商数量的多少和一天中最多有多少供应商来送货对仓库入库作业的影响最大，来送货的供应商越多，入库物品的数量和品种就越多越复杂，必然引起入库过程中的验单、接货、卸货、分类、物品点验、签发入库凭证、入库堆码、登记入账、产生提货凭证等环节工作量的增加和计划性、效率的降低。尤其是每天来送货的供应商数量波动较大时，不能单纯的以平均数作为安排入库作业人员和设施、设备、器具的依据，否则忙时，仓库服务水平降低（如：送货车辆排队等货时间过长）；闲时，人员设备的劳动生产率的降低（如：部分人员设备的闲置）。所以，入库作业时应充分考虑每天送货供应商的数量和均衡性，以做到人员安排的合理性及设施设备等资源配置（购置或租赁）的合理性与经济性。

② 送货的车型及车辆台数。送货的车型主要影响卸货站台的合理安排与利用及卸货方式，车辆台数直接影响作业人员的配置和作业设备、作业方式的选择。

③ 每台车平均卸货的时间。每台车平均卸货的时间是用来衡量入库作业效率高低的重要指标。每台车平均卸货的时间越短，服务水平就越高，但设施设备的自动化、机械化的程度要求就越高。

④ 物品到达的高峰时间。物品到达的高峰时间是制定作业人员轮班轮岗的重要依据，要合理安排不同班次的作业人数，以求做到作业人员的作业量和劳动强度的均衡性，同时既可以降低成本又可以保证服务水平。

⑤ 物品的装车方式。物品的装车方式主要影响卸货的方式和方法，如果物品是以散货形式散装的话，在卸车时要充分利用物品自身的重力；如果以件杂货形式且经过配装的话，卸

车时主要以人工为主，那就应尽可能消除物品自身的重力，采用不落地的装卸搬运方式，以降低作业强度；如果装车以单元形式的话，则尽可能选择机械作业方式。

⑥ 中转运输的转运方式。中转运输的转运方式包括：直达转运、直通转运、储存分拣转运、流通加工转运、投机转运等形式，不同的转运方式入库作业量和作业方式有很大的不同。

- 直达转运。直达转运就是物品不经过卸车入库等环节，留在运输工具上，按货主要求的时间、地点直送货主手中。
- 直通转运。直通转运就是在仓库的站台上卸货不经入库环节，而直接转换运输方式或运输工具送达货主手中。
- 储存分拣转运。储存分拣转运就是物品抵达仓库时物品的去向信息不明，要先经过验收、装卸搬运、入库堆存、理货等作业，等候客户（货主）下达指令（出库单、订单等），然后按客户要求经分拣环节送抵客户。这是一种最典型的转运方式，工作量较大且涉及的设施、设备复杂。
- 流通加工转运。流通加工转运是指物品抵达仓库后，经过卸货、验收、搬运、分拣（按加工工艺）、加工、再分拣（按货主、流向、理化性质）等作业环节后送抵客户手中。
- 投机转运。投机转运是指物品抵达仓库时物品去向信息不明，但目的明确，是囤积物品待物品价格达到期望目标时再经过验收、装卸搬运、入库堆存、理货等作业，根据货主下达的指令（出库单、订单等），按客户要求送抵客户而获取超额利润的转运方式。

（2）物品的种类、特性与数量。物品的种类、特性与数量将直接影响入库计划的制定、接货方式与接货人员的安排、装卸搬运机械及仓储设施设备的配备、库区货位的确定、苫垫材料的选择及温湿度控制等等方面。

① 每天平均送达的物品品种数。平均每天送达的物品品种越多，物品之间的理化性质差异也就越大，对接货方式、装卸设备机械、仓储设施设备的配备、库区货位的确定与分配、苫垫材料的选择等作业环节影响越大。

② 单位物品的尺寸及重量。单位物品的尺寸及重量对装卸搬运、堆码上架、库区货位的确定等作业会产生影响。单位物品的尺寸小、重量轻且未单元化，入库时一般采用人工作业或人工辅助机械作业，上架储存；单位物品的尺寸大、重量高，则宜采用机械化装卸作业，堆码存储。若物品之间的尺寸重量差异过大，势必对库区货位的确定造成影响。

③ 物品包装形态。物品依据包装形态可分为散装物品、件杂货、单元货（托盘化、集装化）三种形态。物品包装形态的差异会对装卸搬运工具与方式、库区货位的确定、堆存状态产生影响。

④ 物品的保质期。物品保质期的长短直接影响物品的在库周期。保质期短的物品入库存储宜选用重力式货架，以严格保证“先进先出”，以延长物品后续的销售周期和消费周期。

⑤ 装卸搬运方式。入库物品的形态决定物品入库时的装卸搬运作业方式。仓储企业在进行人员配置、装卸搬运设备的选择时应充分考虑仓储对象的形态以形成经济合理的科学决策。

（3）仓库设备与存储方式。仓库设备是影响入库作业的另一主要因素，叉车、传送带、货架储位的可用性，以及人工装卸，无货架堆码等要加以综合考虑。若仓库设备先进，而且均为货架储存，其操作过程简单，仓库作业现场干净整齐，仓容利用率高，便于管理；若仓库设备简陋，基本是依赖人工操作，现场一般比较杂乱，仓库空间利用率低，管理难度大。

同时也要考虑物品在仓库期间的作业状态、是否需要拆捆开箱、再包装等工作，为入库安排提供帮助。

2.1.2 入库准备

按照到货物品的入库时间和到货数量，按计划安排好接运、卸货、检验、搬运物品的作业人员和班次。仓管员对物品入库所需的各种报表、单证、账簿要准备好，以备使用。

1. 货位准备

（1）平置库货位准备。根据入库计划，在物品到达前将存储的位置和所需的货位面积予以确定。

① 确定物品存储的位置主要考虑平置库平面布局、物品在库时间、物品物动量高低等关键因素，高物动量的物品，在库时间一般较短，所以高物动量的物品应放置离通道或库门较近的地方。

② 确定物品所需货位面积所必须考虑的因素有仓库的可用高度、仓库地面荷载、物品包装物所允许的堆码层数以及物品包装物的长、宽、高。

计算占地面积的公式如下：

- 单位包装物面积 = 长 × 宽
- 单位面积重量 = 单位商品毛重 ÷ 单位面积
- 可堆层数

从净高考虑：层数 a= 库高 ÷ 箱高

从地坪载荷考虑：层数 b= 地坪单位面积最高载荷量 ÷ 单位面积重量

可堆层数 =min{ 层数 a，层数 b}

- 占地面积 =（总件数 ÷ 可堆层数） × 单位包装物面积

【例 2-1】 某仓库建筑面积为 10 000 m²，地坪载荷为 2 000kg/m²，库高 4.8 m。现该库收到入库通知单（如表 2.1）：

表 2.1 入库通知单

年 月 日 时

入库编号	品名	包装规格（mm）	包装材料	单体毛重（kg）	包装标识限高（层）	入库总量（箱）	备 注
00011226	五金工具	400 × 250 × 320	杨木	48	5	2 400	

如果该批物品入库后码垛堆存，你作为仓库主管请计算出至少需要多大面积的储位？如果仓库可用宽度受限仅为 5m，请计算出计划堆成重叠堆码的平台货垛的垛长、垛宽、及垛高各为多少箱？

解：

（1）单位包装物面积 =400 × 250=0.1（m²）

（2）单位面积重量 =48 ÷ 0.1=480（kg）

（3）可堆层数

从净高考虑：层数 a=4.8 ÷ 0.32=15（层）

从地坪载荷考虑：层数 $b=2000\div480\approx4.17\cong4$（层）

可堆层数 =min{15，4}=4（层）

（4）占地面积 =（2 400÷4）×0.1=60（m^2）

（5）垛宽 =5÷0.25=20（箱）

垛长 =60÷5÷0.4=30（箱）

垛高 =4（箱）

答：至少需要 60 m^2 的储位。如仓库可用宽度受限仅为 5 m，堆成重叠堆码的平台货垛垛长 30 箱，垛宽 20 箱，垛高 4 箱。

（2）货架库货位准备。计划入库物品如果上架存储，在明确存储位置和所需货位数量的同时还要准备好相应数量的托盘。

① 货架库货位优化。决定计划入库物品的存储位置的关键因素是物动量分类的结果，高物动量物品应该选择首层货位，中物动量的物品应该选择中间层货位，低物动量物品则应该选择上层货位。

② 货架库货位及托盘数量准备。为保证计划入库物品能够顺利入库，仓管人员应在入库前准备出足够的货位和上架所需的托盘。在计算所需货位及托盘数量时所应考虑的因素包括：计划入库的物品种类及包装规格；货架货位的设计规格；所需托盘规格；叉车作业要求；作业人员的熟练程度与技巧。

这里注意：货架库入位与平置库入位不同的地方还包括货位净高的要求，以及叉车作业空间的预留，一般预留空间≥ 90mm。

2. 苫垫材料的准备

根据预计到货物品的特性、体积、质量、数量和到货时间等信息，结合物品分区、分类和货位管理的要求，确定货位。同时要做好防雨、防潮、防尘、防晒准备，即准备好所需的苫垫材料。苫垫材料应根据货位位置和到货物品特性进行合理的选择。

垫垛材料的选择要考虑到使物品避免受地坪潮气的侵蚀，并满足垛底通风的需求。其主要材料包括：枕木、方木、木板、石条、水泥墩、防潮纸（布）及各种人工垫板等。

苫盖材料主要使物品免受风吹、雨打、日晒、冰冻的侵蚀，主要包括塑料布、席子、油毡纸、铁皮、苫布及各种人工苫盖瓦等。

3. 验收及装卸搬运器械的准备

仓库理货人员根据物品情况和仓储业务管理制度，确定验收方法，准备验收所需要的计件、检斤、测试、开箱、装箱、丈量、移动照明等器具。同时要根据到货物品的特性、货位、设备条件、人员等情况，科学合理的制定卸车搬运工艺，备好相关作业设备，安排好卸货站台或场地，保证装卸搬运作业效率。

技能训练

◆ 情境设置

佳美物流公司仓库 2012 年 3 月 27 日收到鑫海有限公司的入库通知单，其中包括 500 台美的饮水机、200 台西门子洗衣机、1 000 箱天使薯片、600 箱金龙鱼食用油、600 箱 50ml 云南干红葡萄酒、400 箱白象牌食盐、500 袋白猫洗衣粉，需入库存放。

◆ 技能训练目标

要求各岗位人员全力合作，准备熟练地做好物资入库的各项准备工作。

◆ 技能训练准备

1．学生每 5 人为一组，每小组选一名组长。

2．以组为单位完成物资入库准备工作的策划方案。

3．教师现场指导。

4．训练时间安排：2 学时。

任务 2.2 入库作业流程

工作思考

1. 货物入库作业流程是什么？

2. 如何办理货物的验收入库？

引导案例

仪征化纤工业联合公司是我国最大的化纤生产基地，也是世界第五大化纤企业，具有年产 50 万 t 聚酯的生产能力，仿毛差别化长丝项目是仪征化纤工业联合公司三期工程的主要组成部分之一，涤纶长丝自动化立体库就在其主要车间内。

仪征化纤工业联合公司根据生产、使用以及与其他系统连接的要求，将涤纶长丝自动化立体仓库的进货位置、出货位置分别安排在立体仓库货架的两端，并将平面输送系统布置成贯通式，以便操作人员进行入库作业。

任务发布

假如你是仪征化纤工业联合公司的仓储管理员，请完成以下任务：

（1）根据本公司的实际情况，制定货物入库作业流程。

（2）针对入库不合格的货物，制定解决方案。

我要学习啦

2.2.1 接运卸货

接运工作是物品入库业务流程的第一个作业环节，也是物品入库和保管的前提，所以接运工作的好坏直接影响物品的验收和入库后的保管、保养。因此，在接运由交通运输部门（包括铁路）转运的商品时，必须认真检查，分清责任，取得必要的证件，避免将一些在运输过程中或运输前就已经损坏的商品带入仓库，造成验收中责任难分和在保管工作中的困难或损失。

由于接运工作直接与交通运输部门接触，所以做好接运工作还需要熟悉交通运输部门的要求和制度。例如，发货人与运输部门的交接关系和责任的划分；铁路或航运等运输部门在运输中应负的责任；收货人的责任；铁路或其他运输部门编制普通记录和商务记录的范围；向交通运输部门索赔的手续和必要的证件等。

做好物品接运业务管理的主要意义在于，防止把在运输过程中或运输之前已经发生的物品损害和各种差错带入仓库，减少或避免经济损失，为验收和保管保养创造良好的条件。因此，不论采用哪种接运方式，都要进行初步检查验收，以界定责任。因为，有的仓库入库检验不在接运当天进行，容易引起双方对物品发生质量问题的时间产生纠纷。初步检查验收主要是对物品的总数量和外观（或外包装）及标志、标签进行检查，查看有无破包、拆包、水渍、外溢、污染、短缺，查看所接物品的标志和标签是否完整、是否与物品相符等问题。如有问题，应拆包进行检验，查清原因、分清责任，征得存货委托人同意后采取补救措施。初步检查验收，应注意及时、客观、公正、公开的进行原则。初验合格后卸货。

物品接运的方式主要有 4 种：

1. 车站、码头接货

车站、码头接货一般是指仓储企业受存货人委托或合同约束到车站、码头接运物品到储存地。一般零担托运和小批量物品采用此方法。

（1）提货人员对所提取的物品应了解其品名、型号、特性和一般保管知识、装卸搬运注意事项等。在提货前应做好接运物品的准备工作，例如装卸运输工具、腾出存入物品的场地等。提货人员在到货前，应主动了解到货时间和交货情况，根据到货多少，组织装卸人员、机具和车辆，按时前往提货。

（2）提货时应根据运单以及有关资料详细核对品名、规格、数量，并要注意物品外观，查看包装、印封是否完好，有无玷污、受潮、水渍、油渍等异状。若有疑点或不符，应当场要求运输部门检查。对短缺损坏情况，凡属铁路方面责任的，应做出商务记录；属于其他方面责任，需要铁路部门证明的应做出普通记录，由铁路运输员签字，并注意记录内容与实际情况要相符合。

（3）在短途运输中，要做到不混不乱，避免碰坏损失。危险品应按照危险品搬运规定办理。

（4）物品到库后，提货员应与保管员密切配合，尽量做到提货、运输、验收、入库、堆码一条龙作业，从而缩短入库验收时间，并办理内部交接手续。

2. 专用线接车

专用线就是专门为某企业修建或使用的铁路专用线，一般为支线。通过专用线接车，是指仓储企业在本企业的专用线上接货，一般是大批整车物品接运采用此方法。

（1）接到专用线到货通知后，应立即确定卸货货位，力求缩短场内搬运距离；组织好卸车所需要的机械、人员以及有关资料，做好卸车准备。

（2）车皮到达后，引导对位，进行检查，看车皮封闭情况是否良好（即车厢、车窗、铅封、苫布等有无异状）；根据运单和有关资料核对到物品名、规格、标志和清点件数；检查包装是否有损坏或有无散包；检查是否有进水、受潮或其他损坏现象。在检查中若发现异常情况，应请铁路部门派员复查，做出普通或商务记录，记录内容应与实际情况相符，以便交涉。

（3）卸车时要注意为物品验收和入库保管提供便利条件，分清车号、品名、规格，不混不乱；保证包装完好、不碰坏、不压伤、更不得自行打开包装。应根据物品的性质合理堆放，以免混淆，卸车后在物品上应标明车号和卸车日期。

（4）编制卸车记录，记明卸车货位规格、数量，连同有关证件和资料，尽快向保管员交待清楚，办好内部交接手续。

3. 仓库自行接货

仓库自行接货是指仓储企业直接到存货委托人指定的企业，接货的一种方式。接货的运输工具可以是仓库的，也可以是租用的。

（1）仓库接到货主委托直接到供货单位提货时，应将这种接货与出验工作结合起来同时进行。

（2）仓库应根据提货通知，了解所提物品的性能、规格、数量，准备好提货所需的机械、工具、人员，配备保管员在供方当场检验质量、清点数量、并做好验收记录，接货与验收合并一次完成。

4. 库内接货

库内接货是指仓储企业在仓库内接到存货委托人送来的物品。至于物品是谁送来的这些对仓储企业并不重要。一般仓库和供货单位在同城。

存货单位或供货单位将物品直接运到仓库储存时，应由保管员或验收人员直接与送货人员办理交接手续，当面验收并做好记录。若有差错，应填写记录，由送货人员签字证明，据此向有关部门提出索赔。

2.2.2 入库单证处理

1. 入库通知单

入库通知单即供货商（货主）向仓储企业提出入库申请的书面形式，具体内容包括：入库物品名称、物品属性、包装材质及规格、单价、数量、申请入库时间、存储时间及其他信息等。当仓储企业业务部门收到供货商入库通知单后，要对此业务进行分析评估，包括：到货日期、物品属性、包装、数量、存储时间及本企业的接卸货能力、存储空间、温湿度控制能力等方面。当分析评估后认为此业务本企业难以承担，业务部门可与供货商就存在的问题进行协商，如协商难以达成一致，则可拒绝此项业务；当分析评估后认为此业务完全符合本企业业务范畴，则业务部门根据入库通知单制定入库计划，分别发给供货商和本企业仓储部门，发给供货商的入库计划作为其入库申请的确认，发给本企业仓储部门的入库计划作为生产计划，仓储部门依此计划进行生产准备。

2. 供货商单证

供货商单证主要包括：送货单和原产地证明等。

送货单（如图 2.1 所示）由供货商开具，通常包括五联：白联为存根发货部门留存；红联为记账联交财务；黄绿联为回单，由收货人签字确认后带回；蓝联交收货人留存；黄联为出门证交门卫。

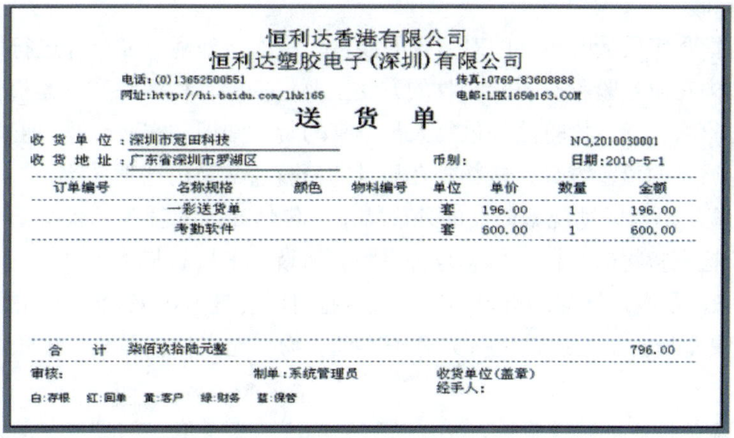

恒利达香港有限公司
恒利达塑胶电子(深圳)有限公司

电话：(0)13652500551　　传真：0769-83608888
网址：http://hi.baidu.com/lhk165　　电邮：LHK165@163.COM

送　货　单

收货单位：深圳市冠田科技　　NO,2010030001
收货地址：广东省深圳市罗湖区　　币别：　　日期：2010-5-1

订单编号	名称规格	颜色	物料编号	单位	单价	数量	金额
	一彩送货单			套	196.00	1	196.00
	考勤软件			套	600.00	1	600.00
合　计	柒佰玖拾陆元整						796.00

审核：　　制单：系统管理员　　收货单位(盖章)
经手人：

白:存根　红:回单　黄:客户　绿:财务　蓝:保管

图 2.1 送货单

原产地证明用以证明物品的生产国别，进口国海关凭以核定应征收的税率。在我国，普通产地证可由出口商自行签发，或由进出口商品检验局签发，或由中国国际贸易促进委员会签发。实际业务中，应根据买卖合同或信用证的规定，提交相应的产地证。

3. 承运商单证

承运商单证主要指运单，运单是由承运人签发的，证明物品运输合同和物品由承运人接管或装船，以及承运人保证将物品交给指定的收货人的一种不可流通的单证。运单由承运单位开出，包括承运物品名称、包装状况、单位、单价、数量、承运时间、联系方式等信息，通常运单包括三至五联，主要的作用是：

（1）"两次三方"的物品交接的凭证（"三方"指的是：托运人、承运人、收货人；"两次"指的是托运人与承运人物品交接、承运人与收货人物品交接）；

（2）承运方与托运方的财务核算的凭证。

2.2.3 验收作业

入库验收是指按照合同要求或货物入库凭证对货物的品质、数量、包装等进行检查、查验活动的总称。

1. 数量验收

数量验收是指仓库质量监控部门对货物的毛重、净重、面积、件数、体积、长度等进行检验。验收货物数量的方法一般包括计件法、抽检法、检斤法和检尺求积法。

（1）计件法是将全部货物开箱点件的验收方法，适用于散装和非定量包装的货物。

（2）抽验法是按一定的抽检比例将部分货物开箱点件的验收方法，适用于批量大和定量包装的货物。

（3）检斤法是指对以重量为计量单位的货物（如铁矿、粮食等）进行称重验收，以确定其毛重和净重的验收方法。需要注意的是，对于按理论换算重量的货物（如金属板材、型材等），应先检尺，然后按照规定的换算方法和标准，计算出货物重量。此外，对于所有检斤的货物，都应填写磅码单。

（4）检尺求积法是指对以体积为计量单位的货物（如木材、海绵等），先检尺后求体积，然后计算出货物数量的验收方法。对于经过检尺求积的货物，也应填写磅码单。

2. 质量验收

质量验收是指仓库质量监控部门对货物的品种、规格、外观、成分等进行检验，具体分为外观质量验收和内在质量验收。质量验收的方法主要包括感官检测法和仪器检验法两种。

（1）感官检验法。感官检验法是依靠人员丰富的货物知识和实践经验，通过视、听、味、嗅、触觉来判断货物质量的检验方式。货物外在质量的检验通常采用这种方法。

① 视觉检验，是指通过观察商品的外部特征，包括商品的颜色、状态、结构等表面状况有无异常，以及检查货物的商标、标志是否完整、清晰等来检验货物质量。

② 听觉检验，是指通过摇动听取声音，或者也可以轻度敲击来判断商品的质量。

③ 味觉或嗅觉检验是指通过舌头或鼻子鉴别货物有无变味、异味、串味或变质现象来检验货物质量。

④ 触觉检验是指通过触摸货物，感受货物的细度、光滑度、粘稠度、柔软程度等来检验货物质量。

感官检验法的特点是简便易行，不需要任何设备或只需一些简单工具即可操作。但是其检验效果有一定的局限性，很难精确地测出货物质量的相关数据。

（2）仪器检验法。仪器检验法是利用各种仪器设备，对货物的规格、成分、技术标准等进行物理、化学和生物分析的检测方法，如检测货物的含水量、密度、成分等。货物内在质量的检测通常采用这种方法。

仪器检测法的特点是检验准确度很高，但是需要投入比较昂贵的仪器设备，且检验方法专业，因而实际操作难度较大。

以上质量检验是物品交货时或入库前的验收。在某些特殊情况下，尚有完工时期的验收和制造时期的验收。就是在供货单位完工和正在制造过程中，由需方派员到供货单位检验。应当指出，即使供货单位检验过的物品，或者是因为运输条件不良、或者因为质量不稳定，也会在进库时发生质量问题，所以交货时入库前的检验，在任何情况下都是必要的。

3. 验收方式

物品验收方式分为全验和抽验。在进行数量和外观验收时一般要求全验。在质量验收时，当批量小、规格复杂、包装整齐或要求严格验收时可以采用全验。全验需要大量的人力、物力和时间，但是可以保证验收的质量。

当批量大、规格和包装整齐、存货单位的信誉较高、人工验收条件有限的情况下通常采用抽验的方式。物品质量和储运管理水平的提高以及数理统计方法的发展，为抽验方式提供了物质条件和理论依据。

4. 问题处理

（1）物品验收中，可能会发现诸如单证不齐、数量短缺、质量不符合要求等问题，应区别不同情况，及时处理。

① 验收中发现问题等待处理的物品，应该单独存放、妥善保管，防止混杂、丢失、损坏。

② 数量短缺规定在磅差范围内的，可按原数入账；凡超过规定磅差范围的，应查对核实，做好验收记录和磅码单，交主管部门会同货主向供货单位办理交涉。凡实际数量多于原发料量的，可由主管部门向供货单位退回多发数，或补给货款。在物品入库验收过程中发生的数量不符情况，其原因可能是发货方面的在发货过程中出现了差错，误发了商品，或者是在运输过程中漏装或丢失了物品等。数量短缺不论是何原因，应由收货人在凭证上做好详细记录，按实际数量签收，并通知发货人。

③ 质量不符合规定时，应及时向供货单位办理退货、换货交涉，或征得供货单位同意代为修理，或在不影响使用前提下降价处理。物品规格不符或错发时，应先将规格对的予以入库，规格不对的要详细做好验收记录并交给主管部门处理。

④ 单证未到或不齐时，应及时向供货单位索取，到库物品应作为待检验物品堆放在待验区，待单证到齐后再进行验收。单证未到之前，不能验收，不能入库，更不能发料。

⑤ 属承运部门造成的物品数量短少或外观包装严重残损等，应凭接运提货时索取的“货运记录”向承运部门索赔。

⑥ 价格不符，供方多收部分应予拒付，少收部分经过检查核对后，应主动联系，及时更正。

⑦“入库通知单”或其他单证已到，在规定的时间未见物品到库时，应及时向有关部门反映，以便查询处理。

（2）在物品验收过程中，如果发现物品数量或质量问题，应该严格按照有关规定进行处理。

① 物品入库凭证未到齐之前不得正式验收。

② 发现物品数量或质量不符合规定，要会同有关人员当场作出详细记录，交接双方应在记录上签字。

③ 数量验收中，计件物品应及时验收，发现问题要按规定的程序，在规定的期限内向有关部门提出索赔要求。

2.2.4 办理交接手续

交接手续是指仓库对收到的物品向送货人进行的确认，表示已经接收物品。办理完交接手续，意味着划分清楚运输、送货部门和仓库的责任。完整的交接手续包括如下过程：

1. 物品接收

仓库通过理货、查验物品，将不良物品剔除、退回或者编制残损单证等明确责任，确定收到物品的确切数量、物品表面状态完好。

2. 文件接收

接收送货人送交的物品资料、运输的货运记录以及随货在运输单证上注明接收的文件名称、文号等，如图纸、准运证等。

3. 单证签署

仓库与送货人或承运人共同在送货人交来的送货单、交接清单上签字，并留存相应单证。若送货单与交接清单不一致或物品、文件有差错时，还应附上事故报告或说明，并由有关当事人签章，待处理。

实训项目

货品验收实训项目

2011年3月15日，新吉物流仓库需要对一下到库物资：100台42寸TCL液晶电视、3 000mm×1 000mm×10mm的钢板300张、40箱500ml餐洗净、50箱400ml花王洗发水、500箱1kg装立白洗衣粉进行验收。新吉物流仓库已对该批到货物资进行数量计量，现需要组织相关人员做入库验收的工作。

一、指导思想及作用

收货检验是商业物流工作中的一个重要环节，验收的目的是保证物品能及时、准确、安全的发运到目的地。物品在供应商与仓库之间互有交接关系，因种种原因可能造成物品溢缺、损失，所以供需双方应当面查点交接、分清责任。

通过该项目的实训，使学生理解收货检验作业环节，掌握检验的基本技巧，合理利用相关工具与技术。既增强学生的责任感又培养学生灵活处理实际情况的能力。

二、技能目标

（1）全面了解验收物品性能、特点的能力。

（2）通过经验进行简单质量检验的能力。

（3）合理选择数量检验方式的能力。

（4）合理确定抽检样本比例的能力。

（5）运用设备辅助检验的能力。

（6）单证、报表核对与填写的能力。

三、作业知识的准备

（一）验收方式

（1）实物检验，就是根据入库单和有关技术资料对实物进行数量和质量检验。

（2）数量检验，是保证物品数量准确不可缺少的重要步骤，一般在质量验收之前，由仓库保管职能机构组织安排仓管员进行。按物品性质和包装情况数量检验分为三种形式，即计件、检斤、检尺求积。

（3）质量检验，包括外观检验、尺寸检验、机械物理性能检验和化学成分检验四种形式。仓库一般只作外观检验和尺寸精度检验，后两种检验如果有必要，则由仓库技术管理职能机构取样，委托专门检验机构检验。

（4）物品的外观检验、尺寸检验、理化检验。

（5）物品验收方式，物品验收分为全验和抽验。在进行数量和外观验收时一般要求全验。在质量验收时，当批量小、规格复杂、包装整齐或要求严格验收时可以采用全验。全验需要大量的人力、物力和时间，但是可以保证验收的质量。

（二）收货检验注意事项

（1）物品入库，同交货人办理交接手续时，保管员应在场核对清点物品名称、数量是否一致，质量是否相符，按要求签字确认。

（2）物品入库，应先入待检区，未经检验合格不准进入货位。

（3）物品验收合格，保管员凭发票所开列的名称、规格型号、数量、计量验收到位，入库单各栏应填写清楚，并随同托收单交财务科记账。

（4）验收中发现问题要及时通知供货单位，不合格品，应隔离堆放。

（5）验收贵重品、危险品等物品时，必须严格按照操作规程中要求的作业环境、作业规程进行作业。

四、实训时间安排

建议 4 课时。

五、作业要素

（1）装卸工具，搬运工具（叉车、地牛、台车等）。

（2）集装容器（托盘、料盒）。

（3）检验工具（台秤、量尺、计数器）。

（4）物品（多种不同属性不同体积的物品，如：玻璃杯、螺丝钉等）。

（5）相关验收单据、报表。

六、内容与步骤

收货检验任务

品　名	包装单位	生产厂家	数　量		质　量	
			计划	实际	合格	不合格
已知	已知	已知	已知			

收货人：　　送货人：　　　日期

(1) 验收准备。
(2) 核对资料。
(3) 确定检验方法和标准。
(4) 物品检验。
(5) 入库交接。
(6) 登记。

七、完成方式

个人项目，每个学生独立完成。

八、考核标准

收货检验作业考核评分表

姓名：　　　　学号：

内 容	评 分 标 准	满　分	得　分
收货检验操作（100分）	验收准备	15	
	核对资料	15	
	检验方式的选择	10	
	抽检样本的确定	10	
	数量检验	10	
	质量检验	10	
	包装检验	10	
	不良物品处理	10	
	入库交接和登记	10	
合计		100	

教师：　　　　考核日期：　年　月　日

九、作业过程指导

(1)首先教师讲解收货检验作业的基本特点。(让学生明白为什么要检验，检验的目的是什么)

（2）教师提问：在进行物品验收时，我们针对所入物品需要做哪些检验？（数量、质量、包装）

（3）教师提问：怎样去检验物品的数量，仅仅是点数吗？（可以通过普通件货、螺丝钉、砂石等物品的检验推导出物品数量检验的三种方式）。

（4）教师提问：质量检验是一定要全部检验吗？如部分检验怎样确定抽检样本？（讲解影响抽检样本比重设定的因素有哪些，通过不同的因素让学生讨论相关样本比重的设定）

（5）教师提问：为了顺利完成物品的数量、质量检验我们需要进行哪些准备呢？（通过刚进行的检验过程推导出收货检验需做哪些准备）

（6）教师讲解检验最后需入库交接和登记等一些相关手续及其目的。

（7）学生单人独立完成教师设定的收货验收任务。在练习的过程中发现问题，及时指出并指导改正。

小　结

本项目主要介绍了货物入库准备工作的主要内容，学生在熟悉商品和仓库的情况下，预估所需要的存货空间，进行人员、单据和设备的准备。

货物入库作业流程：入库前准备→接运→验收→入库。

项目3

在库作业管理

任务 3.1 物品的装卸搬运

工作思考

1. 常用的物品装卸搬运方式有哪些？
2. 如何选择装卸搬运设备？

引导案例

Y省S药业是西南地区一家经营药品品种较多、较全的医药专业公司。虽然该S药业公司已形成规模化的产品生产和网络化的市场营销，但其流通过程中物流管理严重滞后，造成物流成本居高不下，不能形成价格优势。这严重阻碍了该公司物流服务的开拓与发展，成为公司业务发展的“瓶颈”。

装卸搬运活动是衔接物流各环节活动进行的关键，而该S公司恰好忽视了这一点，由于搬运设备的现代化程度低，只有几个小型货架和手推车，大多数作业仍处于人工作业为主的原始状态，且仓库设计不合理，库内作业流程混乱，造成长距离以及重复搬运，导致工作效率低下，物品容易损坏，并且浪费了时间。

任务发布

假如你是该S药业公司的仓储主管，请完成以下任务：

（1）根据公司的实际情况，安排物品的装卸搬运方法。

（2）根据公司的实际情况，制定出合理装卸搬运的方案。

我要学习啦

装卸是指物品在指定地点以人力或机械载入或卸出运输工具的作业过程（根据中华人民共和国国家标准《GB/T 18354—2006 物流术语》）。

搬运是指在同一场所内，对物品进行空间移动的作业过程（根据中华人民共和国国家标准《GB/T 18354—2006 物流术语》）。

装卸多发生在物品出入库作业中；搬运则是在同一场所内，对物品进行空间移动的作业过程，搬运多发生在仓库内部作业中。搬运作业往往伴随着装卸作业发生，因此人们常常将装卸搬运连起来作为一种活动来对待。装卸搬运是仓储的基本作业环节，在仓储作业量中所占比重最大。由于装卸搬运需要耗用较多的时间，它也是影响仓储周转率的重要因素。装卸搬运还是仓储作业中出现次数最多的作业环节，从物品进入仓库的查验、接收、检验、堆码，到出库时的分拣、配货、整理、备料、清点、发运，以及涉及的流通加工无不伴随着装卸搬运作业。

装卸搬运作业不仅繁重，也容易造成仓储物品毁损。因此做好装卸和搬运作业，不仅有利于降低仓储成本，也能大幅度降低仓储风险。

3.1.1 装卸搬运的方式方法

在实际工作中如何选择适宜的装卸搬运的方式方法，对于提高装卸搬运效率，节约装卸搬运作业时间，降低装卸搬运费用是至关重要的。

1. 按装卸搬运作业对象分类

(1) 单件作业。单件作业是利用人工搬运的一种方法，也是目前仓储较广泛采用的搬运形式。其原因一是作业场地较狭小，不适合机械化设备操作；二是由某些物品自身的属性决定的；三是企业考虑搬运对象的利润空间，单件作业费用低；四是管理简单。近年来依靠叉车搬运形式也越来越多，叉车搬运的效率大幅度提高。

(2) 集装作业。集装作业是指先将物品集装，再对集装后的物品进行搬运的一种方法。集装作业可以提高单次装卸搬运的批量，节约人力、物力、财力，大幅度提高装卸搬运的效率。集装方式有多种如集装箱、仓储笼、托盘、集装袋、拉伸缠绕膜等。

(3) 散装作业。散装作业是指对粉末状物品及大批量不适宜包装的散货进行的装卸搬运活动，如煤炭、矿石、粮食、水泥等。散装装卸搬运，可以节省多道工序，节省包装费用。但散装作业所用的工具、车辆都是专用的，因此早期设备设施的投入较多。散装作业方法有重力法、倾覆法、气动输送法等。

2. 按作业手段和组织水平分类

(1) 人工作业。人工作业是指利用人工或借助简单工具进行的装卸搬运作业，也是一种单件作业。这种作业方式简便易行，作业成本低，但效率也低。

(2) 机械化作业。机械化作业是指主要利用机械进行的装卸搬运作业，这种作业属于人—机作业。这种作业方式节省时间，效率较高，管理成本低，但单位作业费用较高。

(3) 综合化机械作业。综合化机械作业是指主要利用两种以上工具或全自动设备进行的装卸搬运作业，这种作业属于机—机作业。这种作业方式，效率高、错误率几乎为零，但作业费用高，若作业规模大而且规律，其单位成本相应降低。如自动化立体仓库和自动化分拣线就属于该方式。

3.1.2 选择装卸搬运设备的原则

1. 利用重力的原则

在装卸搬运时应尽可能选择可消除物品重力的不利影响，又尽可能利用重力进行装卸搬运的设备，以减轻劳动力和其他能量的消耗。如，在分拣线出库的末端利用滑槽或无动力的小型传送带利用重力由高处向低处移动，进行物品装卸搬运。但是当重力作为阻力发生作用时，应把物品装在辊式输送机上，以减少摩擦力。

2. 经济合理的原则

装卸搬运设备一般分为三个级别。第一级是简单的装卸搬运设备；第二级是专用的高效率设备；第三级是由电脑控制实行自动化、无人操作的设备。选择哪一个级别的设备，不仅要从是否经济合理来考虑，而且还要从加快物流速度、减轻劳动强度和保证作业人员与货物安全等方面来考虑。

3. 适应性原则

装卸搬运机械的选择必须根据装卸搬运物品的形态来决定。对以箱、袋或集合包装的物品可以采用叉车、吊车装卸；散装粉粒状的物品可使用传送带装卸；散装液体状的物品可以直接用装运设备或储存设备装取。

4. 顺畅的原则

选择的装卸搬运设备应尽量做到装卸搬运不停顿、不间断，像流水一样地进行。

3.1.3　装卸搬运作业合理化的措施

装卸搬运活动的本身并不增加物品的使用价值，相反，装卸搬运增加物流成本并有可能成为沾污、损坏物品和影响物品价值的直接原因，因此，应注意装卸搬运对仓储活动的影响。

1. 防止和消除无效作业

所谓无效作业是指在装卸搬运作业活动中超出必要装卸、搬运的作业。显然，防止和消除无效作业对装卸搬运作业的经济效益有重要作用。为了有效地防止和消除无效作业，可从以下几个方面入手：

（1）尽量减少装卸搬运次数 。要使装卸次数降低到最小，尤其要避免没有效果的装卸搬运作业。

（2）提高被装卸搬运物品的纯度 。物品的纯度，指物品中含有水分、杂质与物品本身使用无关的物质的多少。物品的纯度越高则装卸搬运作业的有效程度越高。反之，则无效作业就会增多。

（3）包装要适宜。包装是物流中不可缺少的辅助作业手段。包装的轻型化、简单化、实用化会不同程度地减少作用于包装上的无效作业。

（4）缩短搬运作业的距离。物品在装卸、搬运当中，要实现水平和垂直两个方向的位移，选择最短的路线完成这一活动，就可避免超越这一最短路线以上的无效作业。

2. 提高物品装卸搬运的灵活性

所谓物品装卸搬运的灵活性是指在装卸搬运作业中的物品进行装卸搬运作业的难易程度。所以，在码放物品时，事先要考虑到物品装卸搬运作业的方便性。

物品装卸搬运的灵活性，根据物品所处的状态，即物品装卸、搬运的难易程度，可分为以下不同的级别，如图 3.1 所示：

0 级——物品杂乱地堆在地面上的状态；

1 级——物品装箱或经捆扎后的状态；

2 级——箱子或被捆扎后的物品，下面放有枕木、垫板或托盘后，便于叉车或其他机械作业的状态；

3 级——物品被放于台车上或用起重机吊钩钩住，即刻可以移动的状态；

4 级——被装卸、搬运的物品，处于可直接作业的状态。

（a）0 级

（b）1 级

图 3.1　仓储装卸搬运活性指数

(c) 2 级　　(d) 3 级　　(e) 4 级

图 3.1　仓储装卸搬运活性指数（续）

任务 3.2　物品的堆码与苫垫

工作思考

1. 物品堆码方式有哪些？
2. 苫盖方法有哪些？

引导案例

商品堆码与苫垫是仓储商品保管中的一项重要技术工作，它表明商品的入库阶段已告结束，商品的保管阶段已经开始。堆码就是根据商品的包装形状、性能、特点、重量、数量，结合季节、气候、储存时间等，将商品按一定规律码成各种垛形的方法。合理的堆码不但能保证商品不变形、不变质、充分利用仓容，而且还能提高劳动生产率，减少作业过程中的差错。

北方 XD 集团于 2012 年 9 月 12 日将一批某品牌婴儿奶粉送达物流部门仓库，规格为优幼 3 段，数量 55 箱（900g × 12 罐 / 箱），外包装尺寸为 402mm × 301mm × 150mm，净重 / 毛重 10.8kg/13.6kg。

任务发布

假如你是北方 XD 集团的仓储主管，请完成以下任务：

（1）根据物品的实际情况，设计地面堆放方案。

（2）根据物品的实际情况，设计托盘堆放方案。

我要学习啦

3.2.1　物品的堆码

堆码是指将物品整齐、规则地摆放成货垛的作业（根据中华人民共和国国家标准《GB/T 18354—2006 物流术语》）。它根据物品的性质、形状、轻重等因素，结合仓库储存条件，将物品堆码成一定形状的货垛。

1. 物品堆码的基本原则

物品堆码的基本原则主要包括分类存放原则、面向通道原则、上轻下重原则、充分利用空间原则。

（1）分类存放原则。分类存放是货物储存保管的基本原则，具体表现为不同类别、规格、批次、等级、流向或经营方式的货物应分区、分类存放。

（2）面向通道原则。堆码货物时，应使货垛和货位的一面与通道相连，并使货物的正面面向通道，以便查看货物包装上的标注和对其直接作业。

（3）上轻下重原则。堆码货物时要遵循轻货置上、重货置下的规则，以免下方货物被压坏或发生货垛倒塌现象。

（4）充分利用空间原则。堆码货物时，应根据地面承重和单位面积堆存量，尽可能地将货物往高处码放，以提高仓库利用率。

2. 物品堆码操作的基本要求

在物品堆码前要结合仓储条件做好准备工作，在分析物品的数量、包装、清洁程度、属性的基础上，遵循合理、牢固、定量、整齐、节约、方便等方面的基本要求，进行物品堆码。

（1）合理。即根据货物性质、形状、尺寸等情况，安排合适的垛形，并将货垛安放在合适的位置，使其保持合理的“五距”，即墙距、柱距、顶距、灯距和垛距。

（2）牢固。适当选择垛底面积、堆垛高度和垫衬材料，提高货垛的稳定性，保证堆码的牢固、安全、不偏不歪、不倚不靠（不倚靠墙、柱）和物品不受损害。

（3）整齐。即将货垛上的每件货物都摆放整齐，物品包装上的标志一律朝外，垛边横竖成列，垛形、垛高和垛距保持统一，以保证库内货垛整齐、美观，便于查看和拣选。

（4）定量。即每个货垛的货物数量应为整数，并与其他货垛的数量保持一致。同时，货垛每层的货物数量应相同或成固定比例递减，以便作业人员检查和盘点。对某些过磅称重物品不能成整数时，必须明确地标出重量，分层堆码，或成捆堆码，定量存放。

（5）节约。坚持一次堆码，减少重复作业；爱护苫垫物，节约备品用料，降低消耗；充分利用空间，节省货位，提高仓库空间利用率。

（6）方便。便于装卸搬运、便于收发保管、便于日常维护保养、便于检查点数、便于灭火消防、利于物品存储和安全。

3. 物品堆码方式

（1）普通物品堆码方式。

① 散堆方式。散堆是指将无包装的散货在仓库或露天货场上堆成货堆的存放方式。这种堆码方式简单，便于采用机械设备装卸、堆码，节省包装费用和运费。这种方式特别适用于大宗散货。

② 货架方式。使用通用和专用的货架进行物品堆码的方式。这种堆码方式能够提高仓库空间利用率，减少差错，加快存取速度。适用于存放小件物品、怕压或不宜堆高的物品。

③ 成组堆码方式。采用成组工具（托盘、集装袋、吸塑等）先将物品组成一组，使其堆存单元扩大，从而可以用装卸机械成组搬运、装卸、堆码。这种堆码方法，小件不宜单独采用机械装卸的物品。

④ 垛堆堆码方式。这种堆码方式是指直接利用物品或其包装外形进行堆码。这种堆码方式能够增加货垛高度，提高仓库利用率，能够根据物品的形状和特性的需要和货位的实际情况，

把货垛堆码成各种样式，以利于保护物品质量（如图 3.2 所示）。垛堆方式是应用最为广泛的，样式也最为繁多的。其常用的方式主要有以下几种，如：重叠式堆码、纵横交错式堆码、仰伏相间式堆码、压缝式堆码、衬垫式堆码、栽桩式堆码、直立式堆码、“五五化”堆码等，如表 3.1 所示。

（2）有特殊要求的物品堆码方式。

① 要求通风的物品堆码。可在每件物品的前后左右均留出一定的间隔或空隙，码成通风垛，便于散发物品中所含水分和降低垛堆的温度。

② 怕压物品的堆码。为了使物品不致受损，堆码时应根据物品承受力的大小，适当的控制码堆的方式和堆码的高度。对于体形不大或不太特殊的物品，为保证不被压坏，并充分利用库容量，可利用货架摆放。

③ 容易渗漏的物品堆码。此类物品为方便检查，应堆码成小垛，并且成行排列，同时行与行之间亦应留有一定的间隔。

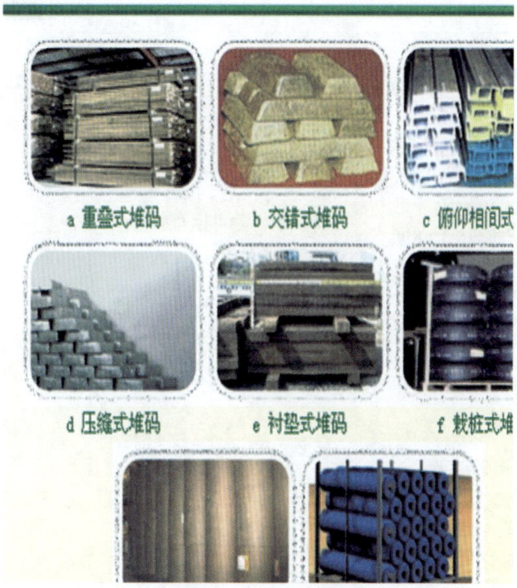

图 3.2 堆码方式

④ 危险品物品堆码。在满足物品堆码基本要求的基础上，根据危险品的属性，进行物品堆码。要注意保持堆放场所干燥、通风、阴凉，做好防毒、防爆、防腐工作。

表 3.1 各种垛形的堆码方式及特点对比表

序 号	垛 形	堆码方式说明	特 点	相关图片
1	重叠式堆码	逐件逐层向上重叠码高，是机械作业的主要形式之一，适用硬质整齐的物资包装	工人操作速度快，承载能力大，但容易发生塌垛。货物量小时稳定性好，装卸操作省力	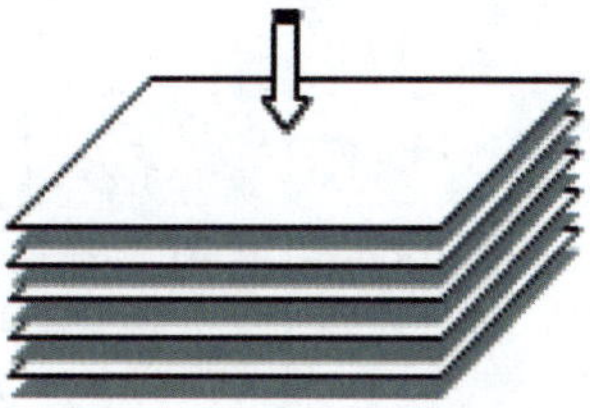

续表

序 号	垛 形	堆码方式说明	特　点	相关图片
2	压缝式堆码	将垛底的底层排列成正方形或长方形，上层起压缝堆码，每件物品压住下层的两件货物	能较大限度节省空间，方便操作。适用于卷板、钢带、卷筒纸、卧放的桶装物资等。稳定性能好	
3	纵横交错式堆码	相邻两层货物的摆放旋转 90° 角，一层成横向放置，另一层成纵向放置，纵横交错堆码	有咬合效果，但是稳定性的强度不高。适合自动装盘操作，这种方法较为稳定，但操作不便	
4	正反交错式堆码	同一层种，不同列的货物以 90 度垂直码放，相邻两层的货物码放形式是另一层旋转 180 度的形式	不同层间咬合强度较高，稳定性高，操作麻烦，且包装体之间相互挤压，下部容易压坏	
5	旋转交错式堆码	第一层相邻的两个包装体互为 90 度，两层间码放又相差 180 度，这样相邻两层之间互相咬合交叉	货体的稳定性较高，不易塌垛，码放的难度较大，且中间形成空穴，降低托盘的利用效率	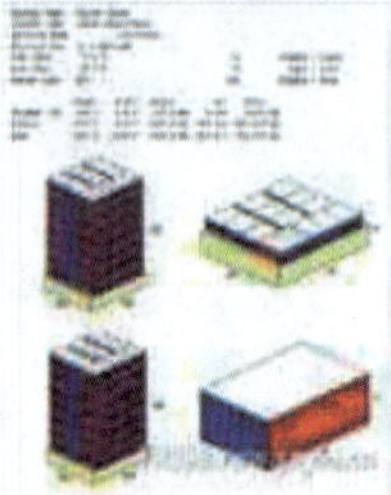
6	仰俯相间式堆码	钢轨等物品，一层仰放，一层俯放，两层相扣，是货架稳定。露天存放要一头稍高，便于排水	适用于钢轨、工字钢、槽钢、角钢等物资的堆码。稳定强度不好	
7	五五化堆码	以五为基本计数单位，堆码成各种总数为五的倍数的货垛，便于清点，收发快，适用按件计数的物资	把大小不一、形状各异、无规则的物资，变成比较有规则的各种定型定量的货垛。美观整洁，过目知数，有利于物资的保管、养护、盘点和发放，减少差错，提高收发货效率，多占货位，多耗费劳动力	

4. 货垛堆码标准

不同的物品货垛堆码要求、垫垛高度、货垛高度、垛底面积、主通道与支通道宽窄、货垛的五距都有一些差距。一般物品标准如下：

(1) 货垛的垛高。货垛的垛高会直接影响仓库的容量、安全和货垛的稳定性。普通物品货垛的垛高主要受物品性质和包装的影响；轻泡货的垛高主要受仓库空间高度的影响；而重货的垛高受仓库地坪载荷的影响；有一些物品受其自身承重和包装层数限制而影响垛高。所以在确定垛高时要综合考虑仓库空间高度、仓库地坪设计载荷及物品自身特性和包装对垛高的要求等三项指标。

$$H=\min\{H_{地坪}, H_{货高}, H_{库高}\}$$

式中：H——货垛高度；

$H_{地坪}$——地坪载荷允许货垛高度；

$H_{货高}$——物品包装允许堆高高度；

$H_{库高}$——仓库空间允许货垛高度。

实际货垛高度 (H) 具体由 $H_{地坪}$、$H_{货高}$、$H_{库高}$三个指标共同确定，选用三者中的最小值，这样才能在保证库场地坪安全以及物品本身不会损坏的前提下实现仓库空间利用的最大化。

(2) 货垛的五距。物品的堆码要保持通常所说的货垛“五距”，即指墙距、柱距、顶距、灯距和垛距。“五距”的主要作用是通风、防潮、散热、安全、方便。五距的确定要严格遵守《中华人民共和国消防法》、《危险品安全管理条例》的要求，不得随意修改。

① 墙距。库内货垛与隔断墙之内墙距不得小于 0.3m；外墙距不得小于 0.5m。

② 柱距。货垛或货架与库房内支撑柱子之间应留有不小于 0.3m 的距离。

③ 顶距。平房仓库顶距应不小于 0.3m；多层库房顶距不得小于 0.5m；人字形屋架库房，以屋架下檐（横梁）为货垛的最大可堆高度，即垛顶不可以触梁。

④ 灯距。货垛与照明灯之间的必要距离称为灯距。灯距必须严格规定不得小于 0.5 m，但对危险物品应按其性质，另行规定。

⑤ 垛距：是指货垛与货垛或货架与货架之间的必要距离。库房的垛距应不小于 0.5 m；货架与货场货垛间距均应不小于 0.7m。

仓库通道的宽度应根据物品体积的大小和作业机械的要求，进行设计，通道一般包括主通道和支通道以及副道。主通道的宽度应不小于 1.5 m，一般为 2 ~ 3.5m。通道转弯处的宽度，根据物品和作业机械要求可酌情考虑。叉车作业，其通道宽度可以通过计算求得，当单元装载的宽度小于长度时，可利用下式计算：

$$W=R+D+L+C$$

式中：W——通道宽度（主通道或支通道）；

R——叉车外侧转弯半径；

D——物品至叉车轴中心线的距离；

L——物品长度；

C——叉车操作余量。

副道是供作业人员存取搬运物品的走行通道。其宽度取决于作业方式和物品的大小。一般情况下，副道的宽度为 0.5m 左右。

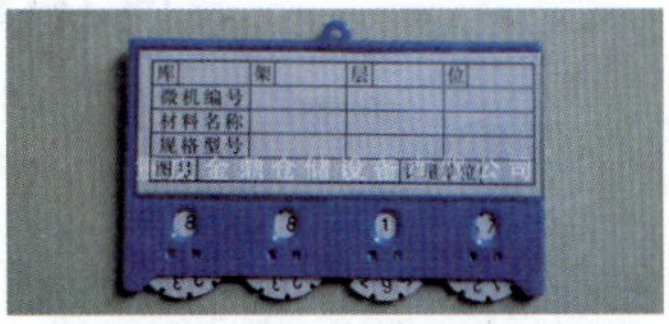

图 3.3 货垛牌

货垛堆码必须满足仓库消防规定，不能倚墙靠柱，不能与屋顶照明设备接触，应与墙、柱、顶、灯之间保留适当距离，货垛相互间也不能挤得太紧，保证货垛堆码时避开排水沟。

(3) 垛牌。为了在保管中及时掌握物品的资料，需要在货垛上张挂有关该垛物品的资料标签。该标签被称为货垛牌（如图 3.3 所示），或称物品标签、料卡等。物品码垛完毕，仓库管理人员就需要根据入库物品资料、接收物品情况制作货垛牌，并排放置或悬挂在货垛正面明显的位置，货架上的垛牌要插挂在货架的立柱上。

货垛牌的主要内容有：货位号、物品名称、规格、制造厂厂名及厂址、生产许可证编号及批准日期、制造日期或批号、单件重量（含毛重、净重）、来源、进货日期、存货人、该垛数量、接货人等，也可以根据不同特点相应增减项目。若属于危险品和特殊物品一定要有相应且明显的警示标志，如易燃气体要有易燃气体标志并有“向上”、“小心轻放”、“禁止翻滚”等警示标志。

(4) 垛形。垛形是指货垛的外部形状。一般从货垛立面形状分，可以分为矩形、正方形、三角形、梯形、半圆形等。

不同立面的货垛都有各自的特点。矩形垛易于堆码，便于盘点计数，库容整齐，但随着堆码高度的增加货垛稳定性就会下降；三角形、梯形和半圆形垛的稳定性好，便于苫盖，但是不便于盘点计数，空间的利用低于矩形货垛。

5. 堆码需考量的其他方面

(1) 地板堆积储存。地板堆叠法是使用地板支撑的储存，有将物品放于货盘和直接着地储放两种。堆叠的稳定性可通过货物自身来提升，即使是袋装物亦能简易储放，但需以人工或较传统的机械来作业，否则不易提取。其积存方式可分为行列堆积及区域堆积两种形式。

① 行列堆积——在货堆之间留下足够的空间使得任何一行（列）货物的货盘在取货时不受阻碍。而当在一长行（列）储区中只剩少数码放货物的货盘时，应将这些货盘及时转移至小批量储区，而让此区域能再储放大批产品（如图 3.4 所示）。

② 整区堆积——指行与行之间的货堆并不留存或浪费任何空间，此方式能节省空间但只能在储存大量产品时使用。采用整区堆积时必须很小心以免货盘互相连接，提取时避免发生危险（如图 3.5 所示）。

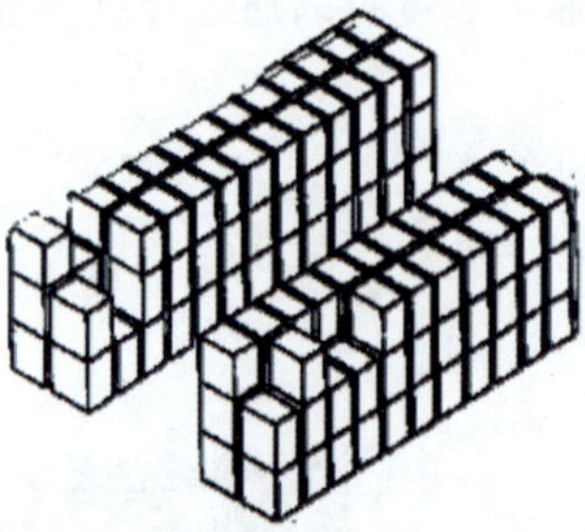

图 3.4 行列堆积行

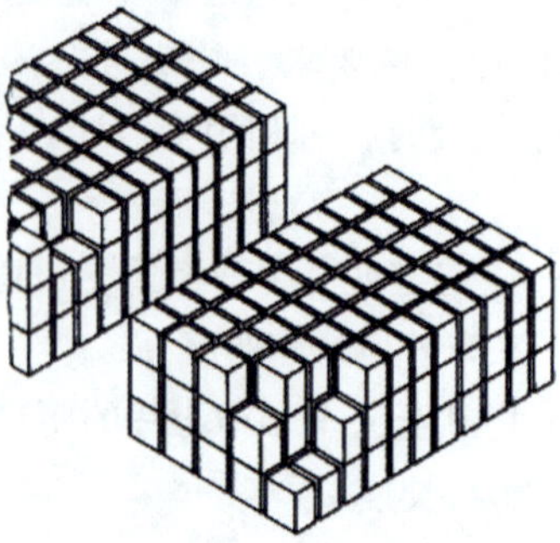

图 3.5 整区堆积

地板堆积储存的优缺点如表 3.2 所示。

表 3.2 地板堆积储存的优缺点

地板堆积储存优点	地板堆积储存缺点
① 不规则形状的储存：尺寸及形式不会造成地板堆叠的困难 ② 适合大量可堆叠货品的储存：能提供规则形状或容器化的物品三度空间的有效储存。(若重量不致过重) ③ 只要简单的建筑即可 ④ 堆叠尺寸能依储存量适当调整 ⑤ 廊道的要求较小，且能简单改变	① 不能兼顾先进先出，若要先进先出，则必须增加翻堆作业，增加工作量及易损坏货品 ② 货垛边缘无法被保护，容易被搬运设备损坏 ③ 地板堆叠容易不整齐，且特殊单位的拣取需要较多的搬移 ④ 一些物品不适于储存，如易燃物，对于堆存的高度和间隔有严格的要求

（2）料棚架储存。料棚架储存大体可分为两面开放式及单面开放式的棚料架。

① 两面开放式棚、料架——此种棚、料架的前后两面皆可用于储存与拣取，对于整个系统的设计较具弹性，且较易配合“先进先出”的原则。

② 单面开放式棚、料架——此种棚、料架只有单面可供储存及拣取，因而在系统设计上较无弹性，如果要符合“先进先出”原则，则要花费较大的工夫。

棚料架储存的优点：

① 不论存货或取货，都比较方便。

② 适用于品项、数量不多且不方便进行地板堆叠时。

③ 要作选择性提取时（如先进先出），采用棚料架储存较有利，采用地板积存较难。

④ 棚料架储存空间除适于多样规则性货品的储存外，也能用于不规则形状物的储存，但不能超出储架范围。

现今最常用的棚、料架形式有：货盘料架—单面、流动棚架—双面、驶入式料架—单面、双面

（3）贮物柜。单行的贮物柜应被安排背对背，若可能，最好靠墙放置，因靠墙放置将能提供良好的位置来储存不规则形状物品及长时间储存的物品。

如今，贮物柜已改良至具有强大的弹性功能，变为可卸下、可搬运形式的贮物柜，用来储存各尺寸的物品以调整贮物空间，由贮物柜的安排可看出，使用不同形式的抽屉、盒子或篮子放在贮物柜中来保存任何小物品，具备料架等无法达到的功能，如图 3.6 所示。

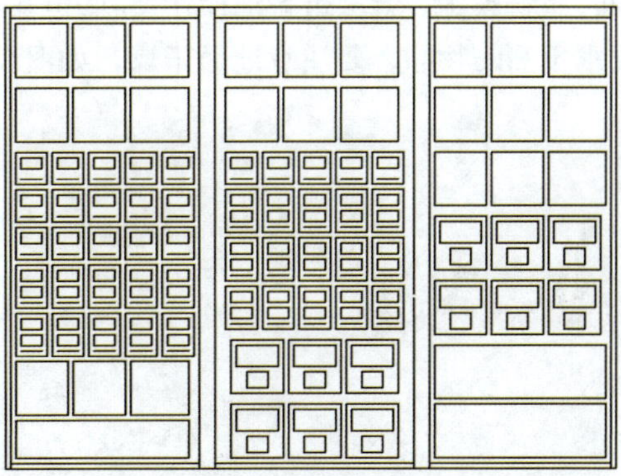

图 3.6 贮物柜

在图 3.6 贮物柜的安排中，小批量及较主要的品项放在储物柜中央（较频繁出入）的位置，以利拣取；厚重、体积大的品项尽量堆放在棚架或贮物柜的最下方（不常使用）的位置；量轻、

体积大的品项尽量堆放在较上方（不常使用）的位置。

3.2.2 物品的苫垫

物品苫垫是指用某种材料对货垛进行苫盖和铺垫的操作和方法。物品在储存保管中进行合理的上盖和下垫，是保护物品质量的必要措施。

物品苫垫是否合理将关系到储存物品的安全和质量，在具体选择苫垫方式时应根据物品的性能、季节气候的变化以及是否便于物品的管理来确定。

1. 物品苫盖

苫盖是指采用专用苫盖材料对货垛进行遮盖，以减少自然环境中的阳光、雨、雪、风、露、霜、尘、潮气等对物品的侵蚀、损害，并使物品由于自身理化性质所造成的自然损耗尽可能减少，保护物品在储存期间的质量。特别是露天存放的物品在码垛以后，一般都应进行妥善的苫盖，以避免物品受损。需要苫盖的物品，在堆垛时应根据物品的特性、堆存期的长短、存放货场的条件，来选择苫盖材料和堆码的垛型。

（1）苫盖的要求。物品苫盖的基本要求是顶面必须倾斜，避免雨雪后积水渗入货垛，苫盖物不能苫到地面，苫盖物的下端应离开地面 1cm 以上，避免阻碍货垛通风和对地面雨雪积水产生虹吸现象。苫盖物必须捆扎牢固，防止被风刮落。苫盖的具体要求：

① 选择合适的苫盖材料苫盖货物时，应选择防火、无害、低廉、可重复利用、无破损和霉烂、不会与货物发生不良反应的苫盖材料。

② 苫盖接口要紧密。苫盖材料必须拉挺、平整，不得有折叠和凹陷，且苫盖材料的接口应相互叠盖并有一定深度，叠口不能迎风或留有空隙，以避免雨雪、积水渗入货垛。

③ 材料底部要平整。苫盖材料的底部应与垫垛材料平齐，不能腾空或拖地，以防雨水延苫盖材料底端流入或渗入货垛。

④ 苫盖牢固。苫盖材料必须栓扎牢固，必要时应用绳索、绳网绑扎或用重物镇压，以免其被风刮落或揭开。

（2）苫盖的方法。

① 就垛苫盖法。直接将大面积苫盖材料覆盖在货垛上遮盖，适用于起脊垛或大件包装物品。一般采用大面积的帆布、油布、塑料膜等。就垛苫盖法操作便利，但基本不具有通风条件。因此，就垛苫盖法适用于对通风要求不高的物品，要注意地面干燥，如图 3.7 所示。

图 3.7 苫布苫盖

② 鱼鳞式苫盖法。将苫盖材料从货垛的底部开始，自下而上呈鱼鳞式逐层交叠围盖。该法一般采用面积较小的席、瓦等材料苫盖。鱼鳞式苫盖法具有较好的通风条件，但每件苫盖材料都需要固定，操作比较繁琐复杂。

③ 固定棚架苫盖法。是用预制的苫盖骨架与苫叶合装而成的简易棚架，不需基础工程，可随时拆卸和人力移动。

④ 活动棚架苫盖法。与固定棚架不同的是，活动棚架四周及顶部铺围苫盖物，在棚柱底部装上滚轮，整个棚架可沿固定轨道移动。活动棚本身需要占用仓库位置，固定轨道要占用一定使用面积，需要较高的购置成本。

⑤ 隔离苫盖法。此方法与就垛苫盖法的区别在于苫盖物不直接覆盖在货垛上，而是采用隔离物使苫盖物与货垛间留有一定空隙。隔离物可用竹竿、木条、钢筋、钢管、隔离板等。此法优点是利于排水通风。

2. 物品垫垛

垫垛是指在物品码垛前，在预定的货位地面位置，根据物品保管的要求和堆放场所的条件，使用适合的衬垫材料进行铺垫。垫垛的目的是使物品与地面隔离，避免地面潮气自垛底侵入，并使垛底通风；通过强度较大的衬垫物使重物的压力分散，减少物品对地坪的压力；避免地面污染物，污染货垛物品，如图 3.8 所示。

（1）垫垛的基本要求。在露天货场垫垛时，首先把地面平整夯实，再摆放垫墩，垫墩之间可视具体情况留一定的间距，必要时可在垫墩上铺一层防潮纸，然后再放置储存物品。

在库房和货棚内垫垛，要根据地坪和物品防潮要求而定，一般水泥地坪只需垫一层垫墩。有的物品可以不垫，只铺一层防 潮纸。有的库房地坪做了防潮层，也可不垫垛。

所使用的衬垫物必须保证与拟存物品不会发生不良影响；衬垫物要摆平放正，并保持同一方向，间距适当；直接接触物品的衬垫面积应与货垛底面积相同，衬垫物不要伸出货垛外；衬垫物要有足够的高度，露天堆场要达到 0.3 ～ 0.5m，库房内 0.2m 即可，对化工材料、棉麻及其制品以及其他易受潮霉烂的物品，应尽可能加高垫层，使垛底通风。

要注意危险品对衬垫物有要求，如易燃气体应采用木垫，不宜采用石块、水泥条和铁架等易产生撞击火花的垫料。

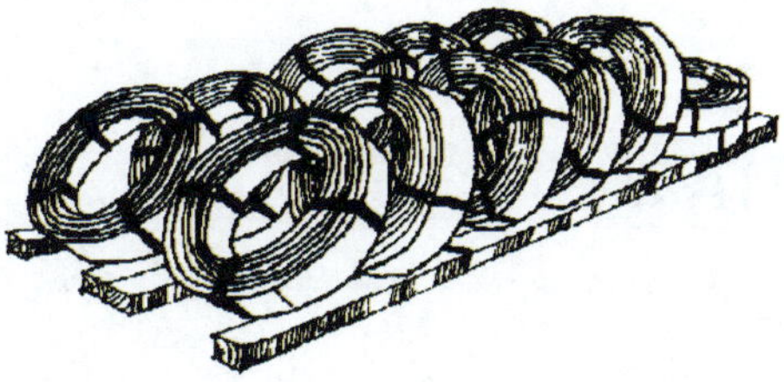

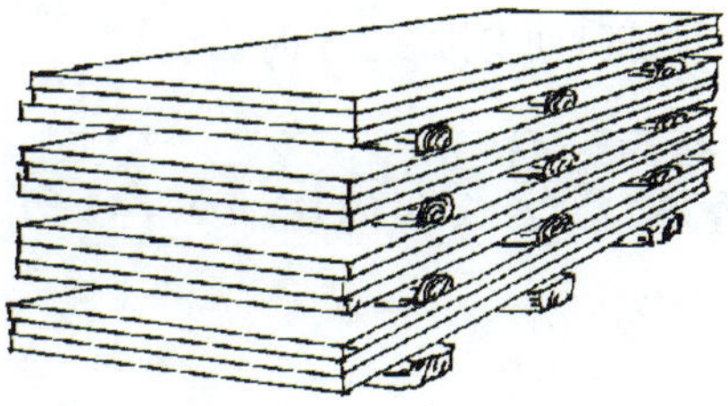

图 3.8 货物的衬垫

（2）衬垫材料（如图 3.9 所示）。常见的衬垫物有：枕木、废钢轨、货板、货板架、木板、水泥板（条）、石墩、垫石、防潮纸等。

货板应采用标准尺寸。根据国际标准化组织（ISO）的规定，货板尺寸有 800 mm ×1 200 mm、1 200 mm ×1 600 mm，我国常用的有：2 000 mm×1 200mm、2 000 mm×1 100 mm、1 800 mm×1 100 mm 等几种尺寸。

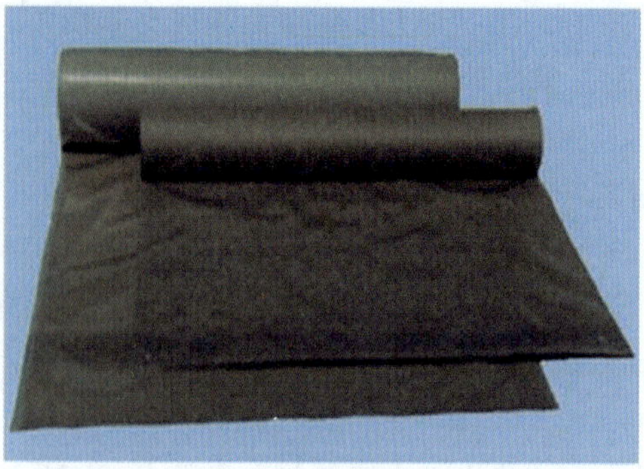

(a) 防潮纸

(b) 货板

图 3.9 衬热材料

（3）物品垫垛的方式。

① 垫木式是指将规格相同的若干枕木或垫石按照垛底的大小和形状排列，以备垫垛。这种垫垛方式的优点是拼拆方便，适用于底层库房、货棚和货场的垫垛。

② 防潮纸式是指将防潮纸（如芦席、油毡等）铺设在垛底的垫垛方式。这种垫垛方式适用于地面干燥的库房和对通风要求不高的货物。

技能训练

◆ 情境设置

新亚物流公司进了一批货物，仓库工作人员要对这批货物进行堆码。

◆ 技能训练目标

通过训练，让学生掌握堆码的要求、堆码的技术、会计算仓容能通过堆码优化节省仓容。

◆ 技能训练准备

1．学生每 5 人为一组，每小组选一名组长。

2．以组为单位完成该批货物的堆码。

3．教师现场指导。

4．训练时间安排：2 学时。

任务 3.3 物品的保管与养护作业

工作思考

1. 一般物品应该如何保管与养护？

2. 危险品应该如何保管与养护？

引导案例

ABC 公司现有一批啤酒存放在东方公司。啤酒入库验收时外包装完好无损，封口严密，商标清晰；啤酒的色泽清亮，无沉淀物；内瓶壁无附着物；抽样检查具有正常的酒花香气，无酸、霉等异味。

鲜啤酒适宜存储温度为 0 ～ 15℃，熟啤酒适宜存储温度为 5 ～ 25℃，高级啤酒适宜存储温度为 10 ～ 25℃，库房相对湿度要求在 80% 以下。

瓶装酒堆码高度为 5 ～ 7 层，不同出厂日期的啤酒不能混合堆码，严禁倒置。

严禁阳光暴晒，冬季还应采取相应的防冻措施。

任务发布

假如你是东方公司的仓储管理员，请完成以下任务：

（1）根据存储商品的特点，制定出啤酒在库存储方案。

（2）根据公司的实际情况，完成货物在库的养护工作。

我要学习啦

物品保管与养护是指根据仓库的实际条件，对不同物品进行保护和保存以及对其数量、质量进行管理控制的活动。在经营过程中对物品进行养护不仅是技术问题，它还是一个综合管理问题，可以产生物品的时间效用。物品的养护应根据其特性和形状，按有效的方法进行养护，为此要做好人、物、温湿度养护等方面工作。

3.3.1 物品的特性

物品的品种繁多，特征各异，仓储有必要按照物品的特性，科学归纳为类、组、品目、品种，便于物品保管。选择是十分重要的工作，它必须是既能达到分类目的的要求，又能明显地区分开分类对象的类别。

1. 按物品自然特性分类

（1）易吸潮物品。易吸潮物品是指能吸收空气中水蒸气或水分的物品，如茶叶、香烟、糖、香菇、粮食等。

（2）易吸味物品。易吸味物品是指容易吸附外界异味的物品，如茶叶、香烟、大米、木耳、饼干等。常见的容易引起其他物品串味的物品，如樟脑、香皂、汽油等。

（3）易吸尘物品。易吸尘物品是指容易吸收周围环境中灰尘的物品，如纤维物品、液体物品、食品等。

（4）扬尘性物品。扬尘性物品是指极易飞扬尘埃的物品，如矿粉、炭黑、染料等。

（5）受热易变形物品。受热易变形物品是指环境超过一定温度时，会引起形态变化的物品，如石蜡、松香、橡胶等。

（6）自行发热性物品。自行发热性物品是指在不受外来热源影响下会自行发热的物品，如油纸、棉花、煤炭等。

（7）易锈蚀物品。易锈蚀物品是指在环境中易于生锈而毁损的金属类物品，如金属罐头食品、铁桶物品、钢材等。

（8）易碎物品。易碎物品是指机械强度低，质脆易破的物品，如玻璃及其制品、陶瓷品、精密仪器等。

2. 危险性物品

危险性物品是指具有易燃、爆炸、腐蚀、毒害和放射射线等性质，在装卸搬运、仓储和运输过程中能引起人身伤亡、财产毁损的物品。

(1) 爆炸品。这类物质具有猛烈的爆炸性，如三硝基甲苯（TNT）、苦味酸、硝酸铵、叠氮化物、雷酸盐、乙炔银等。

(2) 氧化剂。氧化剂具有强烈的氧化性，分为：一级无机氧化剂、一级有机氧化剂、二级无机氧化剂、二级有机氧化剂等。

(3) 压缩气体和液化气体。分为剧毒气体、易燃气体、助燃气体、不燃气体等。

(4) 自燃物品。此类物质暴露在空气中，依靠自身的分解和氧化产生热量，使其温度升高到自燃点，如白磷等。

(5) 遇水燃烧物品。此类物质遇水或在潮湿空气中能迅速分解，放出易燃易爆气体，如电石等。

(6) 易燃液体。这类液体极易挥发成气体，遇明火即燃烧。闪点在45℃以下的称为易燃液体，45℃以上的称为可燃液体（可燃液体不纳入危险品管理）。

一级易燃液体。闪点在28℃以下（包括28℃），如乙醚、汽油、甲醇、乙醇、苯等；

二级易燃液体。闪点在29～45℃（包括45℃），如煤油等。

(7) 易燃固体。此类物品燃点低，如硫黄，萘等。

(8) 毒害品。这类物品具有强烈的毒害性，少量进入人体或接触皮肤即能造成中毒甚至死亡，如氰化物等。

(9) 腐蚀物品。这类物品具有强腐蚀性，如硫酸、盐酸、硝酸等。

(10) 放射性物品。这类物品具有放射性，如放射性矿石等。

3.3.2 仓库温湿度的控制

1. 温湿度

温度与湿度密切相关，在一定湿度下，随着温度的变化空气中的水分可以变成水蒸气，也可以变成水滴。仓库温湿度与物品变质往往有密切关系，特别是危险品的储存，关系到物品储存的安全，易燃液体贮藏室温度一般不许超过28℃，爆炸品贮温不许超过30℃。因此控制仓库的温湿度是十分重要的。

(1) 温度。库外露天的温度叫气温；仓库里的温度一般叫库温；货垛物品的温度叫做垛温。气温对库温有直接影响、对垛温有间接影响，库温除受气温影响外还受仓库建筑材料和地势及仓库周围环境的影响；垛温除受库温的影响，还受物品本身性质和堆码结构的影响。

库温变化规律如下：

① 气温逐渐升降时，仓库温度也随之逐渐升降，仓库温度主要随气温变化而变化。

② 仓库温度变化的时间，总是落在气温变化之后1～2小时。气温在日出前的瞬间为最低，14时温度为最高；而仓库温度则在日出后1小时为最低，15时为最高。

③ 仓库温度与气温相比，夜间仓库温度高于气温，白天仓库温度低于气温。

④ 仓库温度变化的幅度比气温变化的幅度小，假如气温变化的幅度为10℃，则仓库温度变化的幅度仅为5～6℃。所以，仓库的最高温度值常比气温的最高温度值低，仓库温度的最低值则比气温的最低值高。

⑤ 仓库内温度还受仓库建筑结构、材料、外表颜色等多种因素的影响。

物品温度直接反映着物品安全储存的状况，而仓库温度的变化又直接决定物品温度的状态，大气温度又影响着仓库温度的高低。大气温度具有不可控性，所以关键在于控制仓库温度来实现对物品温度的控制。

（2）湿度。库外露天的湿度叫空气湿度，是指空气中水蒸气含量的程度。通常以绝对湿度、饱和湿度、相对湿度等指标来衡量。

① 绝对湿度是指单位体积空气中，实际所含水蒸气的重量，即每立方米的空气中，含多少克的水汽量。

② 饱和湿度指在一定气压、气温的条件下，单位体积空气中所能含有的最大水蒸气重量。

③ 相对湿度指空气中实际含有水蒸气量与当时温度下饱和蒸汽量的百分比，即绝对湿度与相对湿度的百分比。它表示在一定温度下，空气中的水蒸气距离该温度时的饱和水蒸气量的程度。相对湿度愈大，说明空气越潮湿，反之，则越干燥。在仓库温湿度管理中，检查仓库的湿度大小，主要是观测相对湿度的大小。

三者之间关系：

$$相对湿度 =（绝对湿度 / 饱和湿度）\times 100\%$$

一般而言温度越高空气的绝对湿度就会越高；相对湿度愈大说明空气越潮湿；当温度下降到未饱和空气达到饱和状态时，空气中的水汽会变成水珠附在冷的物品上，俗称“出汗”，这种现象出现会造成物品损坏。而此时的温度称之为“露点”。

在温度不变的情况下，空气绝对湿度越大，相对湿度愈大；绝对湿度愈小，相对湿度愈小。在空气中的水蒸气含量不变的情况下，温度愈高，相对湿度愈小；温度愈低，相对湿度愈大。

仓库温度和湿度的变化规律如表 3.3 所示：

表 3.3 仓库温度和湿度的变化规律

类 别	变化规律及影响
温度的影响	1. 气温的变化
大气温度 → 库房温度 → 货品温度	2. 仓库温度的变化 （1）气温逐渐升降时，仓库温度也随着逐渐升降，仓库温度主要随气温变化而变化 （2）仓库温度变化的时间，总是落在气温变化之后 1-2 小时 （3）仓库温度与气温相比，夜间仓库温度高于气温，白天仓库温度低于气温 （4）仓库温度变化的幅度比气温变化的幅度小 （5）仓库内温度还受仓库建筑结构、材料、外表颜色等多种因素的影响
湿度的影响	3. 仓库内湿度的变化 （1）日变化的时间迟于仓库外，幅度也较小 （2）密闭条件较好的仓库受大气湿度影响较小 （3）仓库内各部位的湿度也因情况不同而异

物品保管过程中是否需要通风散湿可参考以下情况：

① 当库外空气的相对湿度和绝对湿度都低于库内时，可以通风；

② 当库外温度和绝对湿度都低于库内，而相对湿度稍高时，也可以通风；

③ 库内外温度接近，库外相对湿度比库内低，或库内外的相对湿度接近而库外温度较库内温度低时，都可以通风。因为在这两种情况下，库外的绝对湿度都比库内低。

物品在仓库储存过程中的各种变质现象，几乎都与空气温湿度有密切关系，仓储物品保管的中心环节就是控制好仓库的温湿度。由于物品的性质不同，其所适应的温湿度也不同，如表 3.4 所示。仓库温湿度的变化对储存物品的质量安全影响很大，而仓库温湿度往往又受自然气候变化的影响，这就需要仓库管理人员依据仓储对象的理化性质及生物特性正确地控制和调节仓库温湿度，以确保储存物品的安全。

表 3.4 物品的温湿度要求

种　类	温度（℃）	相对湿度（%）
金属及其制品	5 ~ 30	≤ 75
塑料制品	5 ~ 30	50 ~ 70
仪表、电器	10 ~ 30	70
轴承、钢珠	5 ~ 35	60
汽油、煤油	≤ 30	≤ 75
工具	10 ~ 25	50 ~ 60
树脂、油漆	0 ~ 30	≤ 75

3.3.3 温湿度控制方法

仓库温湿度控制的方法很多，主要包括：通风、密封、人工吸潮、降温、气幕隔潮等。

3.3.4 危险品养护

（1）危险品应存放于专用库场内并有明显标示，库场配备相应的安全设施和应急器材。

（2）库场管理人员，应经过专门训练，了解和掌握各类危险品保管知识，并经考试合格后方可上岗。

（3）危险品进入库场时，库场管理人员应严格把关，性质不明或包装不符合规定的，库场管理人员有权拒收。

（4）危险品应堆放牢固，标记朝外或朝上，一目了然。

（5）照明用灯，应选择专用防爆灯，避免生成电火花。

（6）危险品库场应建立健全防火责任制，确保各项安全措施的落实。

3.3.5 一般物品养护

物品在库期间，为防止物品因自身理化性质和外部因素的影响而发生质量变化，降低或丧失使用价值，除要注意调节仓库温湿度调节外，还要注意虫害、霉腐、锈蚀的防治。

1. 虫鼠害防治

（1）仓虫的防治。仓库虫害不仅种类繁多，而且分布广泛，世界上已定名有 500 多种，在我国发现有近 200 种，在仓储部门已发现，严重危害物品的仓虫大概 30 多种。

① 做好环境卫生。虫害的防治工作主要应杜绝虫源，杜绝害虫生长繁殖的环境。为此，要做好库内外环境卫生，特别注意害虫喜藏匿和过冬之处，定期作好消毒工作。对储存易生虫物品的仓库，在害虫繁殖期之前，可使用磷化铝、溴化烷、硫酸氟等进行熏蒸，在库内墙角、

走道、垛底、苫垫物料等喷洒杀虫药剂，如敌百虫、马拉酸磷等溶液。

② 药物防治。

驱避剂：精萘、对二氯化苯、樟脑精等，适用于毛、麻、丝、棉织品、皮毛、皮革制品以及竹木制品等，但不适用于橡胶、人造革、食品等。

熏蒸剂：溴甲烷、磷化铝、环氧乙烷和硫黄等，可根据物品数量多少，结合仓库建筑条件，酌情采用整库密封熏蒸、帐幕密封熏蒸、小室密封熏蒸和密封箱、密封缸熏蒸等形式，如图 3.10 所示。

图 3.10 烟草仓库磷化铝熏蒸除虫

气调充氮或二氧化碳：通过改变空气成分之间的比重，使害虫在缺氧条件下或高浓度氮和二氧化碳的条件下难以生存和繁殖。

③ 其他方法防治虫害。主要利用紫外线、微波、辐射、高温、低温、缺氧以及合成激素杀虫等。

（2）鼠害的防治。危害仓储物的鼠类有很多种，危害及破坏力极强，鼠类性格机警狡猾、适应能力强且具有非常高的繁殖能力。

鼠害防治方法：做好库内卫生，断绝其食物来源和栖身之处；库房窗户和通风孔要安装防鼠网，库门安装防鼠板；应用毒饵和捕鼠器。

2. 霉腐的防治

物品发生霉变会造成物品的使用价值降低甚至丧失使用价值，形成重大损失。霉腐现象的产生是由于霉菌的滋生与繁殖及随之而来代谢物对物品造成的破坏与沾污。防治的方法就在于通过药剂毒杀霉菌和改变调节其生存环境抑制其生长和繁殖能力，具体包括：化学药剂防霉、气相防霉、气调防霉、低温冷藏防霉、干燥防霉及利用紫外线、微波、红外线、辐射等防霉技术。

3. 锈蚀的防治

金属物品在库期间会受到周围介质的化学作用或电化学作用而引起破坏，即锈蚀。引起金属锈蚀的关键因素是水分和空气中的氧。金属锈蚀的防治措施包括：保管场所均应清洁干燥，避免与酸、碱、盐等化学品接触；堆码时要防止金属物品受潮；保护金属材料的防护层和包装，防止因防护层受损而生锈，也可采用密封法防锈蚀，还可以涂油防锈蚀，如图 3.11 所示。

图 3.11 发动机防锈包装

3.3.6 特殊物品养护

特种物品包括易燃、易爆及毒害物品等，特种物品在库储存期间，为保证安全防止质量变化或发生意外。保管养护的主要方法是：通风、干燥、防潮、防热、防暴照明及避免日光照射和外部机械力的震动和冲击。

3.3.7 物品的损耗

物品的损耗是指物品在库期间，保管这种物品所发生的自然损耗，一般以物品保管损耗率来表示。物品在保管过程中，因其本身的性质、自然条件的影响、计量工具的误差，或人为的原因，会发生各种损耗。这些损耗有的是可以避免的，有的则难以避免。

1. 造成物品保管损耗的原因

（1）物品的自然损耗。这是指物品在库期间，因物品性能、自然条件、包装情况、装卸搬运设备、技术操作等所造成的不可避免的损耗与自然减量，如物品发生干燥、风化、挥发、粘结、潮解、漏损、破碎等现象，以及在搬运、装卸、检验、更换包装、倒垛等过程中产生的损耗。

（2）人为因素或自然灾害造成的损耗。这是指因操作或业务人员的失职和保管不善，致使物品发生霉烂、变质或丢失而造成的损失；或由于水灾、地震等自然灾害而造成的非常损失等而造成的损耗。

（3）磅差。这是指物品在进出库时，由于计量工具之间精度上的差别，而造成的物品数量差异。

2. 物品损耗标准

物品损耗标准，一般用标准损耗率来表示。为了判定物品的损耗是否合理，一般对不同情况，不同物品规定相应的合理损耗标准，即某种物品在库期间，保管这种物品所允许发生的自然损耗，称为标准损耗率，通常以百分数表示。

若评价某种物品在库保管期间的损耗水平时，要计算物品保管损耗率。物品保管损耗率是指在一定的保管条件和保管期内，其自然损耗量与该种物品库存量的比值。某种物品保管损耗率若低于该物品标准损耗率的为合理损耗，高于该物品标准损耗率的部分为不合理损耗。

物品保管损耗率，是判断是否做好物品保管工作的标准。

3. 物品损耗的处理

（1）物品有变质迹象或发生变质时，应按维护保养要求，查明原因，提出措施进行维护保养。

（2）对超过保质期或虽未超过保质期的物品，质量不能保证的，应通知存货人或物品所有人及时采取措施或处理。

（3）对数量有出入的物品，应弄清情况、查明原因，分清责任并通知有关人员。

（4）对已破损的物品，应查明原因，与存货人或物品所有人协商处理。

（5）对霉烂、变质、残损的物品，应采取积极挽救措施，尽量减少损失。

3.3.8 库区的 5S 管理

5S 是指在物品保管现场，按步骤进行整理、整顿、清扫、清洁和素养的 5 项活动。

1. 整理

整理是指做出要与不要的决定。明确区分要与不要，将要的留下来，不要的清除掉。实施整理的目的是节省空间，防止误发误用，防止积压变质，只管理需要的商品，以提高管理质量和管理效率。

2. 整顿

整顿是指将要的东西留下来，不要的东西处理掉。第一，把需要的商品以合理的方式分类摆放，并明确标记，以利于准确、快速地查找取用，减少混料、错发的现象。要做到：凡物必分类、有类必有区、有区必有标记；第二，把不要的商品处理掉。实施整顿的目的是便于查找。

3. 清扫

清扫是指将环境清理干净。在整理、整顿后，要进行彻底打扫干净，杜绝污染源。实施清扫的目的是因为干净明亮的工作环境有利于提高产品质量。

4. 清洁

清洁是指随时保持整洁。清洁是一种状态，是维持整理、整顿、清扫的结果。实施清洁的目的是因为清洁的环境，能使人心情愉快，积极乐观。

5. 素养

素养是指不断追求完美。所谓素养，是指养成遵守既定事项的好习惯，不论是在家庭或是在其他地方，4S（即前 4 个方面）是身边谁都能做得到的事，做得到也应该做得好，素养就是这 4S 的继续和升华。实施素养的目的是培养遵纪守法、品德高尚、具有责任感的员工，营造团队精神。

实施 5S 管理可产生的效能：①减少浪费；②提高效率；③保证质量；④树立企业形象；⑤产生经济效益。

技能训练

◆ 情境设置

梅雨季节来临时，由于防潮工作不到位，恒基物流公司的员工在对储存的皮革制品进行防霉、除霉的工作。

◆ 技能训练目标

通过训练，让学生掌握物资防霉、除霉处理的基本方法。

◆ 技能训练准备

1．学生每 5 人为一组，每小组选一名组长。

2．0.1% ~ 0.3% 的多菌灵 5kg，软毛刷 25 把，皮革制品 25 件，纸 25 张，喷洒壶 5 个，除氧剂 25 小包。

3．教师现场指导。

4．训练时间安排：2 学时。

任务 3.4 在库物品盘点

工作思考

1. 企业常用的盘点方式有哪些？
2. 盘点的主要内容有哪些？

3. 对盘点盈亏的情况应如何处理?

引导案例

家乐福管理仓储作业时，将仓库、财务、OP（订货部门）、营业部门的功能和供应商的数据整合在一起，从统一视角来考虑订货、收货、销售等对仓库的影响，以便更好地管理仓储作业。

在日常作业方面，家乐福的仓库一般根据存货变动资料，将货物库存的相关数据传输给OP部门，由OP部门据此制作库存资讯报表供各部门参考。仓库可根据报表信息，采取相应手段及时处理仓库中的呆料、废料，OP部门可根据报表信息及时确定补货内容和数量等。

在盘点作业方面，家乐福的仓库采用周期盘点法盘点货物库存。在实施了周期盘点后，仓库在进行仓储时不用再像采用传统的期末盘点法那样兴师动众了，因而节省了大量人力、物力和财力，且大大提高了盘点效率。

任务发布

假如你是家乐福的仓储主管，请完成以下任务：

（1）根据公司的实际经营情况，制定货物盘点作业计划。

（2）根据公司的实际经营情况，制定货物盘点盈亏的处理方案。

我要学习啦

盘点是指定期或临时对库存物品的实际数量进行清查、清点的作业，即对仓库现有物品的实际数量与保管账上记录的数量进行核对，检查有无残缺和质量问题，以便准确地掌握物品保管数量，进而核对金额。盘点是保证储存物品达到账、物、卡相符的重要措施之一。只有使库存物品经常保持数量准确和质量完好，仓储部门才能更有效地为生产、流通提供可靠的供货保证。因此，在库作业管理必须十分重视盘点工作。

理论上，账面的数字和实际数字，应该是一致的。但在实际盘点时往往发生不相符的情况。即使物品账面价值与现有物品价值一致，然而由于风化、锈蚀、光照等自然原因，使物品质量下降，有的已经成为不能使用的劣质品；或质量虽然未变化，但随着时间的推移却成为过时的旧型号物品，这些物品的价格必然下降。因而，应准确掌握质量低下的劣质品或陈旧品的数量，查找质量下降的原因，以便采取措施，防止类似事件的发生。

3.4.1 盘点方式

盘点方式通常有两种：一种是定期盘点，另一种是临时盘点。

1. 定期盘点

即仓库的全面盘点，一般是指每季、半年或年终财务结算前进行一次全面的盘点。由货主派人会同仓库保管员、会计人员一起进行盘点对账。定期盘点需关闭仓库，全面清理，可避免盘点中的疏漏，使盘点结果能获得准确的数字。

2. 临时盘点

一般是当仓库发生物品损失事故，或保管员更换，或仓库与货主认为有必要进行盘点时，可根据具体情况，确定盘点对账的内容和范围，组织一次局部性或全面的盘点。

由于各仓库都有日常物品盘点制度。根据仓储业务的实践，可根据企业自己的仓储经验通过日常盘点的积累，确保定期盘点和临时盘点的准确性，从而保证盘点的质量。

3.4.2 盘点目的

货物在库存储期间会存在各种损耗，有的损耗是可以看见和控制的，但有的损耗是难以统计和计算的，如偷盗、账面错误等。因此需要通过盘点来得知货物的盈亏状况。通过盘点，一来可以控制存货，以指导日常经营业务；二来能够及时掌握损益情况，以便真实地把握经营绩效，并尽早采取防漏措施。

具体来说，盘点可以达到如下目标：

1. 核查实际库存数量

盘点可以查清实际库存数量，并通过盈亏调整使库存账面数量与实际库存数量一致。

2. 计算企业资产的损益

库存物品总金额直接反映企业流动资产的使用情况，库存量过高，流动资金的正常运转将受到威胁，因此为了能准确地计算出企业实际损益，必须通过盘点。

3. 发现物品管理中存在的问题

通过盘点查明盈亏的原因，发现作业与管理中存在的问题，并通过解决问题来改善作业流程和作业方式，提高人员素质和企业的管理水平。

3.4.3 盘点的内容

仓库盘点作业的内容主要包括：

1. 查数量

通过点数计数查明物品在库的实际数量，核对库存账面数据与实际库存数量是否一致。

2. 查质量

检查在库物品质量有无变化，有无超过有效期和保质期，有无长期积压等现象，必要时还必须对物品进行技术检验。

3. 查保管条件

检查保管条件是否与各种物品的保管要求相符合。

在盘点对账中如发现问题，要做好记录，并应逐一进行分析，及时与货主联系，找出原因，协商对策，并纠正账目中的错误。

3.4.4 盘点作业的步骤

1. 盘点前的准备

仓库盘点作业的事先准备工作是否充分，完全决定了仓库盘点作业进行的顺利程度。

2. 盘点时间的确定

一般来说，为保证账物相符，货物盘点次数越多越好，但盘点需投入人力、物力、财力，所以，合理地确定盘点时间非常必要。

3. 盘点的方法

因为不同现场对盘点的要求不同，盘点的方法也会有差异，为尽可能快速、准确地完成仓库盘点作业，必须根据实际需要确定盘点方法。

盘点方法主要分为账面盘点、实物盘点和账物盘点。

4. 盘点人员的培训

盘点人员通常应进行培训，熟悉盘点现场、盘点物品以及正确填制表格和单证。

5. 盘点现场的清理

盘点现场即仓库的作业区域，仓库盘点作业开始之前必须对其进行整理，以提高仓库盘点作业的效率和盘点结果的准确性。

6. 仓库盘点作业'

仓库盘点作业的关键是点数，由于手工点数工作强度极大、差错率较高，通常可采用条形码进行盘点，以提高盘点的速度和精确性。

7. 查找盘点差异的原因

通过盘点发现账物不符，而且差异超过容许误差时，应立即追查产生差异的主要原因。

8. 盘点盘盈、盘亏的处理

差异原因查明后，应针对主要原因进行适当的调整与处理，至于呆滞品、废品、不良品减价的部分需与盘亏一并处理。

9. 盘点结果的评估检讨

通过对盘点结果的评估，可以查出作业和管理中存在问题并通过解决问题提高仓储管理水平，以减少仓储损失。

在库物品盘点的流程如图 3.12 所示。

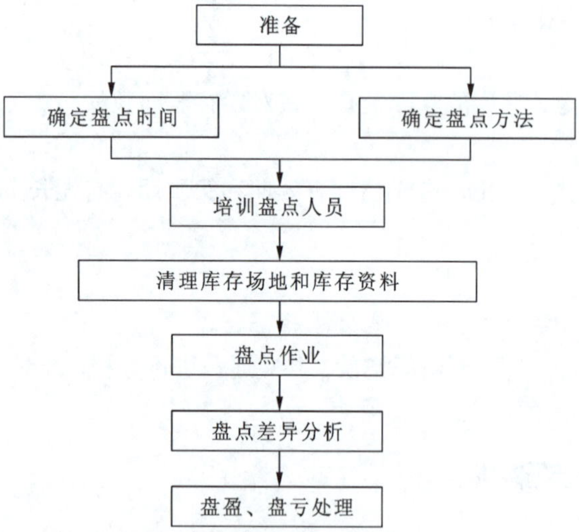

图 3.12 在库物品盘点的流程

3.4.5 对盘点盈亏的处理

对库存物品盘点中出现的盈亏，必须及时做出处理。

凡是盘盈、盘亏的数额不超出国家主管部门规定或合同约定的保管损耗标准的，可由仓储保管企业核销；对超出损耗标准的，则必须查明原因，做出分析，写出报告，承担责任；凡同类物品在不同规格上发生数量此少彼多的，但总量相符，可与货主根据仓储合同的约定直接协商处理。根据处理结果，应及时调整账、卡数额，使账、实、卡数额保持一致。

3.4.6 盘点方法

1. 账面盘点法

通常对在库的“次要”物品采用账面盘点的方法进行盘点，一般一个月或一个季度进行一次实物盘点。

2. 实物盘点法

通常对在库的“重要”物品采用实物盘点的方法进行盘点。对“重要”物品，每天或每周至少对实物清点一次。

3. 账物盘点

通常对在库的“一般”物品采用账物盘点的方法进行盘点。如相对“重要”物品在每天或每周至少对实物清点一次；而相对“次要”物品则采用账面盘点，一般 1 个月或 1 个季度进行一次实物盘点。

3.4.7 盘点作业的难点

1. 便利价的计算与填表

由于商品种类众多、进货次数频繁及供应商所提供的表单格式大小不一，难以管理，因此为了做好仓库盘点作业，需将逐笔的进货金额，换算成便利金额。在这其中计算、誊写、累计的作业常易出错，店中所发生的情况也必须记录，凡此种种，对于刚执行仓库盘点作业的店家，常感很困难从而放弃盘点。

2. 库存量的盘点

盘点时数量、单价统计错误，是仓库盘点作业中的另一项困难。用价格标签、货架卡，来取代店员商品价格记忆；用带有纸卷计算机或扫描器来替代计算机或以笔录的盘点方式；盘点过的货架做好标记，以避免重盘或漏盘，这些都是减少盘点错误的方法。

技能训练

◆ 情境设置

月末，南方物流公司组织部分财务人员及仓库管理员到仓库盘点，要求在规定的库存区域内，对库存商品进行盘点检查，核对现有存货与账目记载数量是否一致，查明各项物品的可用程度，发现不良品、呆滞品均要记录，并用货卡标示出来。

◆ 技能训练目标

使学生学会库存品数量检查和质量检查的方法，掌握账、卡、物数目核对的技能，熟悉盘点工作过程。

◆ 技能训练准备

1. 人员准备：以 3 人为一小组进行，每个小组成员的具体分工是：初盘员 1 人、复盘员 1 人、制表员 1 人。每组的每位学生都要明确自己的角色，能够互相配合完成一次盘点作业流程。可考虑进行角色互换训练。

2. 工具准备：带好记账用笔，另带红笔一支。

3. 单据准备：每组一份空白盘点票、盘点记录表。（盘点票发放前需编号）

4. 教师现场指导。

5．训练时间安排：2 学时。

任务 3.5 库存控制

工作思考

1. 库存成本由哪些内容构成？
2. 常用的库存控制方法有哪些？

引导案例

戴尔公司，2010 年在财富 500 强中名列第 131 位，在全球共有约 75 100 名雇员。戴尔之所以能够不断巩固其市场领先地位，是因其一贯坚持直接销售基于标准的计算产品和服务，并提供最佳的客户体验。

戴尔平均物料库存只有约 5 天。在 IT 业界，与其最接近的竞争对手也有 10 天以上的库存，业内的其他企业平均库存更是达到了 50 天左右。由于材料成本每周就会有 1% 的贬值，因此库存天数对产品的成本影响很大，仅低库存一项就使其产品比许多竞争对手拥有了 8% 左右的价格优势。

高效率的物流配送使戴尔的过期零部件比例保持在材料开支总额的 0.05%~0.1% 之间，而这一比例在戴尔的对手企业都高达 2%~3%，在其他工业部门更是高达 4%~5%。

戴尔的库存管理并不仅仅着眼于“低”，通过双向管理其供应链，通盘考虑用户的需求与供应商的供应能力，使二者的配合达到最佳平衡点，实现“永久性库存平衡”，这才是戴尔库存管理的最终目的。

戴尔没有仓库，戴尔的工厂外边有很多配套的厂家。戴尔在网上或电话里接到订单，收到了钱之后会告诉你要多长时间货可以到。在这段时间它就有时间去对订单进行整合，对既有的原材料进行分拣，需要什么原材料就下订单给供应商，下单之后，货到了生产线上才进行产权交易，之前的库存都是供应商的，把库存的压力转移给供应商。

任务发布

假如你是戴尔公司的经理，请完成以下内容：

（1）根据公司的实际情况，制定公司库存控制方案。

（2）根据公司的实际情况，选择最适合的库存控制方法。

库存控制是在保障供应的前提下，使库存物品的数量最少而进行的有效管理的技术经济措施。从现代物流管理的仓储角度看，持有库存可以使企业获得规模经济性以及好的客户服务水平，但库存是企业付出的高代价投资。因此库存管理是仓储业务管理领域所面临的一个重要问题。

3.5.1 库存

库存是指企业在生产经营过程中为销售或者耗用而储备的物品。一般来讲，库存是处于储存状态的物品，但广义的库存还包括处于制造加工状态和运输途中的物品。所以企业的原材料、燃料、低值易耗品、在产品、半成品、产成品等都属于库存范畴。

1. 库存的类型

库存的分类方式很多，从不同的角度可以进行不同的分类：

（1）按库存在生产过程中所处的领域进行分类，可将库存分为：制造库存和流通库存。制造库存是指购进后直接用于生产制造，其特点是在出售前经过生产加工过程，改变原有的实物形态或使用功能；流通库存是指购进后供转售的库存。

（2）按库存在企业中的用途进行分类，可将库存可分为：原材料库存、零部件库存及产成品库存。

（3）按照库存的地点进行分类，可将库存可分为：库存存货和在途库存。库存存货是指已经运到企业，并已验收入库的各类材料和商品；在途库存是指已经取得所有权，正在运输途中的库存。

（4）按价值进行分类，可将库存分为：贵重物品库存与普通物资库存。

2. 库存的作用

库存是闲置的资源，不能立即为企业产生效益，但库存又是必须的，因为库存有以下重要作用：

（1）满足预期顾客的需求。一定的成品库存可以使顾客很快采购到他们所需要的物品。这样，可以缩短顾客的订货提前期，也有利于供应厂商争取预期顾客。

（2）平衡生产的均衡性。外部的需求总是波动的，而企业的生产要求具有均衡性。要满足需方的波动的需求，又要使供方的生产均衡，就必须维持一定量的库存。

（3）平衡流通资金的占用。库存的材料、在制品及成品是企业流通资金的主要占用部分，因而库存量的控制实际上也是进行流通资金的平衡。例如，加大订货批量会降低企业的订货费用，保持一定量的在制品库存与材料会节省生产交换次数，提高工作效率，但这两方面都要寻找最佳控制点。

（4）防止缺货。维持一定量的库存，可以防止缺货的产生。在生产过程中维持一定量的在制品，可以防止因缺货而中断生产。

库存具有重要的作用，但也有其不利的一面，如库存要占用资金，物资库存要修建投入较大的仓库，要维持库存物品不损耗、不老化，都需要大量维护费用等。

3.5.2 库存控制

现代库存管理要求在充分发挥库存功能的同时，尽可能地降低库存成本。

1. 库存成本

（1）订货成本。订货成本是指企业为了实现一次订货而进行的各种活动的费用，包括处理订货的差旅费、订货手续费、通信费、招待费等支出。

订货成本中有一部分与订货次数无关，如常设采购机构的基本开支等，称为订货的固定成本；另一部分与订货的次数有关，如差旅费、邮资等，称为订货的变动成本。

订货成本的特点是在一次订货中，订货成本与订货量的多少无关。总订货成本与订货次数有关，订货次数越多，总订货成本越多。

（2）保管成本。保管成本是指在保管过程中为保管物品而发生的全部费用。包括：入、出库时的装卸搬运堆码检验费用；保管用具、用料费用；仓库房租水电费用；保管人员的工资费用；保管过程中的货损货差；保管物品占用资金的银行利息等。

保管成本的确定一般有两种方法：一种是直接计算单位物品的保管成本；另一种是先计算保管费率，然后再乘以库存物品的价值（一般指物品的单价）。

保管成本的特点是，保管成本与被保管物品的数量的多少和保管时间的长短有关。被保管物品的数量越多，保管时间越长，所承担的保管费用也就越高。

（3）缺货成本。缺货成本是指因存货不足而造成的损失，包括由于材料供应中断造成的停工损失、丧失销售机会的损失等。

缺货成本的确定与企业是否允许出现存货短缺的不同情况而定。若允许缺货，则缺货成本便与存货数量反向相关；若不允缺货，则缺货成本为零。

（4）进货成本与购买成本。进货成本是指在进货途中为进货所花费的全部支出，即运杂费，包括：运费、包装费、装卸费、租赁费等。购买成本即购买物品的原价。它们的特点是当订货的数量、订货的地点确定以后，总的购买成本和总的进货成本就是确定不变的，不会随着进货批量的变化而变化。也就是说，进货成本与购买成本与订货数量无关，批量大小都不会影响其总进货成本和总的购买成本。我们把这种与订货批量无关的成本称为固定成本，而把那些与订货批量有关的成本称为变动成本。因此，进货成本与购买成本是固定成本，而订货成本、保管成本、缺货成本是可变成本。

2. 经济订货批量

企业每次订货量的多少直接关系到库存水平和库存总成本，为了使库存的总成本最少，企业希望找到一个合适的订货数量，通过经济订货批量的计算可以做到。

经济订货批量（简称 EOQ）即通过平衡采购进货成本和保管仓储成本核算，以实现总库存成本最低的最佳订货量。它可以用来确定企业一次订货（外购或自制）的数量。当企业按照经济订货批量来订货时，可实现订货成本和储存成本之和最小化。

基本的经济订货批量模型如下：

$$EOQ=\sqrt{\frac{2CD}{K}} \text{或} \sqrt{\frac{2CD}{PF}}$$

式中：C——单位订货成本（元 / 次）；

D——库存物品的年需求量（件 / 年）；

K——单位库存平均年库存保管费用（元 / 件 · 年）；

P——单位采购成本（元 / 件）；

F——单件库存保管费用与单件库存采购成本之比，即保管费用率。

【例 3-2】 某企业年需求某类物资 12 000 件，单价为 100 元 / 件，年保管费率为 20%，每次订货成本为 3 000 元，请计算该类物资的经济订货批量。

解：由公式 $EOQ=\sqrt{\frac{2CD}{PF}}=\sqrt{\frac{2\times 12000\times 3000}{100\times 20\%}}=600$（件）

计算结果表明，每次采购某类物资 600 件，每年采购 20 次，可以使发生的总库存费用降至最低。

3.5.3 常用的库存控制方法

1. 定量订购法的运用

定量订货法是指当库存量下降到预定的最低库存量（订货点）时，按规定进行订货补充的一种库存控制方法。当库存量下降到订货点时，即按预先确定的订货量发出订单，经过订货期、交货周期，库存量继续下降，到达安全库存量时，收到订货，库存水平回升。采用定量订货方式必须预先确定订货点和订货量。

（1）订货点的确定。通常订货点的确定主要取决于需求率和订货交货周期这两个因素。在需求为固定、均匀和订货交货期不变的情况下，订货点由以下公式确定：

$$订货点 = 平均交货期 \times \frac{全年需求量}{365} + 安全库存量 \tag{3.1}$$

在确定订货点时主要取决于需求率和订货、到货间隔时间这两个要素。在需求是固定均匀，订货、到货间隔时间不变的情况下，不需要设安全库存，这时订货点由以下公式确定：

$$订货点 = 平均交货期 \times \frac{全年需求量}{365} \tag{3.2}$$

但在实际工作中，常常会遇到各种波动的情况，如需求发生变化，交货期因某种原因而延长等，这时就必须要设置安全库存量，这时订货点则应用公式（3.1）。

（2）基本经济订货批量 EOQ（EOQ 以下简写为 Q^*）。订货批量 Q 通常依据经济批量 Q^* 的方法来确定，即总库存成本最小时的每次订货数量。通常，年总库存成本的计算公式为：

年总库存成本 = 购进成本 + 订货成本 + 保管成本

即

$$\text{TC}=DP+\frac{D}{Q}C+\frac{Q}{2}H$$

式中：TC——年总成本；

D——年需求总量；

P——单位物品的购入成本；

C——每次订货成本；

H——单位物品年储存成本（$H=PF$，F 为年仓储保管费用率）；

Q——批量或订货量；

$\frac{Q}{2}$——年平均库存量。

经济订购批量 Q^* 的确定公式：

$$Q^*=\sqrt{\frac{2CD}{H}}=\sqrt{\frac{2CD}{PF}}$$

在需求率已知，连续、交货期已知和固定、不发生缺货的条件下，可采用以上公式计算经济批量 Q^*。将 Q^* 代入年总库存成本的公式中，即可得出最低年总库存成本的公式：

最低年总库存成本 $\text{TC}=DP+HQ^*$

年订购次数 $n=\frac{D}{Q^*}=\sqrt{\frac{DH}{2C}}$

平均订货间隔周期 $T=365/n=365Q^*/D$

【例 3-3】 某公司根据计划每年需要采购零件 30 000 个。甲零件的单位购买价格是 20 元，每次订购的成本是 240 元，每个零件每年的仓储保管成本为 10 元。要求计算，甲零件的经济订购批量，最低年总库存成本，每年的订货次数及平均订货间隔周期。

解：

$$Q^*=\sqrt{\frac{2CD}{H}}=\sqrt{\frac{2CD}{PF}}=\sqrt{\frac{2\times240\times30\ 000}{10}}=1\ 200\text{（个）}$$

每年的总库存成本 $TC=DP+\frac{D}{Q}C+\frac{Q}{2}H=30\ 000\times20+\frac{30\ 000}{1\ 200}\times240+\frac{1\ 200}{2}\times10$

$$=612\ 000\text{（元）}$$

或 每年的总库存成本 $TC=DP+HQ^*=30\ 000\times20+10\times1\ 200=612\ 000$（元）

每年的订货次数 $n=\frac{D}{Q^*}=30\ 000/1\ 200=25$（次）

平均订货间隔周期 $T=365/n=365/25=14.6$（天）

2. 定期订购法的运用

所谓定期订购控制法是指预先确定的订货间隔期按期订购物品，以补充库存的一种库存控制方法。通俗地每隔一个订货周期，就要检查库存，发出订货，每次的订货量的大小都是使得订货后的名义库存量达到最高库存量。

定期订购控制方法中订货量的确定方法：

订货量 = 最高库存量 − 现有库存量 − 订货未到量 + 顾客延迟购买量

（1）订货周期的确定。定期订货法中，订货周期决定了订货时机，它也是定期订货法的订货点。订货周期，就是订货间隔周期。它与定量订货法的订货间隔期不同，定量订货法的订货间隔期互相可能不等，定期订货法的订货间隔期都互相相等。订货间隔期的长短，直接决定了最高库存量的大小，也就是决定了仓库的库存水平的高低，因而决定了库存费用的大小。所以订货周期不能太长，太长了，就会使库存水平过高，也不能太短，太短了，订货批次太多，增加了订货费用。

在一般情况下，可以用经济订货周期作为定期订货法的订货周期。实际上，订货周期也可以根据具体情况进行调整。例如，根据自然日历习惯，以月、季、年；也可以根据企业的生产周期或供应周期等来确定。

（2）最高库存量的确定。定期订货法的最高库存量应该以满足订货间隔期和订货提前期的需求量为依据。也就是说，最高库存量等于订货间隔期和订货提前期间的总需求量。

（3）订货量的确定。定期订货法没有固定不变的订货批量，每个周期订货量的大小，等于该周期的最高库存量与实际库存量的差值。这里所谓“实际库存量”，是指检查库存时仓库所实际具有的能够用于销售供应的全部物品的数量。

订货量 = 最高库存量 − 现有库存量 − 订货未到量 + 顾客延迟购买量

（4）定期订货法的应用。

① 定期订货法直接运用只适用于单一品种的订货。但是稍加处理，也可以用于几个品种的联合订货。

② 定期订货法不但适用于随机型需求，也适用于确定型需求。对于不同的需求类型，可以导出具体的运用形式，但它们的应用原理都是相同的。

③ 定期订货法适用于品种数量大、占用资金较少的 C 类库存和 B 类库存。

3. 重点物资管理法的运用

在存货中，总是有些物品进出库频繁，有些物品价格高、资金占用金额大，而另一些物品存储期长或者价值低廉。如果对所有的物品都采用相同的存货管理方法，显然管理的难度和强度就会很大，而且也不符合经济的原则。因而应采用有区别的、轻重缓急明确的管理方法。ABC 分类法以及 CVA 管理法就是依据一定的原则对众多事物进行分类的方法。

（1）ABC 分类法。ABC 库存管理法是在 1951 年由美国电器公司的迪克首先在库存管理中倡导和应用的。

① 库存管理法的基本原理。ABC 库存管理法又称为 ABC 分析法、重点管理法，它是“关键的少数和次要的多数”的帕累托原理在仓储管理中的应用。ABC 库存管理法强调对物资进行分类管理，根据库存物资的不同价值而采取不同的管理方法。

ABC 库存分类法的基本原理是：由于各种库存品的需求量和单价各不相同，其年耗用金额也各不相同。ABC 库存分类法就是根据库存品的年耗用金额的大小，把库存品划分为 A、B、C 三类。A 类库存品是指年耗用金额占总库存金额的 75%～80%，但其品种数却只占总库存品种数的 15%～20%；B 类库存品年耗用金额占总库存金额的 10%～15%，其品种数占库存品种数的 20%～25%；C 类库存品年耗用金额占总库存金额的 5%～10%，其品种数却占总库存品种数的 60%～65%。可见，A 类库存品是属于价值昂贵，但品种数量较少的物资；C 类库存品属于品种数量庞大，但单位价值很低的物资；B 类库存品则介于二者之间。

② ABC 库存管理法的一般步骤。

- 搜集数据。按分析对象和分析内容，搜集有关各类库存品的数据。
- 处理数据。计算每种库存物资在一定期间，例如一年内的供应金额，其计算方法是单价乘以供应物资的数量。例如某仓库有 10 类物资，我们列出物资类别表，如表 3.5 所示。

表 3.5 10 类物资类别表

产 品 名	数 量	单价（元）	占用资金	占用资金百分比
A	30	5	150	1.5
B	15	10	150	1.5
C	10	680	6 800	68.0
D	12	100	1 200	12.0
E	20	10	200	2.0
F	20	20	400	4.0
G	20	10	200	2.0
H	25	20	500	5.0
I	20	10	200	2.0
J	10	20	200	2.0

- 编制 ABC 分析表。根据已计算出的各种库存品的年耗用金额，把库存品按照年耗用金额从大到小进行排列，并计算累计百分比，如表 3.6 所示。

表 3.6 ABC 分析表

产品序号	数 量	单价（元）	占用资金	占用资金百分比	累计百分比	占产品项的百分比	分 类
1	10	680	6 800	68.0	68.0	10	A
2	12	100	1 200	12.0	80.0	20	A
3	25	20	500	5.0	85.0	30	B

续表

产品序号	数　量	单价（元）	占用资金	占用资金百分比	累计百分比	占产品项的百分比	分　类
4	20	20	400	4.0	89.0	40	B
5	20	10	200	2.0	91.0	50	C
6	20	10	200	2.0	93.0	60	C
7	10	20	200	2.0	95.0	70	C
8	20	10	200	2.0	97.0	80	C
9	15	10	150	1.5	98.5	90	C
10	30	5	150	1.5	100	100	C
合计			10 000	100			

- 根据 ABC 分析表确定分类。根据已计算的年耗用金额的累计百分比，按照 ABC 分类的基本原理，对库存品进行分类。

- 绘制 ABC 分析图。以库存品种数百分比为横坐标，以累计耗用金额百分比为纵坐标，在坐标图上取点，并连接各点，则绘成如图 3.13 所示的 ABC 曲线。按 ABC 分析曲线对应的数据，以 ABC 分析表确定 A、B、C 三个类别的方法，在图上标明 A、B、C 三类，则制成 ABC 分析图。

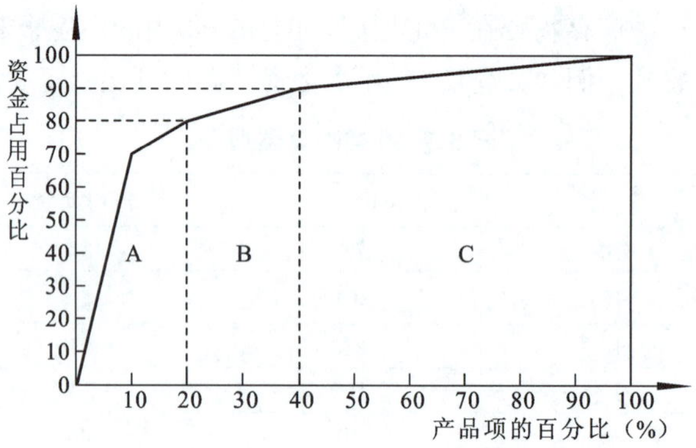

图 3.13 ABC 分析图

由图 3.13 可以看出，A 类物资的品种数量很少，但占用了绝大部分年消耗金额；B 类物资的品种数量百分比与年消耗金额百分比相差不大；C 类物资品种数量很多，但所占消耗金额的百分比很小。

③ ABC 库存管理法在库存控制中的应用。按 ABC 分析结果，权衡管理力量与经济效果，对三类库存物品进行有区别的管理，具体方法如表 3.7 所示。

表 3.7 不同库存的管理策略

库存类型	特　点	管 理 方 法
A	品种数约占 15%～20%，年耗用金额占总库存金额的 75%～80%	进行重点管理。应严格控制其库存储备量、订货数量、订货时间。在保证需求的前提下，尽可能减少库存，节约流动资金。现场管理要更加严格，为了保持库存记录的准确，要经常进行检查和盘点

续表

库存类型	特 点	管 理 方 法
B	品种数占库存品种数的 20%～25%，年耗用金额占总库存金额的 10%～15%	进行次重点管理。现场管理不必投入比 A 类更多的精力，库存检查和盘点的周期可以比 A 类长一些
C	品种数占总库存品种数的 60%～65%，年耗用金额占总库存金额的 5%～10%	只进行一般管理，但是由于品种多、数量大，差错出现的可能性比较大，因此也必须定期进行库存检查和盘点，周期可以比 B 类长一些

（2）CVA 管理法。一些管理者发现 ABC 分类并不令人满意，因为 C 类物资往往得不到应有的重视。例如，经销鞋的企业会把鞋带和鞋油作为 C 类物资，但是如果鞋带和鞋油短缺将会严重影响到鞋的销售。汽车制造厂往往会把铆钉作为 C 类物资，但缺少一个铆钉往往会导致整个的汽车生产线中断，因而管理者们认为对关键的零件不管它的金额大小都不能短缺。采用关键因素分析法，Critical Value Analysis 简写 CVA。

CVA 的基本思想是把存货按照其关键行分为 3 ～ 5 类

① 最高优先级。这是经营的关键性物资不允许缺货。

② 较高优先级。这是指经营活动小的基础物资，但允许偶尔缺货。

③ 中等优先级。这多属于比较重要的物资，允许合理范围内缺货。

④ 较低优先级。经营中需用这些物资，但可替代性高，允许缺货。

CVA 管理法比起 ABC 分类法来有着更强的目的性。但人们通常倾向于制定高的优先级，从而使较低优级先级都无法得到重视。通常将 CVA 管理法和 ABC 分类法结合使用，这样就能对库存进行有效的管理和控制，首先能对存货进行处理，其次还可以分清主次、抓住关键。

4. 供应商管理库存（VMI）的运用

供应商管理库存（VMI）是指按照双方达成的协议，由供应链的上游企业根据下游企业的物料需求计划、销售信息和库存量，主动对下游企业的库存进行管理和控制的库存管理方式（根据中华人民共和国国家标准《GB/T 18354—2006 物流术语》）。VMI 是一种以用户和供应商双方都获得最低成本为目的，在一个共同的协议下由供应商管理库存，并不断监督协议执行情况和修正协议内容，使库存管理得到持续地改进的合作性策略。 这种库存管理策略打破了传统的各自为政的库存管理模式。体现了供应链的集成化管理思想，适应市场变化的要求，是一种新的、有代表性的库存管理思想。

VMI 管理模式是从 QR（快速反应）和 ECR（有效客户反应）基础上发展而来，其核心思想是供应商通过共享用户企业的当前库存和实际耗用数据，按照实际的消耗模型、消耗趋势和补货策略进行有实际根据的补货。由此，交易双方都变革了传统的独立预测模式，尽最大可能地减少由独立预测的不确定性导致的商流、物流和信息流的浪费，降低了供应链的总成本。在这种运作模式的作用如下：

（1）适合生产规模比较大的制造企业。这类制造商一般生产比较稳定，即每天对零配件或原材料的需求量变化不是很大。一般要求满足 1 天的零配件，有的甚至更短，供货频率要求较高。为了保持连续的生产，不允许发生缺货现象，即服务水平要求达到 100%，如汽车制造业。

（2）合理安排供应商的送货作业。由于一个客户要对应 N 个供应商，假如客户对供货频率要求较高，那么可能会出现多个供应商同时将物品送达的情况，由于事先没有安排，势必会出现混乱的卸货场面，严重的影响生产秩序，给企业的正常工作带来不便。采用供应商管理库存可以避免这些问题的发生。

（3）实时通过数据通信系统自动交换信息。VMI 在正常实施时，制造商可以和供应商之间通过数据通信系统自动交换信息，不仅交换库存信息，还包括生产计划、需求计划、采购计划、历史消耗、补货计划、运输计划等信息。

（4）紧急情况下实现越库自动补货。当发生需求突然变化时，由于制造商的销售突增，库存不能及时满足制造商的需求时，这时 VMI 的实施结构做出了相应的改变，直接把补货计划发给供应商的信息系统，这时供应商直接向制造商进行补货，从而节约了时间与成本。

项目实训 1

物品组托作业实训项目

ABC 物流公司接到上海美家贸易公司出库订单，请按要求将货物堆码到托盘上，利用叉车将托盘货物搬运到指定发货区，准备发货。

一、指导思想及作用

通过项目的实训，使学生重视组托作业环节，在熟练掌握技术的同时，要以降低成本为目的，选择合理的设备、合适的码放方式，提高效益和效率。为培养学生成为物流作业高技能、高素质的劳动者和管理者奠定基础。

组托作业是仓储作业的基本作业环节。组托作业成功、高效与否直接表现为托盘的利用效率，进而影响到存储空间的利用效率，从而影响到物流作业的效率的高低和成本的高低。

二、技能目标

（1）托盘规格的准确识别能力。

（2）包装物规格的准确、快速的判定能力。

（3）有最大限度提高托盘利用率的能力。

（4）设计托盘码放方式的能力。

（5）用拉伸膜加固的能力。

（6）用包装带加固的能力。

（7）合理的 5S 现场管理能力。

三、作业知识的准备

1．基础知识

（1）组托。就是为了提高托盘利用率和仓库空间利用率，并方便库内装卸搬运，以托盘为载体把单件商品成组化（单元化）的过程。

（2）组托的方式方法。在仓储作业中可进行同一规格的单品组托，也可进行不同规格的多元组托。单品组托比较容易做到整齐、美观、牢固，但托盘利用率的最大化较难做到；多元组托由于存在不同规格的包装物组合码放，托盘空间的利用率容易最大化，但却难以做到整齐、美观、牢固，而且需要给予适当合理的加固。

(3)组托加固的方式与方法。为了保证在装卸搬运和存储过程中托盘上的商品不至于散落，需要对组合码放好的托盘进行加固处理。最常用的加固处理方法是用拉伸膜加固和包装带加固，或者选择柱式托盘和箱式托盘。

(4) 托盘与叉车、货架等配合使用应注意的问题。

① 液压车和叉车在使用托盘过程中，叉齿之间的距离应尽量放宽至托盘的进叉口外缘，进叉深度应大于整个托盘深度的 2/3 以上；

② 液压车和叉车在使用托盘运动过程中，应保持匀速度进退和上下，避免急刹、急转引起托盘受损、造成物品倒塌；

③ 托盘上货架时，应保持托盘在货架横梁上地平稳放置，托盘长度应大于货架横梁外径 50mm 以上。

2. 参考标准

包装系列标准

序 号	长 × 宽（mm）	长 / 宽	每层的堆码个数	备 注
1	1 200 × 1 000	1.2	1 × 1	
2	1 200 × 500	2.4	1 × 2	
3	1 200 × 333	3.6	1 × 3	
4	1 200 × 250	4.8	1 × 4	
5	1 200 × 200	6	1 × 5	
6	1 000 × 600	1.6	1 × 2	
7	1 000 × 400	2.5	1 × 3	
8	1 000 × 300	3.333	1 × 4	
9	1 000 × 240	4.166	1 × 5	
10	1 000 × 200	5	1 × 6	
11	600 × 500	1.2	2 × 2	
12	600 × 400	1.5	5	
13	600 × 333	1.8	2 × 3	
14	600 × 250	2.4	2 × 4	
15	600 × 200	3.0	10	
16	500 × 400	1.25	2 × 3	
17	500 × 300	1.666	2 × 4	
18	500 × 240	2.083	2 × 5	
19	500 × 200	2.5	2 × 6	
20	400 × 333	1.2	3 × 3	
21	400 × 300	1.333	10	
22	400 × 250	1.6	3 × 4	
23	400 × 200	2.0	15	
24	333 × 300	1.111	3 × 4	
25	333 × 240	1.388	3 × 5	
26	333 × 200	1.666	3 × 6	
27	300 × 250	1.2	4 × 4	
28	300 × 200	1.5	20	
29	250 × 240	1.041	4 × 5	
30	250 × 200	1.25	4 × 6	
31	240 × 200	1.2	5 × 5	
32	200 × 200	1.0	5 × 6	

四、实训时间安排

建议 4 课时。

五、作业要素

(1) 场地。

30 ~ 50m²，地面平坦，视野开阔。

(2) 托盘。

1 000mm × 1 200mm，1-2 个；1 000mm × 1 000mm，1-2 个；

800mm × 1 000mm，1-2 个；1 100mm × 1 100mm，1-2 个；非标托盘，3 种。

(3) 物品。

根据学校实训条件，选择以上包装系列标准的 5 种物品包装规格，物品名称、型号、数量（见任务单）。

(4) 拉伸膜 2 卷。

(5) 手动包装设备 2-4 套，包装带 1 盘。

(6) 劳动保护用具。

六、内容与步骤

物品堆码作业考核任务 1

任务单编号：01

作业地点：物流中心 物品名称：好丽友·派 物品数量：27 箱 要求垛型：平台垛 垛高：3 层 堆垛方法：旋转交错式 要求：奇偶层压缝合理

物品堆码作业考核任务 2

任务单编号：02

作业地点：物流中心 物品名称：利民蒜蓉辣酱 物品数量：42 箱 要求垛型：平台垛 垛高：3 层 堆垛方法：纵横交错式 要求：奇偶层压缝合理

物品堆码作业考核任务 3

任务单编号：03

作业地点：物流中心 物品名称：好多鱼调料 物品数量：32 箱 要求垛型：平台垛 垛高：4 层 堆垛方法：纵横交错式 要求：奇偶层压缝合理

（1）抽取作业任务单。

（2）准确判段商品包装物的规格。

（3）正确判断标托和非标托，并选择合适的托盘。

（4）学生根据包装物的规格和托盘规格之间的比例关系，合理地码放好第一层（奇数层）和第二层（偶数层）的物品，码放合理、整齐牢固、利用率高、余量留中。

七、完成方式

个人项目，每个学生必须独立完成 2 种形式的组托作业任务。

八、考核标准

组托作业考核评分表

专业 ＿＿＿＿＿ 班级 ＿＿＿＿＿ 姓名 ＿＿＿＿＿

序　号	评 分 标 准	满　分	得　分
1	托盘正确选择	10	
2	首层码放科学、余量设置合理、托盘利用率最高	30	
3	层间压缝合理、整齐、牢固、美观	20	
4	薄膜加固、牢固美观	10	
5	作业时间（时间为：***** 秒）	20	
6	场地管理（5S 管理）	10	
总分		100	

考核日期：　年　月　日

九、作业过程指导

（1）配置足够多的不同规格的托盘和包装物，供学生在练习时有足够多的组托组合形式。

（2）教师首先锻炼学生的“目测估方”的能力，传授学生“眼就是尺”的理念，以达到学生对托盘和包装物规格能够准确判定其长、宽、高的规格的能力。

（3）教师强调组托的科学合理对托盘、集装箱及运输工具利用率的影响及对供应链成本的影响。

（4）教师首先演示如何码托，在码放的过程中强调指出需特别注意的问题，如：包装物和托盘长、宽如何匹配？如有余量如何留置？如何对角旋转做到压缝？如何利用塑料薄膜对托盘加固？

（5）当学生提出问题，教师在给予讲解的同时利用实物给予演示。

（6）学生可以分组练习也可以独自练习，练习过程中教师要给予适时地指导，教师要提前设置出尽可能多的组托形式。

（7）考核时，学生随机抽取作业工单（选择要完成的组托任务）并独立完成作业任务，考核点包括组托完成状况及所耗时间（考核评分表）。

项目实训 2

盘点作业实训项目

一、指导思想及作用

通过项目的实践，使学生掌握人工盘点作业中的“三人小组法”操作要领、基本技能和作业细节，成为高技能、高素质的劳动者。

二、技能目标

（1）学生能掌握盘点作业的步骤，理解盘点作业的含义与目的。
（2）学生能有效的做好盘点前的准备工作，按要求对盘点现场进行及时的清理。
（3）学生会根据物品的特点与要求，选择合适的盘点方法。
（4）学生会正确识读和使用盘点多用的各种表单。
（5）学生会准确计算盈亏差异，对盘点结果进行合理分析，正确进行盘盈盘亏处理。
（6）树立责任意识，使学生理解盘点工作的重要性与责任。

三、作业知识的准备

（1）库存的概念。
（2）库存的作用。
（3）盘点时间的确定（期末盘点、循环盘点）。
（4）“三人小组”盘点法。
（5）盘点结果差异分析。
（6）盘亏、盘盈的处理。

四、实训时间安排

建议 4 课时。

五、作业要素

（1）物品（选择 20 种以上物品名称、规格、型号、数量）。
（2）货架（位）（3 种以上类型）。
（3）作业任务单（满足上述要素条件和作业要求的单据）。
（4）作业场地应满足 8 组学生同时进行作业。
（5）条码识读器。
（6）电脑。
（7）两种颜色水笔、计算器。

盘点表

年　月　日

盘点序列号：　　　　　　　　　　**盘点范围：**

责任人签字	盘点项目			数量					
	品种	入库	出库	账面数量	实际盘点数	差量	批次	票号	出库率
备注说明									

盘点人：　　　　**复盘人（1）：**　　　　**复盘人（2）：**

物盘点调整表

年　月　日

盘点序列号：　　　　　　　　　　**盘点范围：**

物品名称	物品编号	单位	规格	账面数额			盘点实存			数量盈亏				价格增减				原因说明	负责人	备注
										盘盈		盘亏		盘盈		盘亏				
				数量	单价	金额	数量	单价	金额	数量	金额	数量	金额	数量	金额	数量	金额			

总经理		财务经理		仓储经理		制表人	

备注：第一联是仓库联，第二联是财务账联，三联是存根。

盘点盈亏汇总表

年　月　日

盘点序列号：　　　　　　　　　　**盘点范围：**

物品名称	所属类别	编　号	规　格	单　价	数　量	盈（+）亏（-）（金额）	原　因	改善建议或措施

制表人：　　　　　　　　**仓库主管：**

盘点卡

年 月 日

盘点序列号： **盘点范围：**

品　　名		规　　格			
编　　号		单　　位			
储放位置		货架号			
账面数量		实盘数量		差　　异	
说　　明					
复盘人					
盘点人					

六、内容与步骤

“三人小组”盘点作业任务 1

任务单编号：01

作业地点：物流中心阁楼式货架
货位：A、B 区
时间要求：10 分钟
质量要求：盘点快速准确
盘点方法：三人小组法
作业人员签名：
作业日期：　年　月　日

“三人小组”盘点作业任务 2

任务单编号：02

作业地点：物流中心流利式货架
货位：C 区
时间要求：6 分钟
质量要求：盘点快速准确
盘点方法：三人小组法
作业人员签名：
作业日期：　年　月　日

盘点调整表 1

储位号码	商品名称	单位	账面结存	盘点数	增加数	减少数	调整后的余额
02-07-C01-01	小虎队采笛卷						
02-07-C01-03	喷泉牌系列调味料						
02-07-C01-04	上好佳八宝果糖						
02-07-C01-05	葱伴侣大酱						
02-07-C02-01	利民番茄酱						
02-07-C02-02	怪怪豆蚕豆						

续表

储位号码	商品名称	单位	账面结存	盘点数	增加数	减少数	调整后的余额
02-07-C02-03	利民蒜蓉辣酱						
02-07-C02-04	上好佳						
02-07-C03-04	张二嘎绿茶瓜子						
02-07-C03-05	漫牛香甜泡打粉						
02-07-C01-06	家乐一品鲜鸡精						
02-07-C01-07	调味料红烧肉						
02-07-C01-08	大丰食品花椒						
02-07-C01-09	大丰食品枸杞						
02-07-C02-06	集味村派						
02-07-C02-07	正乾四川箱装榨菜头						
02-07-C02-08	清真同生番茄酱						
02-07-C02-09	安琪高活性干酵母						
02-07-C03-06	鲜得味吞拿金枪鱼						
02-07-C03-07	好人家水煮鱼调料						
02-07-C03-08	华港豆系列						
02-07-C03-09	大红袍火锅佐料						
总经理		财务经理		仓储经理		制表人	

备注：第一联是仓库联，第二联是财务账联，三联是存根。

盘点调整表 2

储位号码	商品名称	单位	账面结存	盘点数	增加数	减少数	调整后的余额
02-07-B01-08	鑫航刷刷块						
02-07-B02-08	鑫润儿童拼图玩具						
02-07-B02-09	香皂盒						
02-07-B01-07	雪峰纸杯						
02-07-B02-07	印花杯						
02-07-B01-05	小号印花纸巾盒						
02-07-B02-05	鑫润儿童拼图玩具						
02-07-B02-06	方形纸巾盒						
02-07-B01-03	方磨砂杯						
02-07-B02-03	鑫润儿童拼图玩具						
02-07-B02-01	皂盒						
02-07-B02-02	学生皂盒						

续表

储位号码	商品名称	单位	账面结存	盘点数	增加数	减少数	调整后的余额
总经理		财务经理		仓储经理		制表人	

备注：第一联是仓库联，第二联是财务账联，三联是存根。

盘点调整表 3

储位号码	商品名称	单位	账面结存	盘点数	增加数	减少数	调整后的余额
02-07-D01-01	五羊牌金标蚝油						
02-07-D01-02	和氏婴幼儿奶粉						
02-07-D01-03	喜之郎果肉优酪						
02-07-D01-04	喜之郎芦荟粒						
02-07-D02-01	亲亲果肉果冻						
02-07-D02-02	康师傅蛋黄饼干						
02-07-D02-03	卡夫太平可口酥						
02-07-D02-04	喜之郎吸吸果冻棒						
02-07-D03-01	香辣豆干						
02-07-D03-02	水晶心果冻						
02-07-D03-03	鲜猪肉松						
02-07-D03-04	跳跳龙 JJ						
02-07-D02-09	天津酱菜						
02-07-D02-08	康师傅 3+2 苏打饼干						
02-07-D02-07	康师傅妙芙欧式蛋糕						
02-07-D02-06	东方野山椒						
02-07-D02-05	钱江萧山萝卜干						
02-07-D03-05	洽洽早餐派夹心蛋糕						
02-07-D03-06	天津台之味食品有限公司						
02-07-D03-07	安君豆豉						
02-07-D03-08	烧烤牛肉干						
02-07-D03-09	大丰精品						
02-07-D01-09	郫县豆瓣						
02-07-D01-08	洽洽小而面						
02-07-D01-07	康师傅榛子巧克力						
02-07-D01-06	漫牛原浆虾油						
02-07-D01-05	兆骏黑胡椒粉						

备注：第一联是仓库联，第二联是财务账联，三联是存根。

（1）学生自由组合盘点作业小组（每3人一组）。

（2）确定作业小组的作业顺序。

（3）学生抽取作业任务单。

（4）根据作业任务单进入作业区域。

（5）小组第一人按货位顺序进行每一物品盘点，并将盘点结果记入盘点单，第二人对第一人所完成的作业进行复盘，第三人负责核查前两人的盘点数据，如结果一致则将盘点结果记入盘点调整表的盘点数栏，如不一致则由第三人再盘一次，将结果与前两人的盘点结果对照，如有一致则将结果记入盘点调整表。

（6）盘点结果分析。

（7）盘盈、盘亏处理。

七、完成方式

小组项目，每3个学生为一小组共同完成。

八、考核标准

盘点作业考核表

绩效考核人员名单			
被考核人员			
考核地点		考核时间	
考核项目	考核内容	分值	得分
盘点业务	盘点前期准备工作充分	5	
	填写盘点卡认真、准确、清晰	10	
	填写盘点记录表认真、准确、熟练	10	
	采用正确的方式修改填写错误的盘点表	10	
	复核、填写复盘数据认真、准确	10	
	采用正确的复核确认方式处理初盘复盘有差异的盘点数据	10	
	盘点作业流程完整，没有遗漏	5	
盘点后处理业务	账目核对严谨、认真、准确	10	
	编制盈亏报表及时、认真、正确、熟练	10	
	盈亏原因分析合理、全面	10	
	采用正确的方式处理盘点盈亏数据	5	
	对在盘点中发现的物资差额、错误、变质、损耗和呆滞等结果，能提出合理的处理意见及纠正、预防措施	5	
合计		100	

备注：考核满分为100分，60～70分为及格，71～80分为中，81～90分为良好，91分以上为优秀。

九、作业过程指导

教师1人，学生24人，盘点卡及盘点调整表打印好。

（1）教师讲解库存盘点的方法：永续盘存和实地盘存。实地盘存依据盘点的时间不同又分为期末盘点和循环盘点。

（2）教师介绍盘点卡的格式、内容及盘点调整表的作用。

（3）教师讲解 3 人盘点法的分工及技术要领。

（4）教师选择 3 名同学在教师的指引下示范作业内容和技术要领。

（5）教师讲解盘亏、盘盈的原因及处理方法。

（6）学生自由组合分成 8 个作业小组。

（7）教师确定各小组作业顺序。

（8）由教师制定盘点作业区域。

（9）学生作业小组在教师的指导下进行实地盘点练习。

项目实训 3

ABC 分类与库存管理作业实训项目

一、指导思想及作用

通过项目的实训，使学生能够熟练掌握对库存进行 ABC 分类的方法，提高学生应对于库存物品采用有区别的，轻重缓急明确管理方法的意识，提高管理效益和工作效率，为培养学生成为物流作业高技能、高素质的劳动者和管理者奠定基础。

在库存控制和货位优化作业中，ABC 分类均起到了重要的作用，通过分类能够依照一定的原则对于物品实行针对性管理，从而能够解决资金占用大、储存期长、在库操作不便等库存管理问题。

二、技能目标

（1）对库存进行 ABC 分类的能力。

（2）合理选择分类原则的能力。

（3）对不同类别物品制定针对性管理方法的能力。

（4）保证作业过程简捷、流畅、安全的能力。

（5）树立作业过程中节约费用、降低成本、提高效率意识的能力。

三、作业知识的准备

1. 基础知识

（1）ABC 分类法。ABC 分类的计算。将库存物品按照设定的分类标准和要求分为特别重要的物品（A 类）、一般重要的物品（B 类）和不重要的物品（C 类）三个等级，然后针对不同等级分别进行控制的管理方法。

（2）资金占用 ABC 分类标准。

A 类物品：资金占用量占在库物品资金总量的 65% ~ 80%，物品品目占在库总品目的 10% ~ 15%；

C 类物品：资金占用量占在库物品资金总量的 5% ~ 10%，物品品目占在库总品目的 65% ~ 80%；

B 类物品：除去 A、C 类物品，其余为 B 类。

（3）物动量 ABC 分类标准。

A 类物品：物动量占在库物品总物动量的 65% ~ 80%，物品品目占在库总品目的 10% ~ 15%；

C 类物品：物动量占在库物品总物动量的 5% ~ 10%，物品品目占在库总品目的 65% ~ 80%；

B 类物品：除去 A、C 类物品，其余为 B 类。

（4）A、B、C 类物品库存控制原则。

A 类物品：作为库存管理的重点对象，采取定期订货的方式，定期盘点库存，尽量减少安全库存，必要时采用紧急补货；

B 类物品：采取适当简单的管理措施，以定量订货法为主，辅以定期订货法，适当提高安全库存；

C 类物品：采用简化的管理方式，采用较高的安全库存，减少订货次数，用“双堆法”等简单的管理措施。

（5）A、B、C 类物品货位优化原则。

A 类物品：存放于仓库最接近出货口的位置，放在货架的下层，紧邻通道。

B 类物品：位置居中。

C 类物品：存放于仓库中距离出货口的最远端，放在货架的上层，远离通道。

2. ABC 分类作业标准

（1）5S 的作业环境。

（2）企业规定的进入现场的要求着装，工作服、工作帽、手套、胶鞋，着装整齐，不破不露。

（3）按作业流程作业，遵守工艺规程和各项规章制度。

（4）对物品要轻拿轻放、严禁踩踏、倚靠物品；各项设备及工具要按操作要求使用；对货主和客户要有礼貌。

3.ABC 分类作业涉及的相关作业

ABC 分类作业作为仓储作业的基本作业环节与入库作业、在库作业、出库作业相关联。

四、实训时间安排

建议 4 课时。

五、作业要素

（1）装卸搬运工具（地牛、半自动堆高机）。

（2）托盘（与货架匹配）。

（3）物品（不少于 20 个品种）。

（4）货架（与托盘匹配）。

（5）作业单据（客户需求预测及库存控制单据、ABC 分类单据、物品信息单据）。

（6）计算器。

（7）电脑。

（8）RF 手持终端。

（9）WMS 库存管理信息系统。

物品及库存占用资金量情况统计表

各类物品名称	已知				…
占用金额（万元）	已知				…
物品品目数量（种）	已知				…

物品及物动量情况统计表

各类物品名称	已知				…
周期物动量（箱）	已知				…
物品品目数量（种）	已知				…

资金占用 ABC 分类表

各类品目名称	物品品目数量（种）	占用资金金额（万元）	所占比重（%）		比重累计（%）		分 类
			品 目	金 额	品 目	金 额	
已知	已知	已知	空	空	空	空	空
…	…	…	…	…	…	…	…

物动量 ABC 分类表

各类品目名称	物品品目数量（种）	周期物动量合计（箱）	所占比重（%）		比重累计（%）		分 类
			品 目	金 额	品 目	金 额	
已知	已知	已知	空	空	空	空	空
…	…	…	…	…	…	…	…

客户需求预测及库存控制表

客户需求预测		库存控制	
品 种	数 量	物品类别	计划储备量
已知	已知	空	空
…	…	…	…

六、内容与步骤

ABC 分类与货位优化报告单

物品名称	金额（万元）	品目数量（种）						
刷刷块	0.1	55						
儿童拼图玩具	0.6	25						
香皂盒	0.4	35						
纸杯	0.3	40						
印花玻璃杯	1.5	20						
印花纸巾盒	0.5	35						
香皂	1	30						
驱蚊花露水	1.8	20						
空气清新剂	1.2	20						
牙膏	2.5	15						
漱口水	2.2	10						
自行车	12	25						
电动车	18	15						
儿童车	2.9	10						
纯棉袜	2	25						
衬衣	4	35						
毛衣	6	25						
绒衣	3	10						
电视机	96	20						
洗衣机	44	30						
合计								

<table>
<tr><td colspan="2">请用简练语言描述本项目作业过程</td><td colspan="2">老师评价</td></tr>
<tr><td colspan="2" rowspan="2"></td><td colspan="2"></td></tr>
<tr><td>得分</td><td></td></tr>
<tr><td>备注</td><td colspan="3">计算过程必须保留 4 位小数</td></tr>
</table>

ABC 分类与货位优化报告单

物品名称	10 月 1 日—11 月 20 日周转量合计（箱）					
I1 好丽友好多鱼	34					
C2 康师傅妙芙欧式蛋糕	27					
C1 中华健齿白牙膏	26					
R1 好丽友 · 派	24					
Y1 旺仔小馒头	20					
W1 真心香瓜子	147					
K1 上好佳（120*20）	18					
Q1 蛋酥卷香浓奶油味	13					
G1 洽洽香花生酒	12					
P1 桂花莲子藕粉	11					
T1 立顿 Q 果趣奶茶	7					
S1 太太乐鸡精	221					
A1 红枣莲子藕粉	575					
B2 家乐火腿玉米糕	19					
J1 康师傅乐芙球	89					
M1 妈咪虾条	68					
L1 可比克	50					
D1 华宴食品（超市专用箱）	40					
X1 护舒宝卫生巾棉柔贴身夜用	310					
U1 光友无明矾粉丝	7					
V1 好丽友蛋黄派	3					
A2 六神驱蚊花露水	3					
H1 护舒宝卫生巾	2					
Z1 小五子麦烧	9					
N1 可比克雪饼	9					
O1 芙蓉精藕粉	9					
E1 好丽友派巧克力	9					
F1 美佳乐空气清新剂	10					
B1 中华中草药牙膏	9					
D2 六必治牙膏	9					
合计						
目标物品物动量		（A：高物动量 70%；B：一般物动量 20%；C：低物动量 10%）				

请用简练语言描述本项目作业过程	老师评价	
	得分	
备注	计算过程必须保留 4 位小数	

(1) 学生抽取实训单据（包括客户需求预测及库存控制单据、ABC 分类单据、物品信息单据共 5 份表格）。

(2) 学生根据物品及库存占用资金量情况统计表、物品及物动量情况统计表所提供信息计算完成资金占用 ABC 分类表和物动量 ABC 分类表。

(3) 学生根据已计算完成的资金占用 ABC 分类表，判断所给 20 种物品的类别，并参照客户需求预测及库存控制表中的客户需求预测数量，确定相应的物品储备量，完成表格空余部分。

(4) 学生将目标物品根据储备数量分别码放在不同的托盘上，并根据物动量 ABC 分类表判断物品类别，根据其类别选择相应货位，利用装卸搬运工具、RF 手持终端和 WMS 完成物品的入库。

(5) 入库完成后，将所用工具放回原处，完成场地的 5S 整理工作。

七、项目完成方式

小组项目，4 名学生一组合作完成。

八、考核标准

ABC 分类与库存管理作业考核评分表

专业 ________ 班级 ________ 姓名 ________

序　号	评分标准	满　分	得　分
1	ABC 分类	30	
2	库存控制	15	
3	物品组托	15	
4	物品上架	40	
5	5S 管理	5	
6	团队精神	5	

九、作业过程指导

(1) 教师介绍 ABC 分类在库存控制和货位优化中的重要地位，说明不同的分类方法在库存管理中的作用及分类方法的选用原则。强调资金占用 ABC 分类法应用于库存控制；物动量 ABC 分类法应用于货位优化。

(2) 教师演示如何统计库存物品信息及 ABC 分类的计算方法，指明分类的标准并不是唯一的，不同的物品，其 A、B、C 分类的标准不同，同类物品不同行业其分类标准也不同。

(3) 教师演示抽取任务单，根据单据所示内容进行 ABC 分类的计算，并根据计算结果，判断所给出物品的类别，并根据客户需求预测确定相应的备货数量。强调在进行库存数量控制时，应采用的分类方法为资金占用 ABC 分类法，指出不同类别的物品在备货时所设定的安全库存量应不同，要有针对性的对不同类别物品进行数量控制。

(4) 教师演示如何进行货位选择，给学生指出在库区中 A、B、C 类不同的物品所对应的储存位置范围，演示如何正确操作装卸搬运工具（地牛、半自动堆高机）和库存管理工具（RF 手持终端、WMS 管理信息系统）。需向学生明确此时所采用的分类方法为物动量 ABC 分类法来确定物品的类别，提醒学生注意与库存控制所采用的分类标准不同。

（5）教师演示 5S 操作，将工具、设备归原位。教师演示后，学生开始进行训练，4 人一组。教师提醒学生应注意小组分工配合。

小　结

商品在库管理就是研究商品性质以及商品在储存期间的质量变化规律，积极采取各种有效措施和科学的保管方法，创造一个适宜于商品储存的条件；维护商品在储存期间的安全；保护商品的质量和使用价值；最大限度地降低商品损耗的一系列活动。

本项目主要介绍了货物的装卸搬运、堆码苫垫以及货物在库保管与养护，最后介绍了盘点和库存控制。

项目4

出库作业管理

任务 4.1 出库作业准备

工作思考

1. 物品出库需要做哪些准备工作？
2. 物品出库的形式有哪些？

引导案例

奥地利 SPAR 公司为了给进入活跃存储区的货物留出空间，堆垛机将存储期较长的托盘存入缓存区。位于高架库托盘上的货物根据订单需求被运送到分拣区，然后被码放到空托盘或半空的托盘上，此操作过程温度控制在 10 ~ 12℃。订单分拣任务安排最大限度地提高了分拣效率，并且保证每一个步骤完全符合人体工程学要求。

一旦全部货物都按照订单要求码盘完毕，这些托盘立即从分拣区经传送带送入发货区。发往不同商店的托盘货物被分别放到一起，然后直接进入相对应的运输车辆，被配送到各零售网点。整个操作过程完全满足货物对温度的要求。

任务发布

假如你是 SPAR 公司的仓库主管，请完成以下任务：

（1）根据公司的实际情况，制定货物的出库方案。

（2）根据公司的实际情况，审核出库凭证。

我要学习啦

物品出库是仓储作业管理的最后一个环节，它使仓储作业与运输部门、物品使用单位直接发生联系。因此，做好出库作业对改善仓储经营管理，降低作业费用，提高服务质量有重要的作用。

物品出库是仓储经营人根据存货人或仓单持有人所持有的仓单，按其所列物品的编号、名称、规格、型号、数量等项目，组织物品出库的一系列活动。对物品出库，要求发货准确、及时、保质保量地交给仓单持有人。出库的物品必须包装完整、标记清楚、数量准确。要杜绝仅凭信誉或无正式手续的发货。不论在任何情况下，仓库都不得擅自动用或变相动用、外借货主的库存物品。

4.1.1 物品出库的要求

物品出库要做到“三不、三核、五检查”。“三不”，即未接单据不翻账，未经审单不备货，未经复核不出库；“三核”，即在发货时，要核对凭证、核对账卡、核对实物；“五检查”，即对单据和实物要进行品名检查、规格检查、包装检查、数量检查、重量检查。具体地说，物品出库要求严格执行各项规章制度，杜绝差错事故，提高服务质量，让用户满意。

1．按程序作业，手续必须完备

物品出库必须按规定程序进行，领料单、仓单等提货凭证必须符合要求，物品出库时，必须有正式凭证，保管人员根据凭证所列品种和数量发货。

2．“先出”原则

在保证库存物品的价值和使用价值不变的前提下，坚持“先进先出”的原则。同时要做到有保管期限的先出、保管条件差的先出、容易变质的先出、近失效期的先出、包装简易的先出、回收复用的先出。其目的在于避免物品因库存时间过长而发生变质或影响其价值和使用价值。

3．做好发放准备

为使物品及时流通、合理使用，必须快速、及时、准确的发放。为此必须做好发放的各项准备工作。如“化整为零”、集装单元化、备好包装、复印资料、组织搬运人力、准备好出库的各种设施设备及工具等等。

4．发货和记账要及时

保管员接到发货凭证后，应及时发货，不压票；物品发出后，应立即在物品保管账上核销，并保存好发料凭证，同时调整垛牌或料卡。

5．保证安全

物品出库作业要注意安全操作，防止损坏包装和震坏、压坏、摔坏物品。同时，还要保证运输安全，做到物品包装完整、捆扎牢固、标志清楚正确、性能不相互抵触和影响、保障物品质量安全。仓库作业人员必须经常注意物品的安全保管期限等，对已变质、已过期失效、已失去原使用价值的物品不允许出库。

6．无差错

保管人员发货时，应按照发货凭证上列明的物品品名、产地、规格、型号、价格、数量、质量准确发货，当面点清数量和检验质量。确保出库物品数量准确、质量完好、包装牢固、标识正确、发运及时安全，避免发生运输差错和损坏物品的事故。

4.1.2 物品出库的形式

1．送货

送货是指仓储部门根据提货单等出库凭证，直接将货物送到客户指定地点的出库方式。

送货具有“预先付货、按车排货、发货等车”的特点。仓库实行送货具有多方面的好处：仓库可预先安排作业，缩短发货时间；收货人可避免因人力、车辆等不便而发生的取货困难。在运输上，可合理使用运输工具，减少运输费用。仓储部门实行送货业务，应考虑货主不同的经营方式和供应地区的远近，既可向外地送货，也可向本地送货。

2．自提

自提是指客户或其代理人持出库凭证，自备运输工具直接到仓库取货的方式。仓库管理人员根据出货凭证将货物当面点交给提货人员，并在库内办理交接手续，以划清责任。自提方式具有“提单到库、随到随发、自提自运”的特点，是货物出库的重要方式。

3．过户

过户是一种就地划拨的出库形式，物品虽未出库，但是所有权已从原存货户头转移到新存货户头。仓库必须根据原存货人开出的正式过户凭证，才予以办理过户手续。日常操作时，往往是仓单持有人的转让，这种转让要经过合法手续。

4．取样

取样是货主出于对物品质量检验、样品陈列等需要，到仓库提取货样而形成部分物品的出库。货主取样时必须持有仓单，仓库也必须根据正式取样凭证才予发给样品，并做好账务登记和仓单记载。

5．转仓

转仓是指仓储部门根据客户或业务部门改变仓储条件等需要，将货物从一个仓库转移到另一个仓库的方式。货物转仓时，仓储部门必须以业务部门或客户开出的正式转仓单为依据，组织货物出库并办理转仓手续。

6．托运

托运是指仓库委托运输单位将货物运送到客户指定地点的出货方式。采用这种方式出货时，仓储部门应与运输单位做好交接手续，同时做好发运记录，以明确责任。

4.1.3 出库凭证审核

仓库接到出库凭证（仓单）后，必须对出库凭证进行审核。

（1）审核提货单的合法性和真实性。要审核提货单的合法性和真实性或审核领料单上是否有其部门主管或指定的专人签章，手续不全不予出库，如遇特殊情况（如救灾抢险），则需经有关部门负责人同意后方可出库，出库后需补办手续。

（2）核对物品的品名、型号、规格、单价、数量。

（3）核对收货单位、到货站、开户行和账号是否齐全和准确，如属收货人自提出库，则要核查提货单有无财务部门准许发货的签章。提货单必须是符合财务制度要求的具有法律效力的凭证。

（4）出库凭证审核中的问题处理。

① 凡出库凭证超过提货期限，用户前来提货，必须先办理手续，按规定缴足逾期仓储保管费，然后方可发货。任何白条，都不能作为发货凭证。提货时，用户发现单据开错，保管员不得自行调换单据发货，必须通过制票员核查无误，重新开票方可发货。

② 凡发现出库凭证有疑点，或者情况不清楚，应及时与出具出库单的单位或部门联系，妥善处理。发现出库凭证有假冒、复制、涂改等情况时，应及时与仓库保卫部门联系，严肃处理，触犯法律的应依法移交公安机关处理。

③ 物品进库未验收，或者期货未进库的出库凭证，一般暂缓发货，并通知货主，待货到并验收后再发货，提货期顺延，保管员不得代发代验。

④ 如客户因各种原因将出库凭证遗失，客户应及时与仓库管理人员和财务人员联系挂失。如果挂失时货已被提走，仓管员不承担责任，但有义务协助货主找回物品；如果物品没有被提走，经仓库管理人员和财务人员查实后，做好挂失登记，将原凭证作废，缓期发货。

出库凭证审核无误后，要按出库凭证所列项目要求和数量进行出库准备，包括拣选、补货、配货、加工、包装及出库物品应附有的质量证明书或抄件、磅码单、装箱单等附件。机电设备、仪器仪表等产品的说明书及合格证应随货同行。进口商品还要附海关证明、商品检验报告等。

任务 4.2 出库作业流程

工作思考

1. 物品出库作业的基本内容有哪些？
2. 物品出库作业的流程是什么？

引导案例

2012年12月14日，常德美贸易公司发送提货通知单到CBD物流公司，要求15日提货出库。

提货通知单

出库单位：常德美贸易公司 **出库时间：2012.12.14**

编　号	货　号	货品名称	型　号	单　位	数　量	包　装	备　注
1	150085.00.00	郎博飞百变金刚多功能锅	65340	箱	100	纸箱	
2	150105.00.00	ACA 面包机 MB600	65216	箱	50	纸箱	
3	611386.00.00	ACA 酸奶机（赠品）	65451	箱	50	纸箱	

审核：李红　　记账：　　提货人：　　制单：

任务发布

假如你是公司的理货员，请完成以下任务：

（1）根据公司的实际情况，分析货物出库作业的基本内容。

（2）根据公司的实际情况，制定货物的出库作业流程。

我要学习啦

为满足客户需求，提高出库效率，仓库在接到提货通知、或预知提货时，应及时进行物品准备工作，以保证提货人可以按时提取物品。备货的顺利实施主要做好以下几方面的工作：

4.2.1 拣选

拣选是按订单或出库单的要求，从储存场所拣出物品的作业（根据中华人民共和国国家标准《GB/T 18354—2006 物流术语》）。

1. 拣选单位

拣选单位分成托盘、箱及单品三种。拣选单位是根据订单分析结果而决定的。如果订货的最小单位是箱，则拣选单位最少是以箱为单位。对于大体积、形状特殊的无法按托盘和箱来归类的特殊品，则用特殊的拣选方法。为了能做出明确的判断，进一步作以下划分：

（1）单品。拣选的最小单位，单品可由箱中取出，由人工单手进行拣选。

（2）箱。由单品所组成，可由托盘上取出，通常需要双手拣选。

（3）托盘。由箱叠放而成，无法由人手直接搬运，需借助堆垛机、叉车或搬运车等机械设备。

(4) 特殊品。体积大、形状特殊，无法按托盘、箱归类，或必须在特殊条件下作业的物品。如大型家具、冷冻物品等。拣选系统的设计将严格受其限制。

2. 拣选作业过程

(1) 生成拣选信息。拣选信息是拣选作业的原动力，主要是指示拣选的进行，而资料的源头是客户的需求。为了使拣选人员在既定的拣选方式下正确而迅速地进行拣选，拣选信息的生成尤为重要。

(2) 选择拣选方法。在选择拣选方法时，需要考虑多方面的因素、环境和条件，要采用最适宜的拣选方法。

(3) 实施拣选作业。拣选方法确定以后，就可以进行具体的拣选作业了。在实施拣选作业时，首先要准确找到货位、确认物品，然后将物品挑选、搬运到指定地点。

3. 拣选方式

常用的拣选方式主要有三种：订单拣选、批量拣选、复合拣选。

(1) 订单拣选。订单拣选又称单一拣货，是指按照某张订单的要求将相应货物逐一拣取出来，并集中在一起的拣货方式。

① 订单拣选的几种方式。订单拣选的主要特点是每次拣选只针对一张订单，不进行订单分批处理。结合分区策略具体又可以分为单人拣选、分区接力拣选和分区汇总拣选几种方式。

单人拣选时可以一张订单由一个人从开始到结束全程负责。这种拣选方式的拣选单，只需将订单资料转为拣选需求资料即可。

分区接力拣选是将存储或拣选区划分成几个区域，一张订单由各区人员采取前后接力方式共同完成。

分区汇总拣选是将存储区或拣选区划分成几个区域，将一张订单拆成各区域所需的拣选单，再将各区域所拣选的物品汇集一起。

② 订单拣选的特点。

- 作业方法简单，易于操作且准确度高；
- 拣货后不用再进行分类作业；
- 适用于货物批量大、品种少、数量变化频繁的订单；
- 拣取小批量、多批次、多品种货物时，拣货时间长、效率低。

③ 订单拣选的主要适用范围。订单拣选方式比较适用于以下情况：客户不稳定，波动较大；需求种类不多；需求之间差异较大，配送时间要求不一。

(2) 批量拣选。批量拣选是将数张订单汇总成一批，再将各订单相同的物品订购数量汇总起来，一起拣选处理。

① 批量拣选的分批方式主要有以下几种：按拣选单位分批，也就是将同一种拣选单位的品种汇总在一起处理；按配送区域/路径分批，也就是将同一配送区域路径的订单汇总在一起处理；按流通加工需求分批，将需加工处理或需相同流通加工处理的订单汇总在一起处理；按车辆需求分批，也就是如果客户所需物品需要特殊的配送车辆（低温车、冷冻、冷藏车），或客户所在地需特殊类型车辆者可汇总合并处理。

② 批量拣选的特点。

- 可减少不必要的重复行走，缩短巡回时间；
- 可增加单位时间的拣取量；

- 必须待订单积累到一定数量时才可拣货，适合订单数量庞大的仓库；
- 计划性较强，规划难度较大；
- 拣取货物后还需花费时间对货物进行分类，容易发生错误。

③ 批量拣选的适用范围。批量拣选比较适合用户稳定而且用户数量较多的专业性配送中心，需求数量可以有差异，配送时间要求也不太严格，但品种共性要求较高。

(3) 复合拣选。为克服订单拣选和批量拣选方式的不足，采取将订单拣选和批量拣选组合起来的复合拣选方式。根据订单的品种、数量及出库频率，确定哪些订单适合订单拣选，哪些适合批量拣选，分别采取不同的拣选方式。

4.2.2 补货

补货作业与拣选作业息息相关，补货作业要根据订单需求制定详细计划，不仅要确保库存，也不能补充过量，而且还要将其安置在方便存取的位置上，以便加快出货效率。

1. 补货方式

(1) 拼/整箱补货。这种补货方式是由补货人员用取货箱到保管区货位取货，将取货箱装满后，用手推车运到拣选区。一次补两种以上物品的称为拼箱补货；一次补一种物品的称为整箱补货。这种补货方式适合体积小、量少但品种多的物品。

(2) 托盘补货。这种方式是以托盘为单位进行补货。补货人员先用叉车等将托盘由保管区运到拣选区，然后拣选人员在拣选区将托盘上的物品搬运至输送机上。这种方式适合体积大或出货量大的物品。

(3) 货位补货。这种方式主要是用于保管区与拣选区处于同一货架的情形。由于有的仓库把一些体积小、流动性不大的物品存放在同一个货架的上下两层，下层作为拣选区，上层作为保管区。货位补货就是当下层货位上的存货低于设定标准时，将上层物品移出一部分补充到下层，使其达到设定标准。

以上介绍的补货方式都是补货人员先到保管区将物品取出，然后将物品移到拣选区，再由拣选人员在拣选区将物品拣走。

2. 其他补货方式

(1) 直接补货。直接补货方式是补货人员直接在进货时将物品运至拣选区，物品不再进入保管区的补货方式。对于一些物品周转非常快的中转性仓库，直接补货方式是非常常见的补货方式。

(2) 复合式补货。在复合式补货情况下，拣选区的物品采取同类物品相邻放置的方式，而保管区采取两阶段的补货方式。第一保管区为高层货架；第二保管区位于拣选区旁，是一个临时保管区。补货时物品先从第一保管区移至第二保管区。当拣选区存货降到设定标准时，再将物品从第二保管区移到拣选区，由拣选人员在拣选区将物品拣走。

(3) 自动补货。在一些自动仓库中，通过计算机发出指令，物品被自动从保管区送出，经过扫描物品及容器条码后，将物品装入相应的容器，然后容器经输送机被运送到旋转货架处进行补货。

3. 补货时机

补货作业的发生与否取决于拣选区的物品数量能否满足要求，因此何时补货取决于拣选区的物品存量，同时还取决于临时补货对整个出货时间的影响。

补货时机一般有以下三种方式：

（1）批次补货。这种方式是指通过计算机查询每天需要的总补货量以及持货区存货量的情况，将补货量一次性补足的方式。批次补货比较适合一个工作日内作业量变化不大、紧急插单较少或是每批次拣选量大的情况。

（2）定时补货。这种方式是每天规定几个时间点，补货人员在这几个时段内检查拣选区的存货情况，若货架上的存货已经降到预先规定的水平以下，则立即进行补货。定时补货适合拣选时间固定，且紧急配送情况较多的仓库。

（3）随机补货。这种方式通常是仓库（配送中心）指定专门的补货人员，随时巡视拣选区物品存量，发现存量不足则立即补货。随机补货适合每批次补货量不大，但紧急插单较多，不确定性大的情况。

4.2.3 配货

配货作业的基本流程

（1）分类。分拣作业完成以后，配货作业首先要对分拣出来的物品根据用户或配送路线进行分类，集中放置在缓冲区。

分类的方法主要有人工分类、旋转货架分类以及自动分类机分类等。

（2）配货检查。分类后需要进行配货检查，以保证发运前的物品品种、数量、质量无误。配货检查比较原始的方法是人工检查，也就是人工点数、察看物品外观质量等。为了提高人工检查的效率，可以将物品有规律的放置，如进行“五五堆码”等以便于点数；或者采用称重的办法，先称出物品的总重量，再对照物品的单位重量，计算并核对配货数量；还可以采用抽查的技术。但总的来说人工检查效率较低。

随着信息技术的发展，现在还可以通过应用信息技术来进行配货检查，如通过扫描物品上的条码、应用语音输入技术等进行配货检查。

（3）包装、打捆。为了提高作业效率，一般还要对配送物品进行重新包装、打捆，以保护物品，提高运输效率，便于配送到户时客户能够快速、准确的识别各自的物品等。配货作业中的包装主要是指物流包装，其主要作用是为了保护物品并将多个零散物品放入大小合适的箱子中，以实现整箱集中装卸、成组化搬运等，同时减少搬运次数，降低货损、货差，提高配送效率。同时，包装也是产品信息的载体，通过在外包装上书写产品名称、原料成分、重量、生产日期、生产厂家、产品条码、储运说明等，可以便于客户和配送人员识别产品，进行物品的装运。通过扫描包装上的条码还可以进行物品跟踪，根据包装上的装卸搬运说明可以指导作业人员对物品进行正确操作。

（4）配货作业的主要形式。

① 单一配货作业。单一配货作业是指每次只为一个客户进行配货服务，因此配货作业的主要内容是对物品进行组配和包装。

一般来说，如果整托盘拣选的物品允许整托盘发运，那么需要进行固定作业，也就是用包装膜或绳索将物品固定在托盘上；如果整托盘拣选的物品不采取托盘运输，那么需要将物品先从托盘上卸下，然后将其进行捆装；对于整箱拣选的物品一般需要进行打包作业；单件拣选的物品应进行装箱作业，以免物品丢失或损坏。

② 集中配货作业。集中配货作业是指同时为多个客户进行配货服务，所以其配货作业通

常比单一配货多拆箱、分类的程序，其余与单一配货作业大致相同。

4.2.4 复核

为防止差错，备货后应立即进行复核。出库的复核形式主要有专职复核、交叉复核和环环复核 3 种。除此之外，在发货作业的各道环节上，都贯串着复核工作。例如，理货员核对单货，门卫凭票放行，财务员核对账单等。这些分散的复核形式，起到分头把关的作用，都有助于提高仓库发货业务的工作质量。复核的主要内容包括品种数量是否准确、商品质量是否完好、配套是否齐全、技术证件是否齐备、外观质量和包装是否完好，等等。经复核不符合要求的物品应停止发货，对与事实不符的情况应及时查明原因。

4.2.5 点交

出库物品经复核后，要向提货人员点交。同时应将出库物品及随行证件逐笔向提货人员当面点交。在点交过程中，对于有些重要物品的技术要求、使用方法、注意事项，保管员应主动向提货人员交待清楚，做好技术咨询服务工作。物品移交清楚后，提货人员应在出库凭证上签名。物品点交后，保管员应在出库凭证上填写“实发数”、“发货日期”、“提货单位”等内容并签名，然后将出库凭证有关联次同有关证件即时送交货主，以便办理有关款项结算。

4.2.6 装载

装载上车是指车辆的配载。根据不同配送要求，在选择合适的车辆的基础上对车辆进行配载以达到提高车辆利用率的目的。

由于物品品种、特性各异，为提高送货效率，确保物品质量，首先必须对特性差异大的物品进行分类，并分别确定不同的运送方式和运输工具。特别要注意散发臭味的物品不能与具有吸臭性的物品混装；散发粉尘的物品不能与清洁物品混装；渗水物品不能与易受潮物品一同存放。另外为了减少或避免差错，也应尽量把外观相近、容易混淆的物品分开装载。

由于运送物品有轻重缓急之分，所以必须预先确定哪些物品可配于同一辆车，哪些物品不能配于同一辆车，以做好车辆的初步配载工作。因此，送货部门既要按订单要求在送货计划中明确运送顺序，又要安排理货人员将各种所需的、不能混装的物品进行分类，同时还应按订单标明到达地点、用户名称、运送时间、物品明细等，最后按流向、流量、距离将各类物品进行车辆配载。

在具体装车时，装车顺序或运送批次的先后，一般按用户的要求时间先后进行，但对同一车辆共送的物品装车则要将物品依“后送先装”的顺序。但有时在考虑有效利用车辆的空间的同时，还要根据物品的一些特性（怕震、怕压、怕撞、怕湿）、形状、体积及重量等，做出弹性调整，如轻货应放在重货上面；包装强度差的应放在包装强度大的上面；易滚动的卷状、桶状物品要垂直摆放等。另外，应按照物品的性质、形状、重量、体积等来具体决定物品的装卸方法。

4.2.7 发运

根据送货计划所确定的最优路线，在规定的时间及时准确地将物品运送到客户手中，在运送过程中要注意加强运输车辆的考核与管理。这是配送的主要过程，本书不做过多阐述。

4.2.8 销账

当物品出库完毕后，仓管员应及时将物品从仓库保管账上核销，取下垛牌，以保证仓库账账相符、账卡相符、账实相符；并将留存的仓单（提货凭证）、其他单证、文件等存档。

任务 4.3 退货处理

工作思考

1. 企业通常会因为哪些主要原因要求退货？
2. 处理退货的方法有哪些？

引导案例

东芝电脑的退货管理存在着不同的问题，因为客户想要他们之前使用的、存有所有资料的那个电脑，替代电脑根本不行。因此，客户满意的两个关键因素是速度和第一时间的修理。如果东芝忽略了这两个因素中的任意一个，客户满意度就会降低。

东芝采用六西格玛法寻找缩短修理时间的解决方案。东芝想要外包这项业务，起初对合作伙伴的选择犹豫不决——选择修理企业，还是物流企业？实际上，对于大规模的退货处理业务，具备修理和物流服务双重功能的企业很少。最后，东芝选择了 UPS 集团旗下的供应链管理解决方案事业部（UPS Supply Chain Solutions）——具备修理能力，更为重要的是在物流领域处于核心地位。在物流与修理服务两者之间，东芝更加注重物流，因为东芝坚信修理技能可以学习、改进，而物流模型难以模仿。

UPS 位于美国路易（斯）维尔的飞机跑道也是一个大的有利条件。东芝的零件存储和修理中心都位于路易（斯）维尔。结果，双方合作以后，库存竟然变得非常好，因为零部件不用离开工厂。而且，修理周期也大大缩短，由过去的 10 天降为 4 天。在修理周期缩短方面 UPS 发达的店铺网络贡献最大。现在，UPS 再也不用花费几天时间，邮寄给客户一个替代退回的产品。客户可以去往任何一家 UPS 店铺，店铺会为客户包好产品并在当天送出。

任务发布

假如你是东芝公司的业务经理，请完成以下任务：

（1）根据公司的实际情况，分析退货的原因。

（2）根据公司的实际情况，制定退货的处理方法。

我要学习啦

物流活动中，退货或换货应尽可能地避免，因为退货或换货的处理，只会大幅增加成本，减少利润。

4.3.1 退货的原因

1. 有质量问题的退货

对于不符合质量要求的商品，接收方提出退货，仓库将给予退换。仓库虽不会有直接的成本损失，但快速地配合，可使损害减低，增进与厂商及客户间的关系。

2. 搬运途中损坏退货

物品在搬运过程中造成产品破损或包装污染，仓库将给予退回。

3. 商品送错退回

送达客户的商品不是订单所要求的商品，如商品条码、品项、规格、重量、数量与订单不符，要求换货或退回。这时必须立即处理，减少客户抱怨。

4. 商品过期退回

有保质期的商品在送达接收单位时超过商品的有效保质期限，仓库应予以退换。

4.3.2 退货处理的方法

1. 无条件重新发货

对于因为仓库按订单发货发生错误，则应由仓库更新调整发货方案，将错发物品调回，重新按原正确订单发货，中间发生的所有费用应由发货人承担。

2. 运输单位赔偿

对于因为运输途中产品受到损坏而发生退货的。根据退货情况，由仓库确定所需的修理费用或赔偿金额，然后由运输单位负责赔偿。

3. 收取费用，重新发货

对于因为客户订货有误而发生退货的，退货所产生的所有费用由客户承担，退货后，再根据客户新的订货单重新发货。

4. 重新发货或替代

对于因为产品有缺陷，客户要求退货，仓储方接到退货指示后，营业人员应安排车辆收回退货商品，将商品集中到仓库退货处理区进行处理。一旦产品回收活动结束，生产厂家及其销售部门就应立即采取措施，用没有缺陷的同一种产品或替代品替换。

能否处理好退货及各方面的关系，制造商与采购商；采购商与仓库经营者；仓库经营者与承运人；承运人与经销商；经销商与客户；客户与制造商等。妥善处理退货的方法就是每个环节都要检验，一环扣一环，环环都负责，环环都满意。这样才能使相关方面维持良好的关系。

项目实训 1

拣选作业实训项目

一、指导思想及作用

通过项目的实践，使学生掌握拣选作业的操作要领、基本技能和作业细节，成为高技能、高素质的劳动者。

二、技能目标

（1）能够识别拣选信息的资料。

（2）能合理运用拣选方法（电子标签、人工播种及摘果作业）。

（3）能够自行判定快捷的拣选路径。

（4）能够合理使用拣选和搬运工具。

（5）能够自行分辨出不同库区货架货位编制规律。

（6）能够准确判定所需拣选库区货位同时快速计算出拣选数量。

（7）能够在拣选过程中实现零货损、零失误，提高工作效率。

（8）能熟练进行月台理货。

（9）能够独自完成拣选任务，分析问题解决问题。

三、作业知识准备

1. 拣选作业在配送中的作用

拣选是配送的基本作业环节，它是完善送货、支持送货的准备性工作，是不同配送企业在送货时进行竞争和提高经济效益的必然延伸。

2. 拣选作业方式

拣选作业可分为订单拣选、批量拣选及复合拣选三种方式。

（1）订单拣选是每次只针对一份订单来拣选。订单拣选的处理弹性比较大，临时性的生产能力调整较为容易。适合订单大小差异较大、订单数量变化频繁、季节性强的商品配送。

（2）批量拣选是将多张订单累积成一批，将同种商品数量汇总后进行拣选，之后再依客户订单分别处理。批量拣选方式通常在实现了作业系统化、自动化之后，作业速度提高的情况下采用，适合订单变化较小，订单数量稳定的配送中心和外形较规则、固定的商品拣选，如箱装、扁袋装的商品。此外，需进行流通加工的商品也适合批量拣选，再批量进行加工，然后分类配送。

（3）复合拣选是为克服订单拣选和批量拣选方式的缺点，采取将订单拣选和批量拣选组合起来的复合拣选方式。根据订单的品种、数量及出库频率，确定哪些订单适合订单拣选，哪些适合批量拣选，分别采取不同的拣选方式。

四、实训时间安排

建议 4 ～ 5 课时。

五、作业要素

（1）装卸工具，搬运工具（叉车、地牛、台车等）。

（2）集装容器（托盘、料盒）。

（3）检验工具（台秤、量尺、计数器）。

（4）物品（多种不同属性不同体积的物品，如：玻璃杯、螺丝钉等）。

（5）相关验收单据、报表。

六、内容与步骤

拣选作业任务 1

<table>
<tr><td>拣选单号</td><td colspan="2">JX06120301</td><td colspan="3">包装单位</td><td rowspan="2">出货货位</td></tr>
<tr><td>商品名称</td><td>彩色工字钉</td><td rowspan="2">数量</td><td>箱</td><td>整托盘</td><td>单件</td></tr>
<tr><td>生产厂家</td><td></td><td></td><td></td><td></td><td>02-03-01-03B</td></tr>
<tr><td>拣选日期</td><td colspan="3">2006 年 12 月 3 日</td><td>拣选人</td><td colspan="2"></td></tr>
<tr><td>核查日期</td><td colspan="3">2006 年 12 月 3 日</td><td>核查人</td><td colspan="2"></td></tr>
</table>

<table>
<tr><td rowspan="2">序号</td><td rowspan="2">订 单 编 号</td><td rowspan="2">用 户 名 称</td><td colspan="3">包 装 单 位</td><td rowspan="2">数量</td><td rowspan="2">储货月台</td><td rowspan="2">备　注</td></tr>
<tr><td>整托盘</td><td>箱</td><td>单件</td></tr>
<tr><td>1</td><td>DD120301</td><td>鑫源工贸有限公司</td><td></td><td></td><td>✓</td><td>5</td><td>1</td><td></td></tr>
<tr><td>2</td><td>DD120302</td><td>鑫景超市集团公司</td><td></td><td></td><td>✓</td><td>10</td><td>2</td><td></td></tr>
<tr><td>3</td><td>DD120303</td><td>鑫晟商业集团公司</td><td></td><td></td><td>✓</td><td>15</td><td>3</td><td></td></tr>
</table>

拣选作业任务 2

<table>
<tr><td>拣选单编号</td><td>JX06120301</td><td>用户订单编号</td><td>DD061201</td></tr>
<tr><td>用户名称</td><td colspan="3">鑫源工贸有限公司</td></tr>
<tr><td colspan="2">出货日期：2006 年 12 月 4 日</td><td>储货月台</td><td>1</td></tr>
<tr><td colspan="2">拣选日期：2006 年 12 月 3 日</td><td>拣选人</td><td></td></tr>
<tr><td>核查时间</td><td></td><td>核查人</td><td></td></tr>
</table>

<table>
<tr><td rowspan="2">序号</td><td rowspan="2">储 位 号 码</td><td rowspan="2">商 品 名 称</td><td colspan="3">包 装 单 位</td><td rowspan="2">数　量</td><td rowspan="2">备　注</td></tr>
<tr><td>箱</td><td>整托盘</td><td>单件</td></tr>
<tr><td>1</td><td>02-07-B02-04</td><td>新洁金属清洁球</td><td></td><td></td><td>✓</td><td>3</td><td></td></tr>
<tr><td>2</td><td>02-07-A02-01</td><td>足上秀时尚少女袜</td><td></td><td></td><td>✓</td><td>5</td><td></td></tr>
<tr><td>3</td><td>02-07-D01-01</td><td>五羊牌金标蚝油</td><td>✓</td><td></td><td></td><td>1</td><td></td></tr>
<tr><td>4</td><td>02-07-C02-04</td><td>上好佳</td><td>✓</td><td></td><td></td><td>1</td><td></td></tr>
<tr><td>5</td><td>02-07-C02-01</td><td>利民番茄酱</td><td>✓</td><td></td><td></td><td>2</td><td></td></tr>
<tr><td>6</td><td>02-07-B02-01</td><td>顺美加锁式吸壁皂盒</td><td></td><td></td><td>✓</td><td>5</td><td></td></tr>
</table>

拣选作业任务 3

<table>
<tr><td>拣选单编号</td><td>JX061203040</td><td>用户订单编号</td><td colspan="2">DD0612040</td></tr>
<tr><td>用户名称</td><td colspan="4">鑫源工贸有限公司</td></tr>
<tr><td colspan="2">出货日期：2006 年 12 月 4 日</td><td>储货月台</td><td colspan="2">3</td></tr>
<tr><td colspan="2">拣选日期：2006 年 12 月 3 日</td><td colspan="2">拣选人</td><td></td></tr>
<tr><td>核查时间</td><td></td><td colspan="2">核查人</td><td></td></tr>
</table>

<table>
<tr><td rowspan="2">序号</td><td rowspan="2">储位号码</td><td rowspan="2">商 品 名 称</td><td colspan="3">包装单位</td><td rowspan="2">数量</td><td rowspan="2">备注</td></tr>
<tr><td>箱</td><td>整托盘</td><td>单件</td></tr>
<tr><td>1</td><td>02-07-C01-05</td><td>葱伴侣大酱</td><td>✓</td><td></td><td></td><td>1</td><td></td></tr>
<tr><td>2</td><td>02-07-A02-01</td><td>足上秀时尚少女袜</td><td></td><td></td><td>✓</td><td>6</td><td></td></tr>
<tr><td>3</td><td>02-07-D02-08</td><td>康师傅 3+2 苏打饼干</td><td>✓</td><td></td><td></td><td>2</td><td></td></tr>
<tr><td>4</td><td>02-07-B02-07</td><td>印花杯</td><td></td><td></td><td>✓</td><td>4</td><td></td></tr>
<tr><td>5</td><td>02-07-D03-03</td><td>鲜猪肉松</td><td>✓</td><td></td><td></td><td>2</td><td></td></tr>
<tr><td>6</td><td>02-07-B01-05</td><td>小号印花纸巾盒</td><td></td><td></td><td>✓</td><td>2</td><td></td></tr>
</table>

（1）确定学生作业顺序。

（2）学生抽取作业任务单。

（3）根据作业任务单选取拣选作业工具。

（4）准确快捷的完成拣选任务。

（5）将所拣选的物品正确、快速、整齐的码放月台上或置入周转箱。

（6）场地5S。

七、完成方式

个人项目，每个学生独立完成。

八、考核标准

拣选作业考核评分表

专业＿＿＿＿＿＿＿＿ 班级＿＿＿＿＿＿＿＿ 姓名＿＿＿＿＿＿＿＿

序　号	评　分　标　准		满　　分	得　　分
1	拣选时间，具体标准见附件“时间分值换算表”		40	
2	拣选质量	品种（每拣错一种扣5分，最高扣25分）	25	
		数量（每多/少）拣一件扣1分，最高扣15分）	15	
3	过程质量	过程科学（拣选过程中运用统筹方法，将拣选商品适当整合，出现迂回、重复等过程不科学现象裁判酌情减分）	5	
		搬运过程出现工具倾翻、漏货、撒货等现象扣5分	5	
		分拣过程注意动作幅度轻拿轻放保护物品安全，否则裁判酌情扣分，最多扣5分	5	
		场地5S管理	5	
总分			100	

考核日期：　年　月　日

九、作业过程指导

教师1人，学生10人，双层手推搬运车2辆，拣选篮2个，模拟月台3个，模拟周转箱3个。

（1）教师介绍手推搬运车各部位的名称及功能，动作要领，反复做3次，2个学生每人做2次。

（2）教师介绍货架货位编制规律，要求学生理解记住。

（3）教师介绍拣选单内容，要求学生根据拣选单内容识别拣选方式，掌握拣选要领与技巧。

（4）教师演示，抽取作业任务单（两张），任选一张，根据内容判断为播种式拣选。教师选择拣选篮，准确判定出货位同时合计出拣选数量。

（5）教师演示，按拣选单合计数量出货入篮，回到配货待装区准确分货至代表不同客户的周转箱内（强调每一客户的物品都要清点见数）。

（6）学生练习，教师指导并纠正错误及不规范之处。

（7）教师演示，教师持另一张分拣单并判断为摘果式分拣，选择手推车及分拣篮至物品所在货位区（阁楼式货架），给学生讲解拣选要领并示范手推车在楼下拣选的作用，边讲解边完成所有拣选的动作。

（8）教师演示，回到配装区将所选物品准确、整齐的堆码在对应的月台并完成 5S 管理，边示范动作边讲解。

（9）学生练习，老师指导并纠正不规范之处。

项目实训 2

补货作业实训项目

一、指导思想及作用

补货作业是现代仓储流程中的一个重要组成部分，它具有确保存量控制库存的目的。同时通过补货作业将物品安置于便于存取的位置，提高仓储作业效率。

补货作业进行的好坏直接关系仓储业务管理及库存管理的合理化程度。

通过项目的实训，使学生理解补货作业环节，在熟练操作的同时，要具有优化物流系统的意识和能力，从整体上考虑问题，从而提高效益和效率。

二、技能目标

（1）补货时机选择的能力。

（2）补货作业具体实施的能力。

（3）协调作业、规范作业的能力。

（4）补货作业与库存合理化结合的能力。

（5）运用先进信息化手段完成补货作业的能力。

（6）仓储流程系统性思维的能力。

三、作业知识准备

1. 补货作业

在恰当的时机，将物品从物品保管区移到动管区，然后将此移库作业作库存信息处理。

2. 补货方式

整箱补货，是由料架保管区补货至流动棚架的动管区；整托盘补货（一），是由地板堆叠保管区补货至地板堆叠动管区；整托盘补货（二），是由地板堆叠保管区补货至托盘货架动管区；货架上层至货架下层的补货，由上层作为保管区向下层的动管区补货。

3. 补货时机

批次补货，在每一天或每一批次拣选前，经由电脑计算所需物品的总拣选量，再查看动管拣选区的物品量，计算差额并在拣选前一特定时点补足物品。定时补货，将每天划分为数个时点，补货人员在时段内检查动管拣选区货架上物品存量，若不足即马上将货架补满。随机补货，指定专门的补货人员，随时巡视动管拣选区的物品存量，有不足随时补货。

4. 以需求订单驱动补货作业的意识

5. 补货作业的效率与整体作业效率的关系

四、实训时间安排

建议 2 ~ 4 课时。

五、作业要素

（1）装卸工具，搬运工具（叉车、地牛、台车等）。
（2）集装容器（托盘、料盒）。
（3）物品（20 种以上物品名称、规格、型号、数量）。
（4）货架（位）（主流类型的各种货架）。
（5）管理信息系统。
（6）电脑。

六、内容与步骤

补货作业任务 1

作业地点：物流中心叉车库区 时间要求：15 分钟 质量要求：补货及时、准确 补货方法：随机查询人工补货 作业人员签名： 作业日期：　年　月　日

补货作业任务 2

作业地点：物流中心 时间要求：10 分钟 质量要求：补货及时、准确 补货方法：电子标签补货 作业人员签名： 作业日期：　年　月　日

（1）进行库存分析。
（2）选择补货时机。
（3）确定补货方式。
（4）进行缺货查询。
（5）识读补货信息。
（6）将补充物品移入对应货位。

七、完成方式

个人项目，每个学生独立完成。

八、考标准

补货作业考核评分表

专业______________ 班级______________ 姓名______________

序　号	评分标准	满　分	得　分
1	缺货查询	10	
2	缺货物品选择	10	
3	确定补货数量	10	
4	填写补货单，下发补货命令	20	
5	补货位置	20	
6	放置过程	20	
7	场地管理	10	
总分		100	

考核日期：　年　月　日

九、作业过程指导

（1）首先教师讲解补货作业的基本特点（让学生明白为什么要补货，补货的目的是什么？）。

（2）教师结合现场仓储布局及各货架的存储特点介绍各种补货方式（让学生建立起保管区与动管区的理念）。

（3）教师利用管理系统讲解补货流程（在讲解的过程中灌输补货作业对库存控制、作业效率的重要影响）。

（4）教师演示，将管理系统与实际操作相结合，教师演示完后，由学生观察，观察后可提问题，若无问题，学生开始按照已设定好的课堂实训补货方案演练，每人一次，有问题教师纠正，没问题继续。

（5）教师提出问题，物品补货的时机和一次补货的数量怎么确定（让学生思考、讨论，最后由教师来总结，强调以实际需求来驱动补货任务）。

（6）教师列举典型范例，让学生进行实际分析、操作（让学生进一步深刻理解补货作业，培养学生根据外部需求变化能灵活掌控流程，并对待下达的命令能坚决执行的工作素质）。

（7）模拟企业环境进行分组练习。

项目实训 3

装箱打包作业实训项目

一、指导思想及作用

通过该项目的实训，使学生重视装箱过程中的单、物相符，养成良好的核对习惯，在熟练掌握打包技术的同时，要注意在操作过程中的合理使用打包工具和节约打包材料的意识，牢牢树立作业过程中要注意降低成本、节约材料的良好职业道德和职业素养，提高效益和效率。

二、技能目标

（1）根据包装对象的外形、规格、属性合理选择包装材料及包装物的能力。
（2）操作手动包装设备、半自动包装设备及全自动包装设备的能力。
（3）保证包装美观，满足客户需求的能力。
（4）协调、规范管理的能力。
（5）树立作业过程中节约费用和降低成本意识的能力。

三、作业知识准备

1．包装的含义

为在流通过程中保护产品、方便储运、促进销售，按一定技术方法而采用的容器、材料及辅助物等的总体名称。也指为了达到上述目的而采用容器、材料和辅助物的过程中施加一定技术方法等的操作活动（根据中华人民共和国国家标准《GB/T 18354—2006 物流术语》）。

2．装箱打包在仓储作业中的作用

装箱打包作业是仓储的作业环节，包装的种类可以从功能、形态、作用等不同角度划分，按功能划分可分为销售包装（也称为商业包装）和运输包装（也称为工业包装），这也是最常用的分类方式。我们这里主要研究的是运输包装。

运输包装是物品运输前所必需的作业，运输包装一般不增加附加值，但增加成本。运输包装的目的是保护物品在运输途中不受损坏以及方便配送，减少配送过程中的环节，更好的满足客户需求。

四、实训时间安排

建议 2 ～ 4 课时。

五、作业要素

（1）纸箱、折板箱。
（2）打包器。
（3）打包带、扣卡。
（4）物品。
（5）相关验收单据、报表。

六、内容与步骤

包装任务 1

单据编号： CZSJBZ0000001
日期： 11/24/2006
包装箱类型：通用包装箱　　包装箱数量：1
装箱内容：

序　号	产　品　名　称	产　品　规　格	单价（元）	产　品　数　量
1	饼干（6919892656100）	袋	10.00	5
2	条码技术与应用（6901234567892）	册	46.00	5

装箱单

单据编号：ZXD00000011　　装箱人：
日期：　11/24/2006　　包装箱编号：(00) 0691989260000011
装箱内容：

序　号	产　品　名　称	产　品　规　格	单价（元）	产　品　数　量
1	饼干（6919892656100）	袋	10.00	5
2	条码技术与应用（6901234567892）	册	46.00	5

包装任务 2

单据编号：　CZSJBZ0000007
日期：　04/21/2007
包装箱类型：通用包装箱　　包装箱数量：1
装箱内容：

行　号	产　品　名　称	产　品　条　码	产　品　规　格	单价（元）	产　品　数　量
1	鑫润儿童玩具	6939720300012	包	11.00	2
2	超强刷刷块	6927768500013	包	2.30	5
3	小号印花纸巾盒	6922286912232	个	2.50	3

包装任务 3

单据编号：　CZSJBZ0000013
日期：　04/21/2007
包装箱类型：通用包装箱　　包装箱数量：1
装箱内容：

行　号	产　品　名　称	产　品　条　码	产　品　规　格	单价（元）	产　品　数　量
1	鑫润儿童玩具	6939720300012	包	11.00	2
2	学生皂盒	6931643802741	个	1.90	4
3	单格吸壁皂盒	6926246318096	个	1.90	4

（1）学生进入作业场地抽取作业任务单，教师打开系统。

（2）学生扫描胸卡一维条码和任务单条码，登录系统。

（3）根据作业任务单拣选商品。

（4）扫描商品条码录入商品信息并提交。

（5）提交后取包装箱并将包装箱条码扫入系统，确定后打印装箱单。

（6）选择 SATOCL408E 条码打印机，打印二维码。

（7）将商品和装箱单装入包装箱内并打包。

（8）完成后将用品整理归位。

注意事项：

（1）登录系统后，打印任何单据只允许操作一次，请仔细确认后再点击打印。

（2）打包开始前向教师示意，教师允许后开始操作，操作时间在 60 秒内为满分，超时 60 秒终止操作退出实训。

打包作业流程

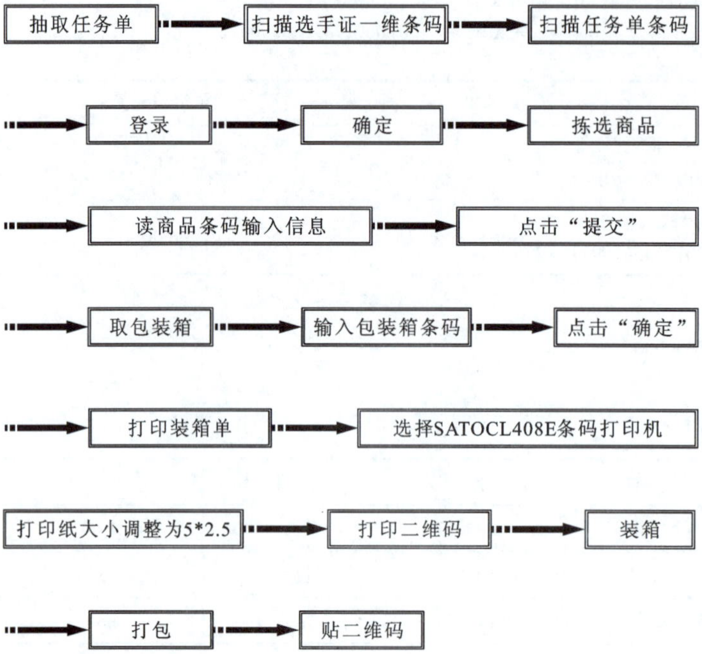

（3）二维条码应贴在包装箱条码右侧。

七、完成方式

个人项目，每个学生独立完成。

八、考核标准

装箱打包作业考核评分表

序　　号	内　　容	评　分　标　准	满　　分	得　　分
1	装箱及打印装箱单（30 分）	完成时间（时间为：　　　　秒）	20	
		装箱单放入包装箱内	5	
		装箱商品与作业单相符	5	
2	粘贴二维物流条码（10 分）	正确牢固粘贴二维物流条码	10	
3	打包（55 分）	打包质量	25	
		打包时间（时间为：　秒）	30	
4	场地管理（5S 管理）（5 分）	设备整理到开始前标准状态	5	
总分			100	

九、作业过程指导

教师，学生 20 人，手动打包机 10 套，学生每 2 人 1 套打包机，教师 1 套打包机。

（1）教师介绍打包机（套）各部位的名称及功能，动作要领，反复做 3 次，2 个学生每人做 2 次。

（2）教师演示，抽取作业任务单，要强调作业单上的规格型号要求，讲清楚操作要领，要有打包动作，特别对所取货物的规格要求，要强调主要方法，有什么要注意？要注意培养在操作过程中合理使用打包工具和节约打包材料的意识以及在作业过程中要注意降低成本、节约材料的良好职业道德和职业素养（特别要灌输成本的理念）。教师演示完后，由学生观察，观察后可提问题，若无问题，学生开始演练，每人一次，有问题由教师纠正，没问题继续。

（3）教师演示如何对装箱打包实训结果进行检验，装箱货物是否正确，包装带间距离、卡扣是否舒展。

（4）教师演示完毕，所有设备、工具放回原处。学生开始进行训练，2 人一组。

小　结

商品出库作业，是仓库根据业务部门或存货单位开出的商品出库凭证（提货单、调拨单），按其所列商品名称、规格、型号、数量等项目，组织商品出库一系列工作的总称。商品出库是商品储存阶段的终止，也是仓库作业的最后一个环节，它使仓库工作直接与运输单位和商品使用单位发生联系。因此，做好出库工作对改善仓库经营管理、降低作业成本、提高服务质量具有重要作用。

本项目介绍了出库作业准备工作及出库作业流程，最后介绍了退货处理。

项目 5

特殊货物管理

任务 5.1 冷藏货物与冷库管理

工作思考

1. 什么是冷藏货物？
2. 冷库管理包含哪些内容？
3. 冷库的结构包括哪些？

引导案例

连云港外贸冷库于 1973 年由外经贸部投资兴建，是我国外贸系统的大型冷藏库之一，由 12 000 t 的低温库（-18℃）和 5 000 t 的保鲜库（0℃）组成，配备双回路电源。另有 3 000 m^2 的普通仓库、100 多吨运力的冷藏车队、年加工能力为 1 500 t 的冷冻品加工厂。其经营范围为商品储存、加工；食用油及制品、副食品、饲料、建筑材料、金属材料的销售、代购、代销、公路运输服务等。

冷库所处区位优越，在连云港港区内，门前公路东接港口，西接宁连、徐连、汾灌高速公路，距离连云港民航机场只有 50 km，库内有铁路专用线与亚欧大陆桥东桥头堡相连，毗邻公路、铁路客运站，交通十分便捷。

设备完善的主库和从日本引进的组装式冷库构成了一流的冷冻、冷藏条件，保鲜库为国内外客户储存苹果、蒜头、洋葱等果品、蔬菜类保鲜食品。冷冻品加工厂设备完善、质保体系严格，采用恒温避光作业，拥有蔬菜、水产品两条加工生产线，可常年同时加工鲜、冻农副产品及水产品，其仓库在存放商品方面条件优越。

任务发布

如果你是冷库的管理者，根据冷库仓储的特点，请完成以下任务：

（1）确定冷库的操作流程。

（2）明确冷藏货物的操作规范和注意事项。

我要学习啦

冷冻冷藏也叫“制冷”，是应用热力学原理，用人工制造低温的方法，冰箱和空调都是采用制冷的原理。从化工的角度，一般都是采用一种临界点高的气体，加压液化，然后再使它汽化吸热，反复进行这个过程，液化时在其他地方放热，汽化时对需要的范围吸热。

以前制冷剂一般使用氨，氨是最容易液化的气体，但氨泄露后有毒，所以后来改用无毒无嗅的氟氯烃（即氟利昂），但在 20 世纪 80 年代发现氟氯烃是破坏地球臭氧层的主要罪魁祸首，从而引起气候变暖和人类皮肤癌的增加，现在全世界已经开始使用氟氯烃替代品的无氟冰箱和空调。

制冷储存分为冷冻储存与冷藏储存两类，冷冻储存用于速冻货物，在冷冻室中的货物可以存放较长的时间，冷冻的温度为 -16℃到 -26℃左右；在冷冻的过程中，冷冻货物中的水分会凝结成霜，因此冷冻货物一般要求冻结后再放到冷冻室储存，冷冻室到一定程度还要除霜。

冷藏是指在保持低温的条件下储存物品的方法。由于在低温环境中，细菌等微生物大大降低繁殖速度，生物体的新陈代谢速度降低，能够延长有机体的保鲜时间，因而对鱼肉食品、水果、蔬菜及其他易腐烂物品都采用冷藏的方式仓储。另外，对于在低温时能凝固成固态的液体流质品，采取冷藏的方式有利于运输、仓储装卸作业和销售，也采用冷藏的方式仓储。此外，在低温环境中一些混合物的化学反应速度降低，也采用冷藏方式储藏。冷藏室以不冻伤食品又有保鲜作用为准，冷藏的温度为 2℃到 10℃左右。

5.1.1 冷库的概念和分类

冷库是指有温度控制的，主要用于储存和简单加工货物的库房。冷库按照其服务的流通阶段不同、形式不同、温度范围不同可以分为若干种。

1. 按照冷库的使用性质分

（1）流通储存性冷库。它是用于批发、物流中心的流通环节的冷库。

（2）生产性冷库。它是为生产企业提供加工后产品的冷库。

（3）零售端冷库。它是用于大卖场、连锁店临时储存，保证店面供应和运作的冷库。

（4）周转性冷库。它是位于港口、车站附近，作周转用的冷库。

（5）综合性冷库。它是配套于城市的综合供应体系，提供加工、流通、储存等综合性服务的冷库。

2. 按冷库的设计温度分

（1）低温库。一般设计温度在 -15℃以下的冷库称为低温库，主要用于鱼、肉、冰激凌等产品的储存。

（2）高温库。一般设计温度在 0℃以上的冷藏库房称为高温库，主要用于水果、蔬菜的加工和储存。

3. 按冷库的结构分

（1）土建结构冷库（如图 5.1 所示）。土建结构冷库是目前在我国存在形式最多的冷库，有单层结构，也有多层的楼式结构。土建结构冷库由于墙体较厚，热传导性较差，所以库内温度容易保持较稳定。

（2）钢架结构冷库（如图 5.2 所示）。这种冷库为单层形式，库房构架及承重体为钢制结构，库板为彩色铝合金聚苯乙烯或聚氨酯泡沫夹层结构。钢构架冷库建设速度快、外形美观、并容易清洁。

（3）其他结构冷库包括位于地下的覆盖式冷库、利用山洞修建的冷库和冷藏集装箱（如图 5.3 所示）等。这些冷库在特定的条件下，有其自身的优点。

图 5.1 土建结构冷库

图 5.2 组合式钢结构冷库

图 5.3 冷藏集装箱

5.1.2 冷库的平面设计与构成

1. 冷库的平面设计

冷库的平面设计要依据库房功能要求和建筑设计的基本准则统一考虑。既满足冷库各个组成部分的功能要求，达到合理、高效，又符合建筑设计的一般准则（如图 5.4 和图 5.5 所示）。

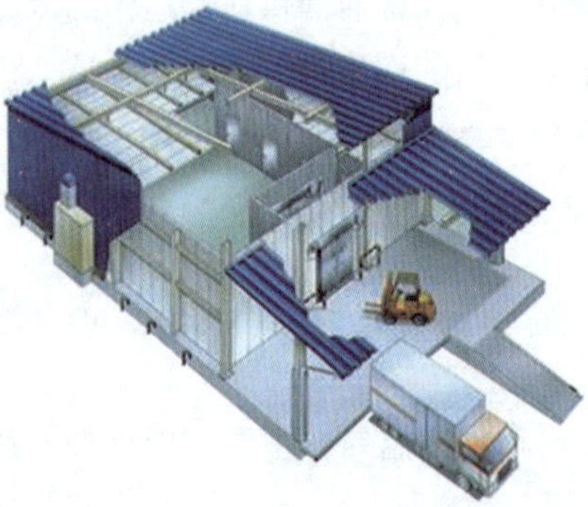

图 5.4 冷库布置图

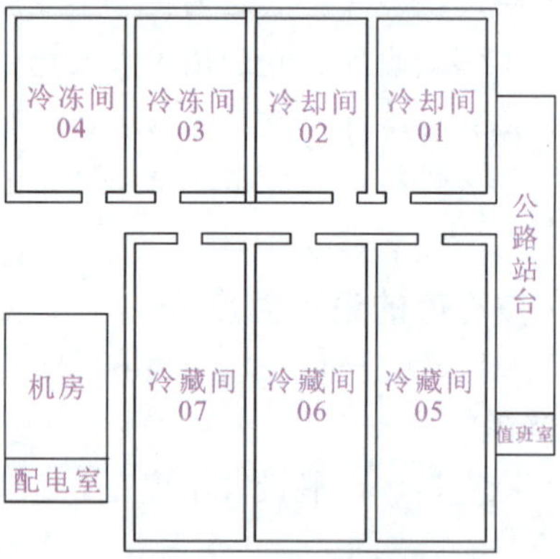

图 5.5 冷库平面布置图

平面设计的合理与否，对冷库的基本投资、经营管理费用、吞吐量和使用寿命等都有直接的关系。尽管各类冷库的使用性质、生产规模、服务对象以及其他客观条件各不相同，但建筑平面布置均应满足以下基本要求：

（1）力求布置紧凑，尽可能少占地：土地使用费在建设投资中占相当大的比重，减少占地对于降低工程造价、节约土地资源均有重要意义。

（2）满足生产工艺要求：保证生产工艺流程的连续性和生产过程的高效性，需避免作业线路交叉并尽可能避免迂回。货品流通顺畅、不交叉；生产和进出库运输顺畅，作业不干扰，路线短。符合厂（库）区总平面布局的要求，与其他生产环节和进库货品流向衔接协调。

（3）满足卫生防护要求：隔离区、原料区和动力区应处于厂区的边缘且在夏季主频风向的下风处。办公区、生活区与生产区之间应有隔离墙，且处于夏季主频风向的上风处。

（4）按使用功能进行分区：通常可分为原料区、生产区、动力区、办公与生活区、隔离区等；高低温区分明确，尽可能各自分开。在高度分区明确、内部间隔合理的前提下，缩小绝热围护层的面积。库房立柱分布整齐、间距一致、结构简单。库房维修方便，并留有库房扩建预留地。

2. 冷库的构成

冷库作为储存加工货品的场所，其建筑结构必须满足实际运作的功能需求，其组成可以根据需要选择以下功能的部分和全部。

（1）冷库库房及加工间。

① 冷库库房。是储存货品的主要场所。库房要保持恒定温度，并有温度监控设施、安全逃逸门等装置。包括冷冻货物储存库房与冷藏货物储存库房。

② 速冻间。用于需要冻结的食品，由常温或冷却状态快速降至 -15℃或 -18℃，加工周期一般为 24 小时。

③ 冷却间。用于对进库冷藏或需先经预冷后冻结（指采用二次冻结工艺）的常温食品，进行冷却或预冷。加工周期一般为 12 ～ 24h，产品预冷后温度一般为 4℃。

④ 冰库。又称储冰间，用于储存人造冰，解决需冰旺季和制冰能力不足的矛盾。

（2）冷库辅助功能房。

① 预冷站台。预冷站台也称过冷房或低温穿堂，是连接装卸货平台和库房的通道或房间，是为防止货品在装卸过程中直接暴露在环境中和防止冷库温度散失而设计的库房结构，也是运输作业和库房间联系的通道。

② 楼梯、电梯间。多层冷库均设有楼梯、电梯间。楼梯是生产工作人员上下的通道，电梯是冷库内垂直运输货物的设施。

③ 检查、过秤间。它是供货物入库时检查质量和出入库时过秤计数的房间。

（3）办公用房。

① 办公室。办公室包括公司办公室、营运办公室和业务办公室等。

② 员工更衣室和休息室。冷库由于其工作环境的特殊性，员工更衣和休息的场所更要注意方便性。

（4）冷库附属设施房。

① 制冷机房。制冷机房是冷库的主要设备所在地，要根据建筑设计要求留足空间和与库房的安全距离。制冷机房也要按照安全性要求设有防火、逃逸等设施和通道。

② 配电间。高低压配电间是供应制冷机房和办公等用电的设备场所。

③ 维修充电房。冷库的运作所使用的叉车、堆高机等设备的维修、充电需要配备合适的场所，并且要配备各种安全防护设施

3. 冷库的使用与管理

冷库与一般通用库房不同，它的结构、使用性能都有特殊的要求。冷库是用隔热材料建筑的低温密封性库房，具有怕潮、怕水、怕风、怕热交换等特性。因此，在使用库房时，应注意以下的问题：

（1）冷库内各处（包括地面、墙面和顶棚）应无水、霜、冰，库内的排管和冷风机要定期除霜、化霜。库房墙面和顶棚出现冰霜可能是库房漏气或隔热层失效造成的，所以要严格检查。

（2）冷库门要保持常闭状态，商品出入库时，要随时关门。空气的对流是温度散失的主要原因，所以要尽量减少冷、热空气的对流，凡经常出、入库货品的门要安装空气幕、塑料隔温帘或快速门等装置。

（3）冷库库房必须按规定用途使用，高、低温库不能混淆使用。在没有商品存库时，也应保持一定温度，速冻间和低温冷藏间应在 -5℃以下，高温冷藏间在露点温度以下，以免库内滴水受潮，影响建筑物的美观和使用。

（4）冷库是储存冷冻货品的设施，一般设计没有考虑急速降温功能，所以没有经过冻结的

温度过高的货品，不能入库。一是由于较高温度的货品会造成库内温度的急速回升，使库温波动过大；二是货品带入库房的热空气会产生凝结在库房墙面的冰霜，长时间会产生制冷效率降低的现象。

（5）为了防止冷库地板下面因温度差而发生冻结和鼓起，要安装自然通风或强制通风装置。要保持地下通风畅通，并定期检查地下通风道内有无结霜、堵塞和积水，检查回风温度是否符合要求，地下通风道周围严禁堆放物品。

（6）与普通仓库需注意墙、顶、灯、柱、货距一样，冷库货品的堆放要与墙、顶、灯、排管有一定距离，地下通风道周围严禁堆放物品。冷库库内要有合理的走道，方便操作、运输，并保证安全。库内操作要防止运输工具和商品碰撞冷藏门、电梯门、柱子、墙壁、排管和制冷系统的管道，在易受碰撞之处应加保护装置。

（7）冷库的地板与一般库房地板不同，有隔热层，所以有严格的承重要求和保温要求。如果地板表面保护层破坏，水分侵入，会使隔热层失效。因此，不能将商品直接铺放在库房地板上冻结，货物底部需加衬垫物资。拆垛时不能用倒垛的方法，不能在地坪上摔击，以免砸坏地坪，破坏隔热层。

4．冷冻冷藏货品的储存管理

货物入库时，要对货物的温度进行测定、查验货物内部状态，进行详细记录，对于霉变货物不接受入库。入库前货物要预冷，未经预冷冻结货物不得直接进入冷冻库，以免高温货物大量吸冷造成库内温度升高，影响库内其他冻货。

冷库中储存的货品一般是处于产成品阶段的货品。确保货品在库过程中的质量完好，并提高冷库的运作效率是冷库管理所追求的目标。冷库的货品管理一般应注意以下几方面：

（1）严格控制库房温度、湿度，满足货品储存特性要求。冷库的温度恒定是保证货品储存质量的重要条件之一。一般情况下，冷冻库的平均温度升降幅度一昼夜不得超过1℃，高温库房的温度一昼夜升降幅度不得超过0.5℃，这不包括设备化霜和出入库所引起的短时间和局部的温度变化。在货物进出库过程中，低温库温度升高不得超过4℃，高温库温度升高不得超过3℃。因为温度的上升，将使食品组织中的冰晶部分融化，当温度在降低时，融化形成的水再度冻结，已消失的晶体不再恢复，而遗留下来的较大晶体却不断扩大起来，这对食品组织是极为不利的。为了保证冷库的温度稳定食品的入库温度一般不高于冷库设定温度3℃，即在-18℃的库房中货品的入库温度要达到-15℃，较为合理。当入库货品温度偏高而影响库内原有货品温度时，应把入库货品单独储藏，待降温后再入库。

（2）合理堆放。冷库中的货品堆放要尽量紧密，以提高库房利用率。不同类别的货品放置不同的地方，没有包装的货品不要和有包装的货品放在一起，味道差异比较大的货品不要放在一起。货品堆放要尽量避开风机、蒸发器下面，以免水滴在货品上。

（3）降低货品干耗。食品在冷加工与储藏过程中，会发生水分的蒸发，及食品的干耗。干耗不仅使食品干枯，降低营养价值，而且会引起重量损失。一般采取以下措施：降低储藏温度；改进包装；控制库房湿度；用冰衣覆盖货品，对冻肉、鱼类货品可以用喷水加冰衣的方法。

（4）减少货品搬动次数。冷库中由于作业环境的关系，应尽量减少货品搬动的次数。搬动次数的增加会增加货品破损的机会，并且低温环境下的人工作业会加大运作成本。可以采用整板出货、整层出货的方法减少人工搬动货品的机会。

（5）定期经常检查。冷库中的货品要经常检查，检查货品是否按照出入库要求先进先出，是否存放时间过长而发生质量变化，是否货品表面结冰、结霜等。

冷冻冷藏货物出库要认真核对，防止错发、错取。对于出库时需要升温处理的货物，应按照作业规程进行加热升温，不得采用自然升温。

技能训练

◆ 情境设置

王某是某仓储公司冷库的负责人，7 月一天上午接到业务部电话，中午一批冻肉和冻鱼到货，需安排入库。到货后，王某查验了发货单和卫生许可证，因已到午饭时间，安排工人吃饭后作业。因搬运工较少，货物又多，直到晚 18 点才搬完，为了节省空间，两种货物混放。第二天发现货物融化复冻，冻肉串味。

◆ 技能训练目标

1. 分析事故的原因。
2. 总结冷冻货物保管的要点。

◆ 技能训练准备

1. 学生每 5 人为一组，每小组选一名组长。
2. 以组为单位完成分析。
3. 教师指导。
4. 训练时间安排：1 学时。

任务 5.2 危险品管理

工作思考

1. 什么是危险品？
2. 危险品包括哪些？
3. 危险品仓储要注意什么内容？

引导案例

2001 年 7 月 30 日 2 时 50 分，渝涪高速公路涪陵距重庆 30 km 处发生严重车祸。一辆安凯客车超车时与正在行驶的一辆化工原料槽罐车相撞，顿时造成槽罐车里 3 t 毒性极强的四氯化碳发生严重泄漏！据称，只要空气中的四氯化碳含量达到 12.8‰，老鼠闻到就会一命呜呼。

据《华西都市报》报道，重庆消防总队特勤大队火速赶往毒气泄漏现场，只见被撞化工原料货车头横向侧翻在路边，装有毒性极强化工原料四氯化碳的槽罐则被抛进了路边的水沟里，被撞裂的罐缝“嗤嗤”地向外冒着恐怖的气体，据说那就是极易挥发的四氯化碳泄漏出的有毒气体，即便是在空旷地带，人要是不慎闻到这种毒气很快就会头昏脑涨、四肢乏力，出现明显的中毒症状。进入警戒线后，消防战士们全副武装穿上生化服和防毒面具，打开高压水枪迅速对毒气源头大槽罐进行消洗和稀释。这种有毒气体弥漫在空气中竟有一种奇异的“香味”，极易迷惑人的嗅觉，使人在不知不觉中“中毒”。据介绍，这次四氯化碳泄漏的有毒气体弥漫达 1 km^2，随着消防官兵奋力消洗，带“香味”的毒气在 2 个小时后才渐渐消失。据介绍，这次惨烈车祸除造成有毒化工原料严重泄漏外，安凯客车也严重受损，坐在右侧的该车售票员在相撞时当场死亡，另有众多伤员被火速送到新桥医院治疗。

知识链接

四氯化碳（如图 5.6 所示）是一种无色、易挥发、不易燃的液体。具有氯仿的微甜气味，并具有一种令人愉快的气味。不会燃烧，但遇明火或高温易产生剧毒的光气和氯化氢烟雾。在潮湿的空气中逐渐分解成光气和氯化氢。

四氯化碳的急救措施：

1. 皮肤接触：脱去污染的衣着，用肥皂水和清水彻底冲洗皮肤。
2. 眼睛接触：提起眼睑，用流动清水或生理盐水冲洗。
3. 吸入：迅速脱离现场至空气新鲜处。保持呼吸道通畅。如呼吸困难，输氧。如呼吸停止，立即进行人工呼吸。
4. 食入：饮足量温水，催吐、洗胃。

四氯化碳消防措施：

1. 灭火方法：消防人员必须佩戴过滤式防毒面具（全面罩）或隔离式呼吸器、穿全身防火防毒服，在上风向灭火。
2. 灭火剂：雾状水、二氧化碳、砂土。

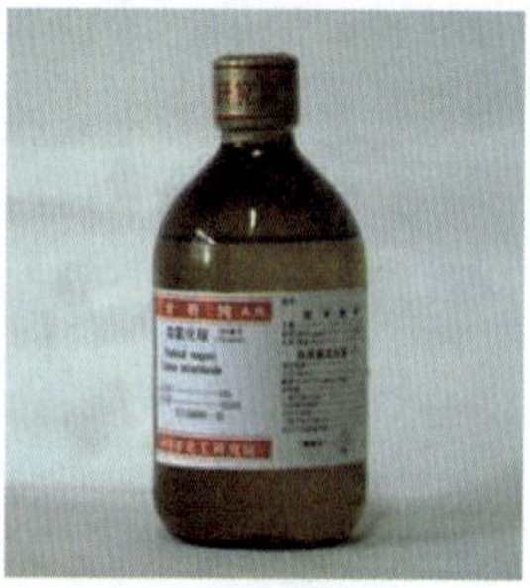

图 5.6 四氯化碳

任务发布

如果你是危险品仓储企业的负责人，主要仓储高锰酸钾和铝粉，请完成以下任务：

（1）明确危险品的分类。

（2）明确本企业仓储危险品的类属与性质。

（3）制定相应的安全防范措施。

我要学习啦

5.2.1 危险品概述

危险性物品是指在生产和流通中，由于本身具有的易燃烧、爆炸、腐蚀、毒害及放射线等性能，或因摩擦、震动、撞击、曝晒或温湿度等外界因素的影响，能够发生燃烧、爆炸或人畜中毒、表皮灼伤，以至危及生命，造成财产损失等危险性的物品。

常见的危险品有 2 000 多种。由于其性质各异，有些存在禁忌现象，因此要安全储存和运输危险品，必须对这些危险品采用科学的管理方法，依照它们的性质进行分类、分级，并分区储存和运输，才能对不同危险性质和程度的危险品进行科学、有效、安全地存储和运输。

国外危险品危险性的划分主要标准是根据联合国危险货物运输专家委员会制定的《国际海运危险货物规则》来制定，在此规则中将危险货物分为九类。按我国目前已公布的法规、标准，有三个国标：GB6944—86《危险货物分类和品名编号》、GB12268—90《危险货物品名表》、GB13690—92《常用危险化学品分类及标志》，将危险化学品分为八大类，每一类又分为若干项。如爆炸品在国家标准中分 5 项，其中有 3 项包含危险化学品，包括具有整体爆炸危险的物质和物品、具有燃烧危险和较小爆炸危险的物质和物品、无重大危险的爆炸物质和物品，另外 2 项专指弹药。限于篇幅，在本书中，只介绍大类，不介绍分项。

5.2.2 危险品分类

危险化学品包括：爆炸品（如图 5.7 所示）、压缩气体和液化气体、易燃液体、易燃固体、自燃物品和遇湿易燃物品、氧化剂和有机过氧化物、放射性物品、有毒品和腐蚀品等 8 类。

1. 爆炸品

本类化学品系指在外界作用下（如受热、受压、撞击等），能发生剧烈的化学反应，瞬时产生大量的气体和热量，使周围压力迅速上升，发生爆炸，对周围环境造成破坏的物品。也包括无整体爆炸危险，但具有燃烧、抛射及较小爆炸危险，或仅产生热、光、音响或烟雾等一种或几种作用的烟火物品。

爆炸品标志如图 5.8 所示。

图 5.7 爆炸品（黄色炸药）

图 5.8 爆炸品标志

爆炸品的出入库管理：验收时，需仔细查看有无受潮、结块、变质等现象，要逐件查看包装有无异状，比如包装破漏、明显掺杂异物等，如发现受潮等足以影响质量的情况，在这些状态下，应不允许入库或整修后才能入库。验收时应避免使用铁制工具，使用铜制或橡胶的工具，不能使货物受到大的撞击。

爆炸品的在库管理：爆炸物品必须严格分类，专仓专放，按照其性能、类别分别处理。库温宜在 10℃与 30℃之间，相对湿度应控制在 75% 以下，最高不能超过 85%。库内潮气大时，可利用自然通风降湿或使用机械去湿，切不可用生石灰吸潮。点火器材和起爆器材，炸药及其他爆炸物品，虽同属爆炸物品，却相互又有抵触，均不得同库混存。雷管是敏感性极高的起爆器材，严禁与各种炸药混存。爆炸物品储存量不宜过大，要严密防鼠、防潮、防日光照射，与周围建筑物保持 30 m 以上的距离，严禁与强酸、强碱、盐类、易燃物品、氧化剂、金属粉末等混存。

爆炸品的消防管理：仓库内绝对禁止吸烟和明火作业，不准穿带有铁钉的鞋子入库。万一发生火灾，应使用水或专用灭火器材灭火，不能用沙土覆盖。仓库的建筑要采用轻质顶盖，库门和窗户应向外开放。

2. 压缩气体和液化气体

在一定温度下加压变为液化后充装在钢瓶里的气体叫压缩气体。常见有氧气、氮气、氢气、氨气等。气体指示标志和氢气瓶如图 5.9 和图 5.10 所示。

图 5.9 气体指示标志

图 5.10 氢气瓶

压缩气体和液化气体的验收：检查有无漏气与异味现象，不能使用鼻子嗅，应在接缝处涂肥皂液或将气瓶置于水中，看有无气泡产生；查看安全帽是否完好，瓶子有没有锈蚀、凹陷或凸出现象。

压缩气体和液化气体的储存：根据这类物品的性质，在储存时应选择阴凉通风的库房，严防日光投入直接照射。库温应控制在 32℃以下，相对湿度要求在 80% 以下，尤其要预防钢瓶生锈。通风后若发现瓶上有水珠，应立即擦干。储存时应避免气瓶的安全帽等对着作业通道。保管养护中要加强温湿度管理，经常进行安全检查，注意防止堆码不牢或阀门锈蚀漏气等问题的出现，发现问题后应尽快解决，并应与易燃物品、爆炸物品、氧化剂、腐蚀性物品等隔离存放。

压缩气体和液化气体的消防：出现火灾时，应及时扑救，如来不及扑灭时，应将未起火的气瓶迅速转移，或在气瓶上浇水，使其冷却，避免连锁爆炸。灭火时，扑火人员应该佩戴防毒面具，以防中毒现象发生。

3．易燃液体

易燃液体是指在常温下容易燃烧的液态物质，凡是闪点在 45℃下的液态物质属于易燃液体，其中不少属于石油化工产品。常见的有汽油、苯、乙醇、丙酮、甲醛、乙醚、香蕉水、煤油等。

易燃液体标志和甲醇汽油如图 5.11 和图 5.12 所示。

图 5.11 易燃液体标志

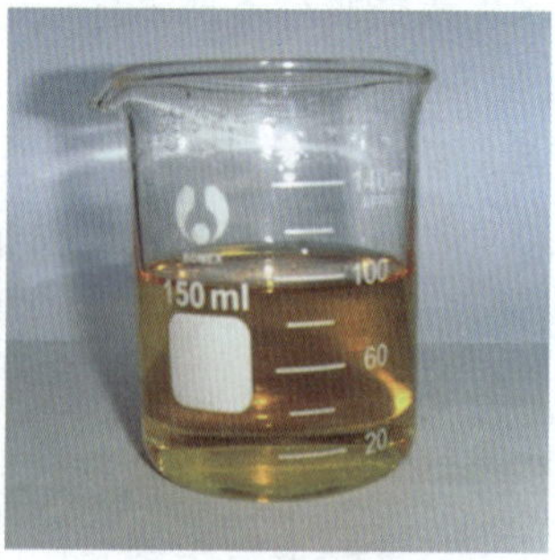

图 5.12 甲醇汽油

易燃液体验收时注意外包装，瓶装与桶装的货物要看外包装有无膨胀、渗漏、凹凸等现象，封口是否紧密。发现物品有渗漏或气味太大时，要整修包装。

易燃液体的沸点都比较低，易挥发，所以应该存放在阴凉、通风良好的仓库内。高级易燃液体（沸点在 60℃以下）应储存在低温度库房，如乙醚、石油醚、丙酮等。易燃液体对温度的变化极为敏感，影响易燃液体安全储存的主要因素是温度，夏天更是关键季节。所以，高级易燃液体的储存温度应控制在 25℃以下，一级易燃液体储存温度应控制在 30℃以下，二级易燃液体储存温度应控制在 33℃以下。湿度过大，氯、氟、硅、烷类物品吸潮后，会分解产生有刺激性的腐蚀气体，会造成金属包装生锈，所以必须注意防潮。易燃液体仓储期间，应认真执行商品在库检查制度，尤其是夏季，要加强温湿度管理，适时调节库温，注意包装渗漏、变质及其他异状，发现问题及时解决。

易燃液体的火灾较迅速和猛烈，极易发生爆炸，在库保管时，要根据实际情况，确定消防方法与消防器具。易燃液体多有酸碱性、有毒，工作人员灭火时，不能站在下风头，应穿戴消防用具。

4．易燃固体、自燃物和遇湿易燃物

易燃固体：多为化工原料及其制品。燃点低、易燃烧或爆炸、并放出有毒气体，如红磷、硝化纤维（硝化棉、胶棉）、硫黄、金属粉末（镁粉、铝粉）（如图 5.13 至 5-15 所示）。

自燃物：如白磷、铝粉燃点低，能自燃且燃烧猛烈、危害性较大，氧化速度快；如油纸、白布等氧化速度较慢。

遇水可燃物：凡遇雨水或潮湿空气能分解产生可燃气体，同时放出大量热量使可燃气体猛升到自燃点，从而引起燃烧爆炸的物质，如碳化钙。

图 5.13 易碎固体与自燃物标志

图 5.14 储存在水中的白磷

图 5.15 碳化钙（电石）

此类物质燃点低，性质很不稳定，入库时，要认真对外包装进行检验，检查是否破损，是否混杂有其他物质。此外，还应该检查有无受潮、水渍等现象，对不符合要求的，需整修后才能进库。

这类物品要选择地势高，不易进水的库房储存。为防止万一受潮，底部需垫一层或两层枕木，码成行列式货垛，堆垛不宜太高太大，以便于操作和检查。绝不允许露天存放，也不能与酸、氧化剂、含水物、易燃物以及灭火方法不同的物品同库存放。雨、雪、雾天或空气湿度过大时（相对湿度 85% 以上）应停止作业。雷雨季节可捕捉气候干燥时机进行通风散潮，阴雨天门窗要

密封。库内可用氯化钙干燥剂和吸潮机吸潮。相对湿度一般应保持在 75% 以下，最高不得超过 80%。

此类物质着火时，一般比较迅速、猛烈，来不及扑灭，所以单库的库存量不宜过大，应选择面积较小的库房，与相邻的库房要保持相当的距离，不能相互影响。灭火时，可以使用水、沙土、泡沫等，如货物起火时，产生有毒气体，工作人员要佩戴防护用品。

5．氧化剂和有机氧化剂

凡有较强的氧化性能，分解温度在 500℃以下，遇酸、碱、潮湿、高温、摩擦、冲击，与可燃物、还原剂等接触能发生分解并引起燃烧、爆炸的物质，如双氧水、高锰酸钾等（如图 5.16 和图 5.17 所示）。

图 5.16 氧化剂标志

图 5.17 高锰酸钾

入库时，应该在安全的地点进行，根据不同的物品特性，采用按比例或全部验收。

由于氧化剂类别繁多、特性不一、性质活泼易于放氧，是化学危险品中容易发生问题的一种，其养护管理要求比较高。因此，在管理中要认真做好区分分类的储存工作，在养护上要采取有针对性的，也是较为复杂和有效的措施，严禁与遇水燃烧物品、易燃液体、易燃固体、爆炸物品、腐蚀性物品等混装混存。在本类中无机氧化剂与有机氧化剂、硝酸盐与亚硝酸钠之间及其他各类之间也要严禁混存。对无机过氧化物要采取类似遇水燃烧物品的养护管理措施。氧化剂一般都怕热，受热后会加速分解。有的氧化剂受热分解后还可能引起燃烧和爆炸。所以必须避免高温或日光曝晒。还有的氧化物如硝酸盐、重铬酸钠吸潮后悬浮在地面和铺垫物上，如和其他撒漏的粉末状物品相混合，很可能发生事故造成严重后果，故还应当防潮。氧化剂库的库温，不宜超过 35℃，相对湿度一般应保持在 80% 以下，最高不能超过 85%。

氧化剂发生火灾时，应该使用沙土、二氧化碳灭火器等进行灭火，易与水产生反应的货物不能使用水来灭火。

6．毒害品

物质进入人体后，累积达一定的量，能与体液和器官组织发生生物化学作用或生物物理作用，扰乱或破坏机体的正常生理功能，引起某些器官和系统暂时性或持久性的病理改变，甚至危及生命的物品。如无机毒物（氰、砷、硒）及其化合物类（氰化钾、三氧化二砷、氧化硒），有机毒物类中的卤代烃及其卤代物（氯乙醇、二氯甲烷等），有机磷、硫、砷、腈、胺等化合物类，有机金属化合物，某些芳香烃，稠环及杂环化合物等等。毒害品的主要特性如下：(1) 溶解性毒害品的水中溶解度越大，毒性越大。因为易于在水中溶解的物品，更易被人吸收而引起中毒。如氯化钡（$BaCl_2$）易溶于水中，对人体危害大，而硫酸钡（$BaSO_4$）不溶于水和脂肪，故无毒。但有的毒物虽不溶于水但可溶于脂肪，这类物质也会对人体产生一定危害。

（2）挥发性毒物在空气中的浓度与物质挥发性有直接的关系。在一定时间内，毒物的挥发性越大，毒性越大。一般沸点越低的物质，挥发性大，空气中存在的浓度高，易发生毒性（如图 5.18 和图 5.19 所示）。

图 5.18 毒害物品标志

图 5.19 三氧化二砷（砒霜）

毒害物品入库时，应先检查是否曾经混装过性质相抵触的物品，外包装是否完好，尤其要注意验收的数量，避免途中或在库丢失。有条件时，验收可以使用各种理化手段来检验，要在专门的验收地点来接收。

毒害物品应储存于阴凉、干燥、通风的场所，并根据性能特点和消防方法做好分区、分类储存。无机毒害物品不可与酸类混存、混运，有机毒害物品不可与氧化剂混存、混运。处理剧毒品要佩戴防毒面具和橡胶手套。污染处可用硫酸钠溶液或碱水溶液浸湿中和后，再用清水彻底清洗干净。储存中要认真做好安全养护与管理工作，保持库房整洁，经常进行库房通风散发毒气。剧毒品要专仓专放，包装必须严密完好。毒害物品库温以不超过 32℃为宜，相对湿度要控制在 80% 以下。

在库堆码高度不应超过 1m，单人单次工作负荷不大于 25kg。一般毒害品着火时，可以使用水来灭火，工作人员佩戴防毒面具，站在上风处。为了防止人员中毒，注意根据不同的货物性质采用不同的消防方法。

7．放射性物品

放射性物品是指含有放射性核素，并且其活度和比活度均高于国家规定的豁免值的物品。通俗地讲，放射性物品就是含有放射性核素，并且物品中的总放射性含量和单位质量的放射性含量均超过免于监管的限值的物品（如图 5.20 和图 5.21 所示）。

图 5.20 放射性物品标志

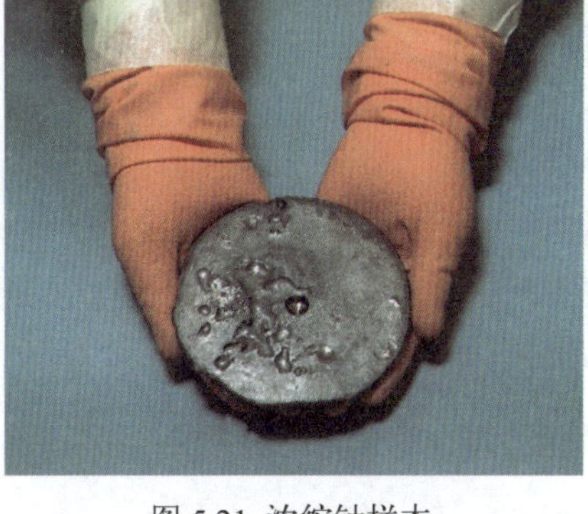

图 5.21 浓缩铀样本

放射性物品应有一定厚度的铅制防护罩衬在外包装内部，所以在验收时，如果条件允许，不但要检查外包装是否完好，还要检查铅制内衬。内包装中如果是易碎品的话，要有柔软材料的衬垫。入库时，为了保证人身安全，应用放射性探测仪器进行放射量的测试，如果放射量过大，应拒绝入库。

放射性物品储存时，应建立单独的仓库，避免使用一般仓库或与其他物资混用，建筑要采用混凝土结构，地面光滑，便于冲洗，库内有专门的排水设施，门窗有铅板防护，库房远离生活区。装卸搬运放射性物品时，尽量使用机械化作业，避免与人身直接接触，工作人员的工作时间要严格控制，可以根据放射性剂量的大小来设定。堆码的高度不大于 1.5 m，装卸的单件负荷要小于标准负荷的 75%。放射性物品储存时，对温湿度无大的要求，保证不损坏外包装即可，仓库内部尽量保持清洁、干燥。

放射性物品发生火灾时，尽量不使用水来灭火，应使用沙土，灭火后，注意立即收集沙土，避免二次污染。工作人员灭火时，应穿戴专用装具，站在上风处。

8. 腐蚀品

这类物品具有强腐蚀性，与其他物质如木材、铁等接触后，会使其受腐蚀作用而导致物品损坏，与人体接触会引起化学烧伤。有的腐蚀物品有双重性和多重性。如苯酚既有腐蚀性还有毒性和燃烧性。腐蚀物品有硫酸、盐酸、硝酸、氢氟酸、冰乙酸、甲酸、氢氧化钠、氢氧化钾、氨水、甲醛、液溴等（如图 5.22 和图 5.23 所示）。

图 5.22 腐蚀品标志

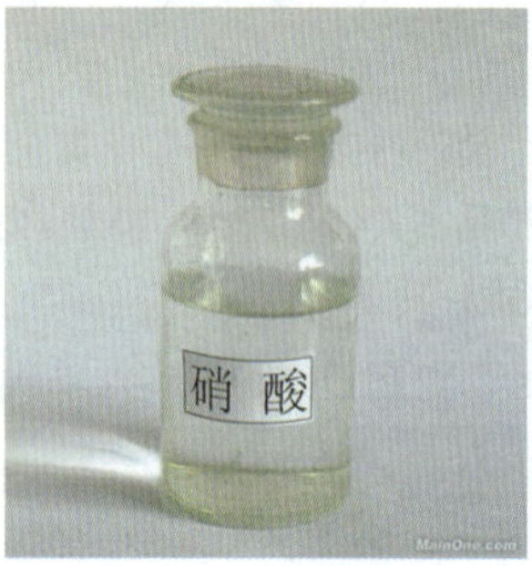

图 5.23 硝酸

腐蚀性物品入库核查时应注意外包装是否牢固完好，内部的容器有无破损渗漏，包装上有无液体渗出的水渍。

一级酸性腐蚀物品，可存放在遮阳光的货棚中；二级酸性腐蚀物品和碱性腐蚀物品，一般可存入货场，重要的要存入库房。碱性和酸性不能混存，且不能与有抵触的、消防方法不一致的其他物品混存。对沸点低和易燃的腐蚀性物品，库温宜在 30℃以下，相对湿度不超过 85%；对怕湿、遇水分解和发热、发烟的腐蚀性物品，除必须保持封口严密、包装完整外，相对湿度不宜超过 70%；怕冻的，冬天还须做好防冻工作。

腐蚀品起火时，可以使用沙土和水进行灭火，但不能使用高压水枪，防止腐蚀品四处飞溅，使用各种灭火剂时，要注意能否与腐蚀品产生化学反应。灭火人员作业时要注意佩戴防护用具，不能站在下风头。

5.2.3 危险品的仓储作业要求

和其他货物仓储管理相同，危险化学品仓库管理具有一般性，但有其特殊性。

危险化学品仓储作业的基本任务：危险化学品的审查凭证、核验出入库；危险化学品的移动、搬运出入库；危险化学品在库的保养、储存，温湿度的控制；办理出入库危险化学品的入账、销账手续。

危险化学品仓储作业的基本要求：对出入库的单据、危险化学品审核无误；出入库作业及时迅速；危险化学品出入库的账目清楚准确；危险化学品的装卸搬运轻稳安全。其具体要求如下：

1. 入库作业要求

危险化学品入库一般经过验单、接货、卸载、分类（分标记）、危险化学品点验、签发入库凭证、危险品入库堆码、登记入账等一系列作业环节。对这些作业活动要进行合理安排和组织。尤其是以下几项：

(1) 入库前准备工作。仓位准备：根据危险化学品的性能、数量、体积、重量等确定危险化学品堆放地点，并进行清理消毒等工作；接货人员、设备等物资的准备；作业操作顺序的安排；根据危险化学品入库的数量、时间、品种做好接货、验收、搬运、堆码等各环节的协调配合；在机器操作条件下，要事先安排好定人、定机的作业序列。

(2) 入库库检。数量检验：危险化学品运到后，收货人员要按危险品入库单清点数量。危险化学品数量的计量分计数与计重两种。计数可采取大数点收、逐件计总，或集中堆码点数等方法。计重的危险化学品若需要验收净重，可根据危险化学品包装的具体情况，采用扣除平均皮重或除皮核实两种方法；质量检验：质量检验是鉴定危险化学品的质量指标是否符合规定。质量鉴定分感官鉴定和理化鉴定两种方法。理化鉴定一般由技术检验部门进行取样测定。感官鉴定一般由仓库保管员在验收危险品时凭感官检查危险品的包装、外观等。

(3) 检验方式。危险化学品的检验方式有全部检验和抽样检验两种。全部检验，主要是对数量的全部检验，在批量小、规格尺寸和包装不整齐以及严格验收时采用。抽样检验，往往在批量大、规格尺寸和包装尺寸整齐、危险化学品质量信誉较高以及验收条件有限的情况下采用。危险化学品检验方式由供货方和接货方双方通过签订协议或合同加以规定。

(4) 验收中发生问题的处理。为了准确划分存储单位、运输部门的职责和保证入库危险化学品的质量，对验收中出现的问题要严格按照制度规定处理。危险化学品入库凭证不齐或不符合规定时，仓库有权拒收或要求重办入库凭证，将所到危险化学品另行堆放，暂作待验处理。当验收中发现危险化学品质量不符合规定时，应立即会同交货单位或有关人员做详细记录，将有问题的危险化学品单独存放，同时采取必要措施防止扩大损失，并迅速通知有关单位到现场查看，共同协商，及时做出处理。在数量检查中，计件危险品一般不允许有短缺，对计重危险化学品所发生的损益凡在规定标准以内的，仓库可按实际数量验收入库。超过规定时，也应会同交货人员作出记录，分清责任，及时处理。在验收中对有索赔期的危险化学品，应及时检验，发现问题时必须按照规定的手续，在规定的期限内，向有关部门提出索赔要求，否则责任部门对所形成的损失将不予受理。

2. 出库作业要求

危险化学品发货业务是根据业务部门开出的危险化学品出库凭证，按其所列的危险化学品编号、名称、规格、牌号、数量等项目组织危险化学品出库。危险化学品出库作业包括两个内容，即发货前的经常性准备和发放危险化学品出库。发货前准备一般包括：原件危险化学品的包装整理；零星危险化学品的备货和包装；待运危险化学品机具用品、装箱的场地准备、劳动力的组织安排等。危险化学品出库作业流程的一般程序是：核单→记账→复核→发货。

3. 在库管理要求

危险化学品的储存方式，按照物质的物理及化学特性和储存量的大小可分为整装储存和散装储存两类（如图 5.24 和图 5.25 所示）。

（1）整装储存是将物品装于小型容器或包件中储存，如各种袋装、桶装、箱装或钢瓶装的物品。这种储存方式往往是存放品种多、存储量小、性质复杂的物品，比较难管理。

（2）散装储存是将物品不带外包装的净货储存，一般来说量比较大，所需设备和技术条件比较复杂，如有机液体化学品甲苯、丙酮、甲醇等的存储。以这种储存方式储存的物品一旦发生事故将难以施救。

图 5.24 石油化工品仓库一角

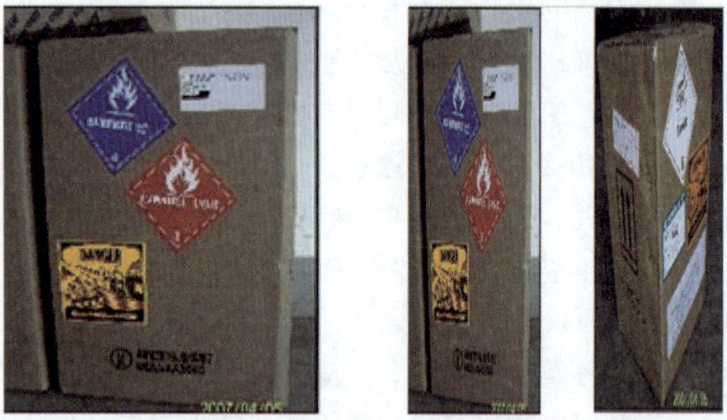

图 5.25 货物包装与危险性指示标签

（3）分类储存的原则。

① 危险化学品品种繁多、性能复杂，储存时要按照分区、分类、分段、专仓专储的原则，定品种、定数量、定库房、定人员进行保管。

② 由于性能相互抵触，灭火方法不同，烈性危险化学品和其他危险品应分开储存，各类危险化学品不得与禁忌物料混合储存，如表 5.1 所示。

③ 储存危险化学品应有明显的标志，标志应符合有关法规的规定。

④ 同一区域储存两种或两种以上不同级别的危险化学品时，应按最高等级危险化学品的存储要求进行存储。

⑤ 危险化学品的储存量及储存安排应按照国家或地区的法律规定实施。

表 5.1 化学危险物品混存性能互抵表

		爆炸性物品				氧化剂				压缩气体和液化气体				自然物品		遇水燃烧物品		易燃液体		易燃固体		毒害性物品				腐蚀性物品				放射性物品
		点火器材	起爆器材	爆炸及爆炸性药品	其它爆炸品	一级无机	一级有机	二级无机	二级有机	剧毒	易燃	助燃	不燃	一级	二级	一级	二级	一级	二级	一级	二级	剧毒无机	剧毒有机	有毒无机	有毒有机	酸性 无机	酸性 有机	碱性 无机	碱性 有机	
爆炸性物品	点火器材	O																												
	起爆器材	O	O																											
	爆炸及爆炸性药品	O	×	O																										
	其他爆炸品	O	×	×	O																									
氧化剂	一级无机	×	×	×	×	①																								
	一级有机	×	×	×	×	×	O																							
	二级无机	×	×	×	×	O	×	②																						
	二级有机	×	×	×	×	×	O	×	O																					
压缩气体和液化气体	剧毒（液氨和液氯有抵触）	×	×	×	×	×	×	×	×	O																				
	易燃	×	×	×	×	×	×	×	×	×	O																			
	助燃	×	×	×	×	×	×	分	×	O	×	O																		
	不燃	×	×	×	×	分	消	分	分	O	O	O	O																	
自然物品	一级	×	×	×	×	×	×	×	×	×	××	××	××	O×																
	二级	×	×	×	×	×	×	×	×	×					O															
遇水燃烧物品	一级	×	×	×	×	××	××	××	××	×	××	××	×消	××	×消	O														
	二级	×	×	×	×					消						×	O													
易燃液体	一级	×	×	×	×	××	×	×	×	×	×	×	×	×	×	×	×	OO												
	二级	×	×	×	×		×	×	×	×	×	×	×	×	×	×	×		O											
易燃固体	一级	×	×	×	×	××	×	×	×	×	×	×	×	×	×	×	×	消消	消消	OO										
	二级	×	×	×	×		×	×	×	×	×	×	×	×	×	×	×				O									
毒害物品	剧毒无机	×	×	×	×																									
	剧毒有机	×	×	×	×	分×	××	分×	消×	分×	分×	分×	分×	××	分×	消×	消×	消×	消×	分×	分×	OO								
	有毒无机	×	×	×	×	分×	××	分×	分×	分×	分×	分×	分×	××	分×	消×	消×	消×	消×	分消	分消	OO	OOO	OO						
	有毒有机	×	×	×	×																				O					
腐蚀性物品	无机	×	×	×	×	×	××	×	×	×	×	×	×	×	×	×	×	×消	×消	×	××	×	×	×	×	O				
	有机	×	×	×	×	×		×	×	×	×	×	×	×	×	×	×			×		×	×	×	×	×	O			
酸性碱性	无机	×	×	×	×	分	消	分×	消×	分×	分×	分×	分×	分×	分×	消×	消×	消消	消消	分消	分消	×	××	×	×	×	×	O		
	有机	×	×	×	×	×	×															×		×	×	×	×	O	O	
放射性物品		×	×	×	×	×	×	×	×	×	×	×	×	×	×	×	×	×	×	×	×	×	×	×	×	×	×	×	×	O

说明：O —— 可以混存；

× —— 不可以混存；

分 —— 应按化学危险品分类机械分区分类储存，如果物品不多或仓位不够时，因其性能并不互相抵触，也可以混存；

消 —— 两种物品性能并不互相抵触，但消防施救方法不同，条件许可时最好分存；

① —— 过氧化钠等过氧化物不宜和无机氧化剂混存；

② —— 具有还原性的亚硝酸钠等亚硝酸盐类，不宜和其他无机氧化剂混存；

凡混存物品，货垛和货垛之间，必须留有 1m 以上的距离，并要求包装容器完整，不使两种物品发生接触。

技能训练

◆ 情境设置

12 岁的阿俊由于放暑假在家无聊，从网上发现有“手把手”教人自制闪光弹的视频，提到的自制闪光弹实验所需化学品主要有三类：高锰酸钾、铝粉和镁粉，便决定付诸行动。阿俊把同学小李喊到家中，买来所需化学物品准备自制闪光弹。然而意外发生了！两人正在实验时，由于操作不慎，突然有小火花喷出，继而燃烧，阿俊从鼻子到头顶的皮肤被严重烧伤，医生称其已无生命危险，但仍需住院观察。

◆ 技能训练目标

1．分析事故的原因。

2．总结高锰酸钾、铝粉和镁粉保管的要点。

◆ 技能训练准备

1．学生每 5 人为一组，每小组选一名组长。

2．以组为单位完成分析。

3．教师指导。

4．训练时间安排：1 学时。

任务 5.3 保税货物管理

工作思考

1. 什么是保税？
2. 保税货物如何通关？
3. 保税仓库的特点？

引导案例

上海外高桥保税区（如图 5.26 至图 5.28 所示）于 1990 年 6 月经国务院批准设立，同年 9 月正式启动，是全国第一个，也是目前全国 15 个保税区中经济总量最大的保税区。外高桥保税区批准时规划面积为 10km^2，位于上海浦东新区，濒临长江入海口，地处黄金水道和黄金岸线的交汇点，紧靠外高桥深水港区，是全国首个“国家进口贸易促进创新示范区”和上海国际航运、贸易中心的重要载体。外高桥保税区还是上海市最重要的现代物流产业基地之一、上海市最重要的进出口国际贸易基地和上海市微电子产业带的重要组成部分。截止 2008 年 12 月底，保税区累计批准来自 94 个国家和地区的 10 242 个项目，其中，世界 500 强企业中有 111 家入驻保税区。累计吸引投资总额 160.6 亿美元，合同外资 74.1 亿美元，实际利用外资 50.3 亿美元。区内企业从业人数达 19 万，成立 20 余年的外高桥保税区进出口总额已经突破 1 000 亿美元。

图 5.26 上海外高桥保税区

图 5.27 上海外高桥保税区物流园区仓库

图 5.28 上海外高桥保税区物流园区仓库进出库作业

任务发布

如果你是保税区的某家货代企业业务员，根据客户的要求，完成以下任务：

（1）办理保税货物的仓储业务。

（2）办理保税货物的通关手续。

我要学习啦

保税制度最早产生于欧洲，即海关对货物保留征税权的意思，当货物进入贸易中转地时，为降低企业的经营成本，对符合规定的货物，政府批准企业可暂免缴纳税金，这样企业就可减少对资金的占用和银行利息的支出。通过推行保税制度促进了国际贸易的发展，因此在全世界范围也逐渐发展起来。

保税和免税有本质的区别，保税并不意味着可以免交税金而是暂免缴纳，如确需进口仍然需要缴税。保税是国家和政府为了发展对外贸易经济，经海关批准的境内合法经营者所进口的货物，在海关的监管下在境内指定的场所储存、加工、装配并最终复运出境外，可享受暂缓缴纳各种进口税费的一种海关管理制度。

5.3.1 保税货物概述

保税货物，是指经海关批准未办理纳税手续进境，在境内储存、加工、装配后复运出境地货物。在国际贸易中，由于保税制度的广泛应用，使保税货物成为进出口货物中的一个重要组成部分。因为涉及暂免征税，保税货物通关程序与一般进出口货物有着明显区别。保税货物的一般含义是指“进入一国关境，在海关监管下未缴纳进口税捐，存放后再复运出口的货物。”《中华人民共和国海关法》对“保税货物”的定义是：“经海关批准未办理纳税手续进境，在境内储存、加工、装配后复运出境的货物。”

从海关法的定义可看出，保税货物具有以下三个特征：

(1) 特定目的。根据我国《海关法》的相关规定，将保税货物界定为因特定目的而进口的货物，即进行贸易活动（储存）和加工制造活动（加工、装配）的货物，以便与为其他目的暂时进口的货物（如工程施工、科学实验、文化体育活动等）区别。

(2) 复运出境。保税货物未按一般货物办理进口和纳税手续，是因为其未真正进口，保税货物必须以原状或加工后产品复运出境，这是构成保税货物的基本原则。从法律上讲，整个过程必需基于海关的监管之下，履行通关的手续，从进境、储存或加工到复运出境，只有办理了这一整个过程的各种海关手续后，才真正完成了保税货物的通关。

(3) 暂免纳税。《海关法》第 43 条规定：“经海关批准暂时进口或暂时出口的货物，以及特准进口的保税货物，在货物收、发货人向海关缴纳相当于税款的保证金或者提供担保后，将予暂时免纳关税。”保税货物不是免税，属于暂时免纳，是未办理纳税手续进境，货物最终流向确定后，海关再征税或免税。

5.3.2 保税货物的通关

由于保税货物的上述特性，其通关有着与其他货物不同的程序和要求。保税货物不是在某一个时间办理入境或出境手续后即完成了通关，通关是贯串在入境、储存或加工到复运出境的全过程中，只有办理了这一整个过程的各种海关手续后，才真正完成了保税货物的通关。保税货物通关基本程序为：合同备案、货物入境、储存和/或加工、复运出境、核销结案。

(1) 合同登记备案是指经营保税货物的单位持有关文件、对外签约的合同及其他有关单证，向主管海关申请办理合同登记备案手续，海关核准后，签发有关登记手册。合同登记备案须在保税货物入境前办妥，它是保税业务的开始，也是经营者与海关建立承担法律责任和履行监管职责依据。

（2）货物入境是指已在海关办理登记备案的保税货物实际入境时，经营单位或其代理人持海关核发的该批保税货物的《登记手册》及其他单证，并填写入境货物报关单向入境地海关申报，办理入境手续。若保税货物在保税仓库所在地入境时，报关单上加盖“保税仓库货物”印章并注明此货物系存入保税仓库，向海关申报。海关查验放行后，一式三份的报关单中海关留存一份，另两份随货物带交保税仓库，货物入库后由仓库负责人在报关单上签收，一份留存，另一份交回海关。

（3）储存和/或加工是指保税货物入境后储存于海关指定的场所和/或交付给海关核准的加工生产企业进行加工或装配。

（4）复运出境是指按规定储存期满或加工产品后再复运出境。在复运出境时，经营人或其代理人持该批保税货物的《登记手册》及其单证，向出境地海关申报办理出境手续。申报时，需填写出境货物报关单，并交验入境时海关签印的报关单。海关查验无误，予以放行。若是仓库储存货物，原状复运出境，货物经营人或其代理人应当填写出境货物报关单一式三份，与入境进库时海关签印的报关单一齐向所在地海关办理复运出境手续。海关核查与实物相符后签印，一份留存，一份发还，一份随货带交出境地海关，出境地海关凭此放行货物。

（5）核销结案是指在备案合同期满，海关对保税货物的入境、加工、使用和出境情况进行核实并确定最终征、免税后，对该备案合同予以核销结案的行为。核销结案表示保税货物的整个通关程序结束，以及海关与该保税货物经营人之间的监管法律关系结束。

5.3.3 保税仓库

保税仓库是指专门存放经海关核准的保税货物的仓库。这种仓库仅限于存放供来料加工、进料加工复出口的料件，暂时存放之后复运出口的货物和经过海关批准缓办纳税手续进境的货物。我国的保税仓库主要有 3 种类型：

（1）加工贸易备料保税仓库。来料加工、进料加工项下存入保税仓库的免税进口的备用物料，经过海关核准之后提取加工复出口的，海关将根据实际出口数量征收或者免征原进口物料的关税。

（2）转口贸易保税仓库。转口贸易项下的进出口货物可以免征进出口关税和其他税收。如果需要改变包装、加刷唛码，必须在海关监管下进行。

（3）寄售维修保税仓库。为引进的先进技术设备提供售后服务进口的维修零备件，可以免办纳税进口手续存入保税仓库。

在保税仓库内储存保税货物一般以 1 ~ 3 年为限。如果有特殊情况，经过海关核准，可以适当延长。申请经营保税仓库，应当凭工商行政管理部门颁发的营业执照和经贸主管部门的批件，向当地海关提出申请。经过海关审查，符合有关规定和条件的，才准予经营保税业务。

5.3.4 保税仓储作业管理

1. 入仓作业管理

（1）保税报关单的填报。货物存入保税仓库时，应填写保税报关单，由申请保税的企业或个人填写，报关单上应写明申报企业或单位应该承担的义务和权利，除了一般保税单中的条款外，还应记述提货时缴税金额与方式的具体条款。存货进入保税区应有货主本人或其授权代理人，代理人有义务完成自己的承诺，并以货主的身份办理业务，承担相应的责任。

（2）货物的检验。完成相应的报关手续后，确定由海关监管的货物，在入库之前，应履行检验手续，具体手段与一般货物的检验相同，但如果要体现海关监管的不同性，如加封印等，需要特别处理。

（3）海关登记入库。海关登记后，货物可以存入保税仓库，进行分区分类管理，具体入库与装卸的手段与一般货物相同。

2. 货物的在库管理

保税货物的在库管理手段与一般货物相同，都需要注意温湿度控制，注意在库期间不能发生数量与质量上的变化，如有变化，仓库应及时通知货主和海关。

（1）在库期间的搬运与转仓业务。如果保税货物在库期间需要进行包装搬运作业，如散装或小件包装货物的整合作业，在货物处理前，应提出申请，并进行担保，业务处理时，应由海关进行监督处理。存入保税库的货物可以进行转仓销售，就地划拨可先不征税，转仓需缴税，在货物转让之前应填写申报单，证明权利与义务的转移，在海关的监管下，保证缴税义务的转移。

（2）货物在保税仓库中的储存期限。普通货物在库存放无期限，保税货物因其特殊性，在库存放有 1 ~ 3 年的保管期限，公共保税仓库的期限为 3 年，专用保税仓库的期限为 1 年。

（3）货物在库存放期间内的货损货差处理。货物在库存放，如发生货损货差，应由责任方处理，出现溢货时，货主要补齐关税，承担相应的法律义务，海关有权对货物进行各种必要的监督管理与清点，对于此，货主和仓库应予以配合。

3．货物的出库管理

从保税仓库中提出的货物，如果用于出口，可不计出口关税，但对于投入国内市场的货物应按出库之日的货物名称和重量计收关税，税率按照报关单登记之日实施的税率来计算。对于储存在保税仓库中的货物，经过加工，加入部分国产物料的情况下，如申报内销，应按照提出时的价格与重量。

对于保税仓库，如果不能按期办理，应由货主和仓库方负责履行责任，缴纳逾期的费用，超过期限的，经有关部门的批准，可以按照无主货处理。

技能训练

◆ 情境设置

2006 年 2 月 18 日，某珠宝制品有限公司从深圳文锦渡口岸申报出口一批玉石成品。经海关查验，怀疑该公司存在倒卖保税进口玉石的可能，经查实，1 至 2 月间，该公司并未将进口的保税玉石原料加工成成品后复出口，而是将进口的玉石原料倒卖到佛山南海等地私自内销，然后用大理石、砂岩、萤石和玻璃等冒充成加工好的玉石成品出口。在一个半月内就倒卖进口保税玉石原料 1 895 t，偷逃应缴税款 1 085 万元。

◆ 技能训练目标

1．分析案件的要点。

2．总结保税货物的基本特点。

◆ 技能训练准备

1．学生每 5 人为一组，每小组选一名组长。

2．以组为单位完成分析。

3．教师指导。

4．训练时间安排：1 学时。

小　结

特殊货物是普通货物之外的货物。它是一个综合性概念，在收运、储存、保管、运输及交付过程中，因货物本身的性质、价值或质量等条件，有些货物需要进行特殊处理，以便满足特殊物流条件。

特种货物仓储系指在仓储过程中需要特殊处理或特别注意的货物，在本书中其内容包括：危险品、冷藏冷冻品和保税货物，根据货物的不同性质，要采取不同的保管手段和采用不同的保管设备。

项目 6

仓储成本与绩效管理

任务 6.1 仓储成本管理

工作思考

1. 研究仓储成本管理对企业发展有何意义？
2. 仓储成本由哪些因素构成？
3. 如何控制企业的仓储成本？

引导案例

月山啤酒集团借鉴国内外物流公司的先进经验，结合自身的优势，制定了自己的仓储物流改革方案。首先，成立了仓储调度中心，对全国市场区域的仓储活动进行重新规划，对产品的仓储、转库实行统一管理和控制。

首先，由提供单一的仓储服务，到对产成品的市场区域分布、流通时间等全面的调整、平衡和控制，仓储调度成为销售过程中降低成本、增加效益的重要一环。其次，以原运输公司为基础，月山啤酒集团注册成立具有独立法人资格的物流有限公司，引进现代物流理念和技术，并完全按照市场机制运作。作为提供运输服务的“卖方”，物流公司能够确保按规定要求，以最短的时间、最少的投入和最经济的运送方式，将产品送至目的地。第三，筹建了月山啤酒集团技术中心。月山啤酒集团应用建立在 Internet 信息传输基础上的 ERP 系统，筹建了月山啤酒集团技术中心，将物流、信息流、资金流全面统一在计算机网络的智能化管理之下，建立起各分公司与总公司之间的快速信息通道，及时掌握各地最新的市场库存、货物和资金流动情况，为制定市场策略提供准确的依据，并且简化了业务运行程序，提高了销售系统工作效率，增强了企业的应变能力。

任务发布

在物流成本中，仓储成本占很重要的部分，如果你是该啤酒集团的仓储主管，需要进行仓储成本的控制，请完成以下的任务：

（1）规划集团的物流流程。

（2）提出控制仓储成本的措施。

（3）研究如何保障措施的有效施行。

我要学习啦

6.1.1 研究仓储成本管理的意义

仓储业虽然是一个传统的产业，但在 20 世纪 80 年代以前仓储业是计划经济的产物，表现形式主要是国家或地方行政部门的储备库或仓库。各类企业也有一些仓库，但这些仓库是企业的附属物。不论是国家的储备库，还是各地方隶属于政府部门的仓库，还是各部门、各企业的仓库，这些仓库的业务主要是执行上级下达的指令，有管理的义务，没有经营的权力。仓库虽然有核算指标，但不受盈亏影响，国家或企业实报实销。因此，原有的仓储成本管理的指标体系，已不能适应目前仓储企业经营现状，再加上现代仓储是物流的核心功能之一，其成本管理的指标体系肯定会受到“黑大陆”学说、“冰山说”的影响。因此，研究仓储企业的成本管理，既是有必要的，又是有难度的。

6.1.2 仓储成本的构成

1．仓储成本的含义

仓储成本指仓储企业在储存物品过程中，包括装卸搬运、存储保管、流通加工、收发物品等各项环节和建造、购置仓库等设施设备所消耗的人力、物力、财力及风险成本的总和。仓储成本是衡量仓储企业经营管理水平和管理质量高低的重要标志。

2．仓储成本的构成

由于不同仓储企业的服务范围和运作模式不同，其内容和组成部分也各不相同，控制仓储成本的方法也多种多样。这里将成本分为以下两大部分：一部分是仓储成本；另一部分是与仓储活动有关的成本——库存持有成本。

仓储成本与各类仓储作业带来的成本有关，与库存水平无关；库存持有成本与库存水平有关，与仓储作业无关。因此本教材仅研究仓储成本。

仓储成本的构成内容通常包括仓储过程中的物品损耗，如人力物力消耗、包装材料消耗、固定资产磨损、修理费等；仓库人员的工资、奖金及各种形式的补贴；运输储存、装卸搬运的费用支出；物品在保管过程中的合理损耗；以及在组织仓储活动中发生的其他费用如办公费等。

具体来说，仓储成本是由仓储作业过程中所消耗的各种要素的成本和费用构成的，这些要素包括：

(1) 固定资产折旧。主要包括库房、堆场等基础设施建设的折旧、仓储设施设备的折旧。企业根据自己的业务特点和策略，可以选择适宜的折旧方法。一般的仓储企业采用平均年限法折旧，有的设备可采用工作量法折旧。固定资产的折旧年限不完全相同，一般可以 5 ～ 40 年。若采用加速折旧法（双倍余额递减法、年数总和法），可在较短的时间内将投入回收，但要经过有关部门的批准。

(2) 工资和福利费。仓储企业内各类人员的工资、奖金和各种补贴，以及由企业缴纳的住房公积金、医疗保险、退休基金等。

(3) 能源费、水、耗损材料费。包括动力、电力、燃料、流通加工耗材等，仓库用水，装卸搬运使用的工具、索具，绑扎、衬垫、苫盖材料的消耗等。

(4) 设备维修费、大型设备的修理费。通过大型设备修理基金每年从经营收入中提取，提取额度一般为设备投资额的 3% ～ 5%，专项用于设备大修用。

(5) 管理费用。是指仓储企业为组织和管理仓储生产经营所发生的费用，包括行政办公费用、公司经费、工会经费、职工教育经费、劳动保险费、待业保险费、咨询费、审计费、排污费、绿化费、土地使用费、业务招待费、坏账损失、存货盘亏、毁损和报废（减盘盈）以及其他管理费用等。

(6) 财务费用。是指仓储企业为筹集资金而发生的各项费用，包括仓储企业作业经营期间发生的利息支出、汇兑净损失、调剂外汇手续费、金融机构手续费以及筹资发生的其他财务费用等。

（7）销售费用。包括企业宣传、业务广告、仓储促销、交易费用等经营活动的费用支出。

（8）保险费。是仓储企业对于意外事故或者自然灾害造成仓储物品损害所要承担的赔偿责任进行保险所支付的费用。一般来说，如果事先没有协议，仓储物品的财产险，由存货人承担；仓储保管人仅承担责任险投保。

（9）外协费。仓储企业在提供仓储服务时由其他企业提供服务所支付的费用，包括业务外包，如配送业务外包。

（10）税费。指由仓储企业承担的税费。

6.1.3 仓储成本分析与控制

根据成本的性质将仓储成本分为固定成本和变动成本两部分。

固定成本是指仓储作业活动过程中，在一定时间内不会随着仓库储存量的大小、仓库空间利用率的高低变化而变化的成本，即不随着储存量变化而发生变化的成本。包括：保险、大修理提存、固定资产折旧或长期租赁费用、固定工资及附加费等；变动成本是指仓储作业活动过程中，在一定时间内随着仓库储存量的增加或减少而呈正比例变化的成本，它是与业务量大小直接有关的成本，即随着储存量变化而发生变化的成本。包括：保管费，加班费，苫、垫物料费用和设备运转成本（燃料、材料消耗、维修）等。

从固定成本和变动成本的性质分析，一方面，仓储企业必须有足够多的储存量（较高货位利用率）用来分摊固定成本，合理规划仓储空间，提高设备完好率，减少非生产人员，有效的降低固定成本。另一方面要在变动成本上下功夫，这就需要加强管理，合理选择备货方式，合理选择流通加工的方式，做好商品养护工作，提高装卸搬运灵活性，提高劳动效率，提高仓储服务质量，降低机具物料的损耗和燃料的消耗，降低风险成本，有效降低变动成本。

1. 储存成本分析与控制

储存成本的分析主要是对固定成本的分摊的分析。储存量及储存的规律性会影响储存成本的高低，这是因为仓库的储存量可以“分摊”固定成本，也就是说一定的储存量和稳定的储存规律性可以通过降低单位物品的储存成本来提高储存效益，因此要提高仓库储存量，合理规划仓储空间。

一般仓库都关心其所存物品的重量、体积，因为这直接影响仓库的利用率和仓库设施设备的完好程度。仓库常常以重量、体积作为制定收费标准的依据，物品所占用的空间和物品所占面积多少直接影响仓储费率的高低。仓库一般对体积大、重量轻的物品，要合理安排货位，轻、大物品存储应选择适宜的货位，若采用货架存放应选择承载力相当的货格，若采用货场堆码应选择地坪载荷较小的货位存放，制定仓储费率时要考虑诸多因素，如体积、重量、仓储环境和条件、物品性质、需要何种养护等。

由于物品本身特性或包装不规则不能堆高，或批量小、规格杂而无法堆高储存，或需要利用仓库加工、整理、挑选、组配物品，需要占用一定仓库面积时，要合理安排占用面积和空间，一般应按实际占用面积和每平方米地坪（或楼面）的设计载荷能力，折成计费吨收费。若客户要求对整个仓库进行包仓，仓储企业和客户要进行协商，一般按照不低于仓库实际面积 80% 面积吨计费。

2. 装卸搬运作业成本分析与控制

装卸搬运作业成本主要包括装卸搬运机具的成本和费用，燃、润料消耗费用，人工成本和时间费用等。

(1) 合理选择装卸搬运机具。合理选择和使用装卸搬运机具，是提高装卸效率、降低装卸搬运成本的重要环节。装卸搬运机械化程度可分为 3 个等级：

一级是用简单的装卸器具，如手动托盘、带式输送机等；

二级是使用专用的高效率机具，如吊车、电动叉车、夹抱车等；

三级是依靠电脑控制实行自动化、无人化操作，如自动堆垛机、AGV 车等。

选择哪个级别的装卸搬运器具，首先要从物品的性质和可操作性上考虑物品是否需要包装，采用何种包装，适合哪种器具；其次要从管理上选择成本、搬运装卸速度、节约人力资源和减轻工人劳动强度、保证人与物的安全、准确性等方面来考虑。若装卸搬运的物品，属于偶然性作业，又属于重、大物品，必须采用机械进行装卸搬运时，可临时租借设备，若属于风险性大的作业，又无操作经验，应该外包出去。

(2) 提高物品装卸搬运的活性化与可运性。提高物品装卸搬运的活性化与可运性是合理装卸搬运和降低装卸搬运成本的重要手段之一。

装卸搬运的活性化就是要求装卸搬运作业必须为下一个环节的物流活动做好准备，“活性化”分为 5 个等级，从 0 到 4，0 的活性化程度最低，4 的活性化程度最高。要不断提高活性化的程度，但是从成本角度分析并不是活性化程度越高越好，要适宜。

装卸搬运的可运性就是指装卸搬运的难易程度。影响装卸搬运难易程度的因素主要包括：①物品外形尺寸；②物品密度或笨重程度；③物品形状；④物品、设备或人员损伤的可能性；⑤物品的活性程度等。

装卸搬运物品的可运性的度量标准是根据装卸搬运的工具不同而定的。如人工装卸搬运，是指物品整理的用一只手可以方便地拿起放下，不散不勒手；若用电动叉车装卸搬运，不用其他辅助工具，物品整齐坚固的码放在托盘上，堆码不歪、不斜、不倒。提高装卸搬运的可运性是降低装卸搬运成本的重要手段。

(3) 利用重力作用，减少能量消耗。在装卸搬运时应尽可能借助物品重力的作用，减轻劳动力和其他能源的消耗。如流利货架、利用地势安装倾斜无动力小型传送带进行物品装卸，使物品依靠本身重量完成装卸搬运作业。

(4) 合理选择装卸搬运方式。在装卸搬运过程中，必须根据物品的种类、性质、形状、重量来确定装卸搬运方式。在装卸时对物品进行处理的方式有 3 种：

① “单品处理”，即按普通包装对物品逐个进行装卸，一般符合物品的可运性，对体积较大的单品来说效率较高，对体积较小的单品，虽符合物品的可运性，但效率仍较低。

② “单元处理”，即物品以托盘、集装箱为单位进行组合后进行装卸搬运，一般符合物品的可运性，可以提高装卸效率。

③ “散装处理”，即对粉粒状物品不加包装而进行的装卸搬运，虽然“活性”程度较低，可运性较差，可节省包装费用，使用简单的装卸器具，如传送带进行装卸，节约设备费用。

(5) 改进装卸搬运作业方法。装卸搬运是物流的辅助功能之一，是重要的一个环节。合理分解装卸搬运活动，选择适合企业的装卸搬运设备，提高机械化和自动化装卸水平，对于改进装卸搬运作业、提高装卸搬运效率、降低装卸搬运成本有着重要的意义。

3．备货作业成本分析与控制

备货作业是仓储作业中最繁杂的作业，为了降低备货作业成本，可以采取以下方式。

（1）合理选择备货作业方式。备货的作业方式包括全面分拣、批处理分拣、分区分拣、分拨分拣。

① 全面分拣，由一个备货人员全面负责一个订单，并负责订单从开始到结束的整个履行过程，分拣全过程实行摘果法。当备货物品的种类较多时，应当采用全面分拣方式。

② 批处理分拣，备货人员负责一组订单，在接收这批订单后，先建立批处理清单（包括整个订单组里每种储存单元的物品总数），然后按照批处理订单，采用摘果法分拣物品，并将物品送到站台，再采用播种法将它们在各个订单之间进行分配。当备货物品的物品种类较少时，应当采用批处理分拣方式。

③ 按分区分拣，将仓库分成若干个区域，每个区域配有备货人员，在分区订单处理计划中，备货人员挑选出订单中存放在其所负责区域的物品，并将其传给下一个备货人员，由他挑选出下一个区域内的物品，依次传递下去。在这种方式下，一个订单的分拣是由很多人来完成。当仓库面积比较大，存放不同物品的区域相隔较远时，应当采用分区分拣方式。

④ 分组分拣，按一个指定特征划分，如按承运人分，即根据提单将某一承运人所运送的物品拣出。当不同的订单由不同的承运人承担运输时，应采用分组分拣方式，可以节约成本。

（2）合理安排仓储空间，降低备货成本。在备货作业中，妨碍作业效率提高的主要因素是仓储空间。仓储的空间越大，备货时移动的距离就越长。因此，应合理安排仓储空间，将仓储空间分为保管区和备货区，有利于提高备货的作业效率。

（3）加强货位管理，提高备货作业效率。备货人员必须熟悉物品存放的货位。应用计算机管理的仓库，备货人员可利用仓储业务管理系统，查出订单中物品的存放位置，提高备货作业效率，有利于降低备货成本。

4．流通加工作业成本分析与控制

（1）确定合理的加工能力。流通加工的成本属于半变动成本，即设备的折旧一般不随着加工量的变化而变化，但材料、能源、人工等费用却随着加工量的增加成正比增加。按照固定成本和变动成本的性质，流通加工的数量越大，流通加工的成本总额也相应增加，若加工数量超过加工能力，需要增加投入，倘若加工作业量又不均衡，就可能会给企业带来更大的损失。但是，加工批量过小，表现为加工能力过剩，会造成加工设备、加工人员的闲置，带来成本损失。因此，仓储企业应根据客户需要和企业的加工能力来确定加工批量和数量。

（2）确定合理的流通加工方式。流通加工的方式很多，加工方式又与流通加工成本存在着一定的联系。仓储企业应根据企业的加工能力和客户的需求，选择适当的加工方法和加工深度。在确定加工方式时，必须进行经济核算和可行性研究，确定合理的加工成本。

（3）加强流通加工的生产管理。流通加工的生产管理与流通加工成本联系十分紧密。一般来讲，生产管理的水平越高，其成本越低。流通加工生产管理的内容很多，如劳动生产率、设备利用率、能源的消耗比率、加工物资消耗定额等，都与流通加工成本密切相关。

5．人工费用的分析与控制

仓储企业对仓储过程中投入的劳动力，应尽可能充分的利用，并使其能够发挥最大的效用，就应当分析工时利用率。将生产性活动的实际时间除以所有员工（包括管理人员）数乘以制度工作小时数。

$$时间利用率 = \frac{某一时间生产性活动的实际时间}{同期全体员工制度工作小时数} \times 100\%$$

如果这个比率接近于 1，就说明利用率高；反之利用率低。若减少非生产人员，就可以在提高时间利用率的同时降低工资费用。

仓储企业还可以通过考察每项主要业务活动所耗用的生产时间的百分比作进一步分析，对劳动实行定量管理。如，用收货、存放、拣选、发货等任何一项活动及其具体作业内容与时间的比率来说明劳动生产率；用单位时间托盘的装载量和卸载量，单位时间托盘物品的入库量，单位时间包装量，单位时间拣选出库量等。利用这些作业量指标核算成本支出的数据，进行成本控制并达到降低成本的目的。

6．包装作业成本分析与控制

包装作业成本是影响仓储业务管理成本的重要成本之一，要考虑以下几个方面的问题：使用物美价廉的包装材料；包装作业机械化，提高包装效率；采用大包装，尽量使包装简单化，节约包装材料；利用原有包装，加贴新标签。

7．机具物料和燃料的成本控制

在仓储作业过程中，要使用各种工具、索具、叉车、吊车，制冷、除湿、通风等的使用，都要耗费燃料、润料，电力和水资源等。要进行有效的控制，把消耗降至最低点。要制定合理的作业流程，尽量减少不必要的重复性作业，避免过度使用设备，提高设备完好率。

8．提高仓储服务质量，降低仓储成本

一般而言，仓储服务质量越高则仓储成本就越高。但是仓储服务质量也有极限，因为仓储服务质量的高低与仓储成本不成正比。也就是说，当仓储质量达到一定高度时，仓储质量的增长速度慢于仓储成本的增长速度，这时仓储质量的提高是依靠成本的大幅度提高而提高的，这种质量的提高是不被客户认同的。因为，客户总是希望以最经济的成本得到最佳的服务，所以仓储服务水平，应该是在合理的仓储成本之下的服务质量。

9．降低机会成本和风险成本

物品变质、短少（偷窃）、损害或报废的相关费用构成仓储成本的最后一项。在仓储过程中，物品会因各种原因被污染、损坏、腐烂、被盗或由于其他原因不适于或不能使用，直接造成物品的损失，构成了企业的风险成本；客户未履行合同的违约金以及仓库支付的赔偿金也构成企业的风险成本；保险虽然作为一种保护性措施，能帮助企业预防灾害性损失，但保险费也构成风险成本的一部分。

库存物品价值的提高，仓库所承担的风险也在提高，因此从理论上说，仓储费是根据物品价值收取的，物品价值增加，仓储费用也应当相应增加。从这个意义上讲，货主就必须将物品的价值、特性等告诉保管人，以便其提出相应的仓储费用的报价。但是，货主若故意隐瞒物品的价值，势必就增加了仓储企业的风险成本。若仓储企业为了减少风险成本或远离风险，对易碎性、易破损性的物品不予经营，势必减少了仓库吞吐量，提高了机会成本。此外，对于轻、大和重物，短期储存和长期储存都存在机会成本的问题，企业要根据经验和规律合理解决。

技能训练

◆ 情境设置

某公司有用于洗涤化妆用品配送的仓库 3 000 m^2，其中库房、叉车和货架等固定资产价值 600 万元，正常使用寿命 30 年，按平均折旧法折旧；从事仓储工作和管理的人员 20 名，年人均工资及福利费 2.5 万元；能源费、各类耗材费用共 5 万元；叉车 2 辆，价值共计 30 万元，年维修费为设备价值的 5%；年各类管理费用 10 万元；年均资金占用为 1 050 万元（其中自有资金 600 万元，银行借款 400 万元），同期银行借款利率为 5%；年均缴纳的营业税、企业所得税共计 30 万元；年均缴纳各类保险费 7 万元；年均出货金额为 2 亿元，年均库存商品资金占用总额 400 万元，年均营销费用为年均库存商品资金占用总额的 1%。请计算年均仓储成本总额、单位仓储成本、单位资金库存费率。

◆ 技能训练目标

1．通过计算、分析，让学生掌握仓储成本的主要内容。

2．通过训练，让学生能够对具体的仓储成本项目进行核算。

◆ 技能训练准备

1．学生每 5 人为一组，每小组选一名组长。

2．以组为单位完成计算、分析。

3．教师现场指导。

4．训练时间安排：1 学时。

任务 6.2 仓储绩效管理

工作思考

1．衡量仓储作业效益的指标有哪些？

2．各指标之前有何联系吗？

引导案例

箭牌糖果 (中国) 有限公司 , 由美国箭牌糖类公司设立 , 目前箭牌是中国口香糖市场的第一大品牌。万联亿通在为箭牌成功实施了仓库管理系统 WMS 后 , 开始为箭牌提供供应链绩效管理系统 (SPMS) , 通过利用 IT 技术和创新的管理分析方法对供应链运作过程进行多角度、多方式的综合评估系统。SPMS 包括供应商仓库表现、仓库作业分析、运输分析、存货分析、销售分析、物流成本分析等功能组近百个报表。

实施 SPMS 的目标是：利用财务业绩、生产业绩、质量业绩等指标体系对物流供应链各操作环节如客户反应、存货计划和管理、运输、仓储进行电子化综合评估 , 通过持续的创新和实施不断提升物流绩效 , 推动箭牌向世界级的物流管理标杆水平迈进。

箭牌通过 SPMS 系统的导入 , 就像是提供了一把无形的“尺子” , 一方面给分供方提供了公平、公正、公开竞争的平台 , 一方面也加强并简化了对各地物流公司的有效监管和考核。利用 SPMS 的绩效评估结果 , 采取末位淘汰制度 , 对现有物流供应商进行优胜劣汰 , 培养了一批绩效优异、能力突出的物流合作伙伴，与箭牌共同成长。

任务发布

在有仓储环节的企业中，如何对其经营业务及人员进行评价，是企业日常活动的重要部分，如果你是万联亿通的项目主管，请完成以下任务：

（1）确定需要进行绩效考核的环节。

（2）确定绩效考核的指标。

（3）确定指标计算的方法。

我要学习啦

6.2.1 反映仓储作业效率的指标

1. 物品吞吐量

物品吞吐量也叫物品周转量，即一定时期内入库和出库的仓储物品总量。通常以吨数表示，物品吞吐量指标常以年吞吐量计算。吞吐量是衡量仓库生产规模情况及其在物流业中所起作用的主要数量指标，也是进行仓库设计规划的主要依据。计算公式为：

$$吞吐量 = 一定时期内进库总量 + 同期出库总量 + 物品直拨量$$

2. 平均收发货时间

平均收发货时间是指仓库收发每笔物品（即每张出入货单据上的物品）平均所用的时间，收发时间总和一般按天计算。它既能反映仓储服务质量，同时也能反映仓库的劳动效率。计算公式为：

$$平均收发时间 = \frac{收发时间总和}{收发货总笔数}$$

收发货时间的一般界定标准为：收货时间指自单证和物品到齐后开始计算，验收入库后，到把入库单送交会计入账为止；发货时间自仓库接到发货单（调拨单）开始，经备货、包装、填单等，到办完出库手续为止。

3. 物品及时验收率

物品及时验收率表明仓库按照规定的时限执行验收物品的情况。计算公式为：

$$物品及时验收率 = \frac{一定时期内及时验收笔数}{同期收货总笔数}$$

4. 全员劳动生产率

即一定时期内，仓库全体员工平均每人完成的出入库商品的数量。一般以年为单位。计算公式为：

$$全员劳动生产率 = \frac{仓库全吞吐量}{年平均员工人数}$$

其中，年平均员工人数等于 12 个月的月平均人数之和除以 12。

5. 库存物品的周转率

库存物品的周转速度是反映仓储工作水平的重要效率指标。在物品的总需求量一定的情况下，降低仓库的物品储备量，物品周转速度就加快。但是，一味地减少库存，就有可能影响到物品的供应。因此，仓库的物品储备量应建立在保证供应需求的前提下，尽量地降低库存量，从而加快物品的周转速度，提高资金和仓储的效率。

物品的周转速度可以用周转次数和周转天数两个指标来反映。计算公式分别为：

$$物品周转天数=\frac{全年物品平均储存量\times 360}{全年消耗物品总量}$$

或

$$物品周转天数=\frac{全年物品平均储存量}{物品平均日消耗量}$$

$$物品周转次数=\frac{全年物品消耗总量}{全年物品平均储存量}$$

或

$$物品周转次数=\frac{360}{物品周转天数}$$

其中，全年物品消耗总量是根据年度仓库实际发出物品的总量；全年物品平均储存量，为每月初物品储存量的平均数。物品周转次数越多越好，周转天数越少越好。

6. 仓库作业效率

仓库作业效率用平均每人每天完成的出入库物品量来表示。出入库量是指吞吐量减去直拨量。计算公式为：

$$仓库作业效率=\frac{全年物品出入库总量}{仓库全体员工年制度工作日数}$$

6.2.2 反映仓储作业效益的指标

1. 工资利润率

一定时期内，仓库利润总额与同期工资总额的比率。工资利润率反映了仓库所得与所费的比例，反映了仓库的经济效益。计算公式为：

$$工资利润率=\frac{利润总额}{同期工资总额}$$

2. 成本利润率

一定时期内仓储企业利润和同期仓储成本支出的比率。它反映成本支出的获利程度，成本利润率越高，说明仓库收入大于支出，经济效益就越高。计算公式为：

$$成本利润率=\frac{利润总额}{同期仓储成本总额}$$

3. 资金利润率

一定时期内仓库利润与同期全部资金占用的比率。它是反映仓库资金利用效果的指标。计算公式为：

$$资金利润率=\frac{利润总额}{固定资产平均占用额+流动资金平均占用额}$$

4. 利润总额

利润总额是利润核算的主要指标，它表明利润的实现情况，是企业经济效益的综合指标。

计算公式为：

利润总额 = 仓库营业收入 − 储存成本和费用 − 税金 + 其他业务利润 ± 营业外收支净额

或

$$利润总额 = 报告期仓库总收入额 - 同期仓库总支出额$$

5. 收入利润率

收入利润率是指仓库利润总额与仓库营业收入总额的比率。计算公式为：

$$收入利润率 = \frac{利润总额}{仓库营业收入总额}$$

6. 每吨物品保管利润

该指标是指报告期实现的利润总额与同期物品储存总量（t）的比率。计算公式为：

$$每吨物品保管利润 = \frac{报告期利润总额}{报告期物品储存总量(t)}$$

这里的报告期物品储存总量一般可以用报告期间出库的物品总量来衡量。

6.2.3 反映仓储作业设施设备利用程度的指标

1. 仓库货物周转率

仓库货物周转率是衡量货物周转速度的指标。一般用一定时间内出库量与平均库存量的比率来表示（根据中华人民共和国国家标准《GB/T 18354—2006 物流术语》）。核算的作用在于从总量上掌握仓储业务管理水平，衡量仓库的能力，能够反映仓库的作业规模，也能够反映出仓库的利用情况，计算公式为：

$$仓库货物周转率 = \frac{一定时间内出库量}{平均库存量}$$

2. 单位面积储存量

单位面积储存量反映了仓库的平面利用效率。它一方面与仓库规划有关，另一方面也与物品的储位规划和堆放方式有关。计算公式为：

$$单位面积储存量 = \frac{日平均储存量}{仓库或货场使用面积}$$

3. 仓库空间利用率

仓库空间利用率是一定时点上，存货占用的空间（m^3）与可利用的存货空间（m^3）的比率（根据中华人民共和国国家标准《GB/T 18354—2006 物流术语》）。实际上反映了仓库的立体空间的利用效率。计算公式为：

$$仓库空间利用率 = \frac{存货占用的空间(m^3)}{可利用的存货空间(m^3)}$$

仓库空间利用率是仓储业务管理重要的绩效指标，其可以反映仓库空间的利用是否合理。仓库空间利用率越高，说明实际用于储存物品所占仓库面积越小，空间利用率越好，表明仓储成本越低。

4. 设备利用率

在一定时期内，设备实际使用台时数与制度台时数的比率，表明仓储设备的利用和节约的程度。计算公式为：

$$设备利用率=\frac{设备实际使用台时数}{制度台时数}$$

6.2.4 反映仓储作业消耗的指标

1. 材料、燃料和动力消耗指标

这类指标有很多种，由于各仓储企业所用设备不同，因此也没有一个统一标准，各企业考核大多与企业同期比较。这类指标有机械设备耗油量、苫垫物料年消耗量、苫垫物料重复使用率、月摊销额等。

2. 平均储存费用

平均储存费用是指保管每吨物品旬、月、季、年平均所需要的费用开支。物品在保管过程中消耗的一定数量的活劳动和物化劳动，其货币形式就是各项仓储费用，这些费用包括在物品出入库、验收、储存和搬运过程中消耗的材料、燃料、人工工资和福利费、固定资产折旧、修理费、照明费、租赁费、利息及应分摊的管理费等。这些费用的总和构成储存费用总额。

平均存货费用是仓库经济核算的主要经济指标之一。它可以综合地反映仓库的经济成果、劳动生产率、技术设备利用率、材料和燃料节约情况和管理水平等。计算公式为：

$$平均存货费用=\frac{储存费用总额}{同期平均储存量}$$

6.2.5 反映仓储作业质量的指标

1. 货损货差率

在一定时期内，仓库由于作业技术和保管措施等原因而发生的实际差错笔数与同期入库、出库总笔数的比率。计算公式为：

$$货损货差率=\frac{收发货累计差错次数}{收发货累计总次数}$$

2. 设备完好率

在一定时期内，仓库设备处于完好状态，并能随时投入使用的台数与仓库所拥有的设备台数的比率。它反映了仓库设备所处的状态。计算公式为：

$$设备完好率=\frac{完好设备台时数}{设备总台时数}$$

完好设备台时数是指设备处于良好状态的累计台时数，其中不包括正在修理或待修理设备的台时数。

3. 保管损耗率

在仓库保管期中的物品损耗总量或总额与账面库存总量或总额的比率。也可以按每一笔物品来计算，即某物品自然减量的数量占原来入库的数量的比率。物品保管损耗或损失，是指因保管不善而造成的商品霉变、残损、变质、丢失、超定额损耗等所导致的损失。其损耗总额是按直接受损物品的数量和物品受损程度计算的，包括修补损失物品所支付的费用。对于仓库中因存货人的原因长期积压超过保管期限的物品或合理范围内的损耗，所造成的损失不应计算在物品损耗总量中。计算公式为：

$$物品损耗率=\frac{物品损耗量}{物品保管总额}$$

或

$$物品损耗率=\frac{物品损耗额}{同期物品库存总量}$$

于对那些易挥发、易破碎的物品，制定一个相应的损耗标准，通过损耗率与物品损耗标准相比较，凡是超过限度的属于超限损耗。

4．账物差异率

账物差异率是指在物品盘点时，仓库物品保管账面上的物品储存数量与相应库存实有数量的相互符合程度。一般在对仓储物品进行盘点时，要求逐笔与保管账面数字相核对。计算公式为：

$$账物差异率=\frac{账物相符单数}{储存物品总单数}$$

或

$$账物差异率=\frac{账物相符件数(重量)}{账面储存总件数(重量)}$$

这两种算法结果有一定差异，若一单件数较大，若按单算差异率就低，若按件算差异率就高，所以按件算较真实。

5．收发货差错率

收发货差错率是以收发货所发生差错的累计单数占收发货累计总单数的比率来计算的，它反映了收发货作业的准确度。计算公式为：

$$收发货差错率=\frac{收发货差错累计单数}{收发货累计总单数}$$

或

$$收发货差错率=\frac{账货差错件数(重量)}{期内储存总件数(重量)}$$

收发货差销率是仓储业务管理的重要质量指标，是用于保证仓储服务质量的指标。

这两种算法结果有一定差异，若一单件数较大，若按单算差异率就低，若按件算差异率就高，所以按件算较真实。

6.2.6 物品储存的安全性指标

物品储存的安全性指标，用来反映仓库作业的安全程度。它主要可以用发生的各种事故的大小和次数来表示，主要有人身伤亡事故、仓库失火、爆炸、被盗事故，机械损坏事故几类。这类指标一般不需计算，只是根据实际出现事故的损失大小来划分等级。

以上六大类指标构成仓储业务管理比较完整的绩效指标体系，从不同方面反映了仓储部门经营管理、工作质量及经济效益的水平。

技能训练

◆ 情境设置

大连某经营仓储业务的物流有限公司为了提高公司的经营管理水平，实施公司的发展战略和规划，准备对仓储部进行工作绩效考核，为了客观、准确地评价，使企业对员工的聘用、奖惩、异动、教育培训及员工职业生涯规划有所依据，需要制定科学的评价指标体系。

◆ 技能训练目标

1．通过分析，让学生了解仓储评价的指标体系。

2．通过训练，让学生能够掌握评价指标的计算方法。

◆ 技能训练准备

1．学生每 5 人为一组，每小组选一名组长。

2．以组为单位完成计算和分析。

3．教师现场指导。

4．训练时间安排：1 学时。

小　结

降低仓储成本和设定科学的仓储指标考核体系，是仓储管理的重要内容。本项目包含两部分，仓储绩效管理包含绩效指标体系的建立、指标体系的制定、具体指标的计算。仓储成本管理包括仓储成本的构成和仓储成本的控制方法。

项目7

仓储安全管理

任务 7.1 仓储安全管理认知

工作思考

1. 现代仓储安全管理的意义有哪些？
2. 现代仓储安全管理包含哪些内容？

引导案例

1993 年 8 月 5 日 13 时 15 分，深圳市安贸危险品储运公司清水河仓库 4 库，因违章将过硫酸铵、硫化钠等化学危险品混储，引起化学反应而发生火灾爆炸事故，如图 7.1 所示。

此事故发生是由于违反安全规定。

◆ 违反消防法规，丙类物品仓库当甲类仓库使用。1987 年 5 月，该公司以丙类杂品干货仓库使用性质向深圳市消防支队报请建筑消防审核。1989 年该仓库部分库房存储危险品，违反了消防规范要求。

◆ 消防安全管理工作不落实。第一，没有称职的防火安全干部；第二，化学危险品进库没有进行安全检查和技术监督，账目不清、管理混乱；第三，仓库搬运工和部分仓管员是外来临时工，上岗前未经必要的培训，发生火灾后不懂如何扑救。

◆ 拒绝消防监督部门提出的整改建议，对隐患久拖不改。

◆ 消防基础设施、技术装备与扑救大火不适应。深圳市是缺水城市，清水河地区更是缺水区，仓库区虽然有些消防栓，但因压力达不到国家消防技术标准规定，使灭火工作受到影响。

图 7.1 1993 年深圳市清水河仓库爆炸

任务发布

随着物流行业的发展与物流企业的业务扩展，从事危险品仓储与运输的企业越来越多，假如你是该公司管理者，准备大规模仓储某些危险货物，包括硫酸铵、硝酸铵等，请完成以下任务：

（1）制定公司的危险品仓储管理及应急措施。

（2）制定公司危险品仓库库管员职责。

（3）制定公司相关的规章制度。

我要学习啦

7.1.1 现代仓储安全管理的意义

1. 现代仓储安全管理的重要性

安全对于现代仓库来说具有特殊的重要意义，因为，仓库是商品重要的集散地，也是储藏和保管商品的场所，其价值和使用价值均很高，一旦发生火灾或爆炸等严重的灾害，不仅仓库的一切设施可能被毁坏，而且客户存放在仓库中的所有商品也将全部变成一堆废品，其损失之大，远远超过一般厂房的火灾。

2. 现代仓库安全的要求

(1) 为了确保仓库人、财、物的安全，必须建立和健全消防、保卫、保密、安全操作等规章制度，并设专人负责。

(2) 应建立和健全各项安全制度相应的执行、监督机制，组织日常检查、定期检查、节假日重点检查等，真正把各项安全制度落到实处。

(3) 必须培养一支消防队伍，设立专职或兼职的消防人员，仓库领导中应有人分管消防工作。配备相关的消防设备，并确定专人负责。

(4) 应严格管理各类火种、火源、电源、水源等，严禁各类火种及易燃品带入仓库。储货区与生活区应该严格隔离，储货区内不允许居住家属。

(5) 应建立警卫值班和干部值宿制度，重要的仓库、危险品仓库还须配备武装警卫人员。仓库应组织巡逻和夜间值班，严防偷窃和破坏。门卫要加强对进出仓库的车辆、人员及商品的检查，凭进出仓库的有效凭证放行，并做好登记工作。

(6) 现代仓库中装卸、搬运、堆垛及各种机械设备操作使用时，必须严格遵守操作程序和规则，防止各类工伤事故的发生。

(7) 仓储商品的品名、数量、规格、种类等，仓库管理人员必须严格保密。

7.1.2 现代仓储安全管理

现代仓库安全管理工作归纳起来可以分为三大类：

(1) 仓库的警卫和保卫工作，主要负责仓库的治安、保卫、警卫工作。

(2) 仓库的消防工作，主要承担仓库的防火、灭火工作。

(3) 仓库的安全作业，主要是包括仓库保管员在进出仓及储存、保管商品作业过程中的安全技术操作工作。

阅读资料

2013 年 03 月 12 日，广东省珠海市前山福溪村附近的一个地下油库发生爆炸，浓烟四起形成巨大蘑菇云，如图 7.2 所示。从现场可以看到，爆炸声响之后，有铁皮碎片飞出，与油桶铁皮相似。经全力扑救，现场火势于 19 时 28 分扑灭，过火面积约 1500m^2。事故原因初查是该工厂违反操作规程，存放的走私柴油遇电火花燃爆。

图 7.2 2013 年珠海某地地下油库爆炸

知识链接

仓库的分类。按照国家建筑设计防火规范，生产的火灾危险性应根据生产中使用或产生的物质性质及其数量等因素，分为甲、乙、丙、丁、戊类，相应的存储仓库也分为 5 类，不能混杂存放。甲类：闪点小于 28℃的液体；爆炸下限小于 10% 的气体；常温下能自行分解或在空气中氧化能导致迅速自燃或爆炸的物质；常温下受到水或空气中水蒸气的作用，能产生可燃气体并引起燃烧或爆炸的物质；遇酸、受热、撞击、摩擦、催化以及遇有机物或硫黄等易燃的无机物，极易引起燃烧或爆炸的强氧化剂；受撞击、摩擦或与氧化剂、有机物接触时能引起燃烧或爆炸的物质；在密闭设备内操作温度大于等于物质本身自燃点的生产。乙类：闪点大于等于 28℃，但小于 60℃的液体；爆炸下限大于等于 10% 的气体；不属于甲类的氧化剂；不属于甲类的化学易燃危险固体；助燃气体；能与空气形成爆炸性混合物的浮游状态的粉尘、纤维、闪点大于等于 60℃的液体雾滴。丙类：闪点大于等于 60℃的液体；可燃固体。

任务 7.2 仓储企业保卫工作

工作思考

1. 现代仓储企业保卫工作的任务有哪些？
2. 现代仓储企业警卫工作包含哪些内容？

引导案例

天津市北辰区的王女士在外环线引河立交桥附近经营一家配货中心。2008 年 2 月 18 日 11 时，两名男子驾驶一辆山东牌照大货车停在配货中心门前，称可帮忙配送货物。两名男子掏出身份证、驾驶证和行车证让王女士查验，证件显示一男子叫刘华强，山东省无棣县人。然后，王女士与他们签订托运 42 辆电动自行车的运输合同。当日下午，两名男子把电动自行车装车后，驾车离去。一个星期后，王女士接到电动车厂的电话称对方未收到货。王女士与两名外地男子联系，发现他们的手机已停机。王女士遂拿着运输合同到公安局北辰分局经侦支队报案。警方接警后，当即指派专案民警赶赴男子原籍调查。在当地警方配合下，民警对名叫刘华强的男子核查身份，发现他所使用的身份证是伪造的。

任务发布

如果你是配货中心的经营者，针对配货的欺诈行为，请完成以下任务：

（1）准确核实外雇车辆与人员的身份。

（2）制定本企业的安全核查制度。

（3）确定企业员工的治安责任。

7.2.1 治安保卫管理的内容

治安保卫管理是仓库管理的重要的组成部分，是仓库为了防范、制止恶性侵权行为的发生，意外事故对仓库及仓储财产造成的破坏和侵害，维护稳定安全的仓库环境，保证仓储生产经营的顺利开展所进行的管理工作。它不仅涉及财产安全、人身安全，执行国家的治安保卫管理法规和政策，同时也涉及仓库能否按照合同如约履行各项义务，降低和防止经营风险等。

仓库的治安保卫管理和治安保卫工作的具体内容包括执行国家治安保卫规章制度，防盗、防抢、防破坏、防骗以及防止财产侵害、防火，维持仓库内秩序，防止意外事故等仓库治安灾难事故，协调与外部的治安保卫关系，保证库内人员生命安全与物资安全等。仓库治安保卫管理的原则是：坚持预防为主、严格管理、确保重点、保障安全和主管负责制。

7.2.2 治安保卫管理组织

治安保卫的管理机构由仓库的整个管理机构组成，高层领导对整个仓库的安全负全责；各部门、机构的领导是本部门的治安责任人，负责本部门的治安保卫管理工作，对本部门的治安保卫工作负责；治安保卫的职能机构协助领导的管理工作，指导各部门，领导其执行机构。仓库治安保卫执行机构采用由专职保卫机构和兼职安全员相结合的组织方式。

专职保卫机构既执行整个仓库的保卫工作，同时也负责治安管理。专职保卫机构根据仓库规模的大小、人员的多少、任务的繁重程度、仓库所在地的社会环境确定机构设置、人员配备。一般设置保卫部、保卫队、门卫队等。专职保卫机构在仓库高层的领导下，制订仓库治安保卫规章制度、工作计划；督促各部门领导的治安保卫工作，组织全员的治安保卫学习和宣传，做好仓库内的治安保卫工作；与当地公安部门保持密切联系，协助公安部门在仓库内的治安管理活动，管理治安保卫的器具，管理专职保卫员工。

治安保卫的兼职制度是实行治安保卫群众管理制度的体现，兼职保安员主要承担所在部门和组织的治安保卫工作，协助部门领导的管理工作，督促部门执行仓库治安保卫管理制度，组织治安保卫学习、组织各项检查工作。

7.2.3 治安保卫工作的内容

仓库的治安保卫工作主要有防盗、防火、防抢、防破坏、防骗以及员工人身安全保护、保密等工作。治安保卫工作不仅有专职保安员承担的工作（如门卫管理、治安巡查、安全值班等），还有大量的治安工作可由在岗的员工负责（办公室防火防盗、财务防骗、商务保密、仓库员防火、锁门关窗等）。仓库主要的治安保卫工作及要求：

1. 守卫大门和要害部门

大门守卫是维持仓库治安的第一道防线。大门守卫除了要负责开关大门，限制无关人员、接待入库办事人员，并及时审核身份与登记以外，还要检查入库人员是否携带火源、易燃易爆物品，检查入库车辆的防火条件，放行条内容是否相符，收留放行条，查问和登记出库人员随身携带的物品，特殊情况下有权检查当事者物品，封闭大门。对于危险品仓、贵重品仓、特殊品仓等重要部门，需要安排专职守卫看守，限制无关人员接近，防止危害、破坏和失窃。

2. 治安检查

治安责任人应按规章准则经常检查治安保卫工作。治安检查实行定期检查与不定期检查相结合的制度。班组每日检查、部门每周检查、仓库每月检查，及时发现治安保卫漏洞、不安全隐患，通过有效手段消除各种隐患。

3. 巡逻检查

巡逻检查一般由两名保安员共同进行，携带保安器械和强力手电筒不定时、不定线、经常地巡视整个仓库的安全保卫工作。保安员应查问可疑人员，检查各部门的防卫工作，关闭无人办公的办公室、关好仓库门窗、关闭电源，禁止挪用消防器材，检查仓库内有无异常现象，停留在仓库内过夜的车辆是否符合规定等。巡逻检查中发现不符合治安保卫制度要求的情况，应采取相应的措施处理或者告知主管部门处理。

4. 防盗设施、设备的使用

仓库的防盗设施大至围墙、大门、防盗门，小到门锁、窗。仓库应该根据法规规定和治安保管的需要设置和安装这些设施。仓库使用的防盗设备除了专职保安员的警械外，主要有视频监控设备、自动警报设备、人工报警设备，仓库应按照规定合理利用配置的设备，专人负责操作和管理，确保其有效运作，如图 7.3 和图 7.4 所示。

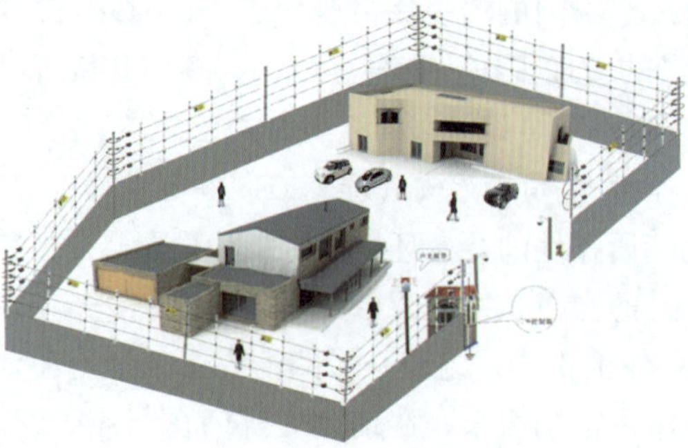

图 7.3 仓库电子围栏

图 7.4 摄像头

5．治安应急

治安应急是指仓库发生治安事件时，采取紧急措施，防止和减少事件造成损失的制度。治安应急需要通过制订应急方案，明确确定应急人员的职责，规定发生事件时的信息（信号）发布和传递方法。这些应急方案要在平时经常进行演习。

7.2.4 治安保卫管理制度

仓库应通过规章制度明确工作规范、工作行为、划分岗位责任。通过制度建立管理系统，及时畅顺地交流信息，随时堵塞保卫漏洞，确保工作进行得及时有效。仓库治安规章制度有安全防火责任制度、安全设施设备保管使用制度、门卫值班制度、人员、车辆进出库管理制度、保卫人员值班巡查制度，等等。

为了使得治安保卫规章制度得以有效执行，规章制度需要有相对的稳定性，使每一位员工都清楚，以便依照规章制度严格行事。随着形势的发展、技术的革新、环境的变化，规章制度也要适应新的需要进行相应修改。

仓库需要依据国家法律、法规，结合仓库治安保卫的实际需要，以保证仓储生产高效率进行，确保仓储安全，防止治安事故的发生为目的，科学地制订治安保卫规章制度。仓库的规章制度不得违反法律规定，不能侵害公民人身权或者其他合法权益，避免或者最大限度地减少对社会秩序造成的妨碍。

技能训练

◆ 情境设置

2011 年，某物流公司员工下班后，由于没有采取应有的防范措施，使存放于仓库中的汽车零配件丢失，货物价值三十余万元，物流公司全额赔偿。事后，公司要求各相关部门对仓库的防盗设施进行全面检查，并责成企划部门完善保卫制度。

◆ 技能训练目标

1．通过分析该事故，让学生了解安全保卫在物流企业的重要性。

2．通过训练，让学生掌握简单的仓库放行单证核实方法。

◆ 技能训练准备

1．学生每 5 人为一组，每小组选一名组长。

2．以组为单位完成事故分析和制定门卫值班制度、巡查制度、交接班管理办法等相关的安全保卫文件。

3．教师现场指导。

4．训练时间安排：2 学时。

任务 7.3 仓库的消防工作及消防器材

工作思考

1．现代仓储企业火灾的原因是什么？

2．常使用哪些消防器材？

引导案例

1989 年 8 月 12 日 9 时 55 分，石油天然气总公司管道局胜利输油公司黄岛油库老罐区，2.3 万 m^3 原油储量的 5 号混凝土油罐爆炸起火，如图 7.5 和图 7.6 所示。大火前后共燃烧 104 h，先后点燃了 3 号、2 号和 1 号油罐，引起爆燃，整个老罐区陷入一片火海。共烧掉原油 4 万多立方米，占地 0.167 km^2 的老罐区和生产区的设施全部烧毁，这起事故造成直接经济损失 3 540 万元。在灭火抢险中，10 辆消防车被烧毁，19 人牺牲、100 多人受伤，其中公安消防人员牺牲 14 人，负伤 85 人。

图 7.5 中石化黄岛油库

图 7.6 黄岛油库大火

大火殃及青岛化工进出口黄岛分公司、航务二公司四处、黄岛商检局、管道局仓库和建港指挥部仓库等单位。18 时左右，部分外溢原油沿着地面管沟、低洼路面流入胶州湾，大约 600 t 油水在胶州湾海面形成几条十几千米长，几百米宽的污染带，造成胶州湾有史以来最严重的海洋污染。

知识链接

大型原油罐火灾扑救措施：对邻近受火势威胁的油罐，视情形启动泡沫灭火装置，先期泡沫覆盖，防止油品蒸发，引起爆炸；对大面积地面流淌性火灾，采取围堵防流、分片消灭的灭火方法；对大量的地面油品火灾，可视情形采取挖沟导流方法，将油品导入安全的指定地点，利用干粉泡沫一举消灭。对在油罐的裂口、呼吸阀、量油口等处形成的火炬型燃烧、可用覆盖物（浸湿的棉被、石棉被、毛毡等）覆盖火焰窒息灭火，也可用直流水冲击灭火或喷射干粉灭火。正确选择停车位置，消防车尽量停在上风或侧风方向，与燃烧罐保持一定的安全距离。扑救原油罐火灾时，消防车头应背向油罐，以备紧急撤离。

任务发布

公司新建油品仓库，如果你是仓库的管理者，请完成以下任务：

（1）制定安全防火规范。

（2）制定火灾发生预案。

（3）根据物品的性质，进行消防器具的配置。

我要学习啦

从仓库不安全的因素及危害程度来看，火灾造成的损失最大，它可以在很短的时间内，使整个仓库变成一片废墟，对国家财产和人民生命安全造成极大的损失。对于火灾要防患于未然。仓库必须认真贯彻“预防为主，防消结合”的消防方针，坚决执行《消防法》和公安部制定的《仓库防火安全管理规则》。

7.3.1 仓库消防工作的意义

1. 方针

仓库必须认真贯彻“预防为主，防消结合”的消防方针，坚决执行《消防法》和公安部制定的《仓库防火安全管理规则》。

2. 工作要点

仓库的防火工作要依法办事，根据企业法人是第一责任人的规定，遵循“谁主管谁负责”的原则，成立防火灭火安全委员会（领导小组），全面负责仓库的消防安全工作。

建立以岗位责任制为中心的三级防火责任制，把防火安全工作具体落实到各级组织和责任人。

建立健全各工种的安全操作制度和安全操作规程，特别是各种用电设备的安全作业规程，经常进行安全教育，坚持做到职工考核合格，持证上岗。

定期开展防火灭火的消防安全检查，消除各种火灾隐患，落实各项消防措施，及时处理各类事故，做到“三不放过”。

7.3.2 火灾产生的条件及火势蔓延的方式

1. 火灾产生的条件

火灾的发生，必须同时具备三个条件：可燃物质、助燃物质及火源，如图 7.7 所示。可燃物质包括火柴、草料、棉花、纸张、油品等；助燃物质，一般指空气中的氧和氧化剂；而火源是指能引起可燃物质燃烧的热能源，如明火、电气火、摩擦冲击产生的火花、静电产生的火花、雷电产生的火花、化学反应等。以上的三个条件必须同时具备，并相互作用，燃烧才能发生。其中火源是引起火灾的罪魁祸首，是仓库防火管理的核心。

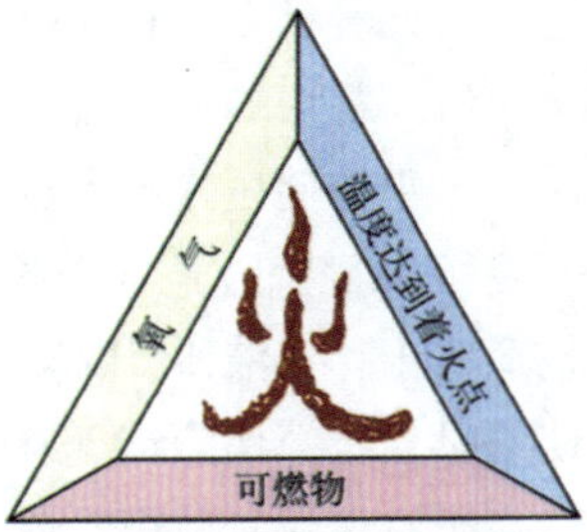

图 7.7 引起火灾的要素

引起仓库火灾的火源很多，一般主要分为两大类：直接火源和间接火源。

（1）直接火源。直接火源是指直接产生火花的火源，主要有以下几种：

① 明火：指生产、生活使用的炉火、灯火、焊接火花以及未灭的烟头等。

② 电火花：指电线短路、用电超负荷、漏电、电气设备产生的电火花、电器设备升温等引起的自燃。

③ 雷电与静电：指瞬间产生的高压放电，引起可燃物质的燃烧；静电则是因为摩擦、感应使物体表面电子大量聚集，向外以电弧的方式传导的现象，同样引起的可燃物质的燃烧。

（2）间接火源。主要有两种：

① 由于热源加热引起燃烧。如把火柴、草料、棉花、纸张、油品等易燃物品存放在电热设备附近，引起的火灾。

② 物品本身自燃起火。某些商品由于自身具有较强的易燃性，在既无明火，又无外来热源的条件下，由于存储条件不当而发生自行燃烧起火。

2. 火势蔓延的主要方式

在火场上燃烧物质所放出的热能，通常以传导、辐射和对流三种方式传播，并影响火势蔓延扩大。

7.3.3 报警与灭火

1. 报警（119）

发生火灾的详细地址、起火物、火势情况，报警人要报明自己的电话号码、姓名，以便联系。

2. 灭火

通常采用的灭火基本方法有：

（1）窒息灭火法。窒息法是使燃烧物周围的氧气含量迅速减少，致使火窒息的方法。在灭火过程中，可以用水、黄沙、湿棉被、四氯化碳灭火器、泡沫灭火器等，这些都是用窒息方法灭火的器具。

（2）分散灭火法。分散法是将集中的货物迅速分散，孤立火源，一般用于露天仓库。

（3）冷却灭火法。冷却法是在灭火过程中，把燃烧物的温度降低到其燃烧点以下，使之不能燃烧。如水、酸碱灭火器、二氧化碳灭火器等均有一定的冷却作用，同时还能够隔绝空气。

（4）拆移灭火法，又称隔离灭火法。隔绝法是在灭火过程中，为避免火势蔓延和扩大，采取拆除部分建筑或及时疏散火场周围的可燃物，孤立火源，从而达到灭火的目的。

3. 常用的灭火器材、设备及使用范围

灭火器材主要有灭火器、水和砂等，还有消火栓、消防泵、消防车等。

（1）常用的灭火器主要有：干粉、二氧化碳、卤代烷、泡沫和 1211 灭火器，如图 7.8 至图 7.12 所示。干粉储压式灭火器（手提式）是以氮气为动力，将筒体内干粉压出。干粉灭火器不导电、不腐蚀、毒性低，适宜于扑救石油产品、油漆、有机溶剂火灾。它能抑制燃烧的连锁反应而灭火。也适宜于扑灭液体、气体、电气火灾（干粉有 5 万伏以上的电绝缘性能）。有的还能扑救固体火灾。使用时先拔掉保险销（有的是拉起拉环），再按下压把，干粉即可喷出。灭火时要接近火焰喷射。干粉喷射时间短，喷射前要选择好喷射目标，由于干粉容易飘散，不宜逆风喷射。注意保养灭火器，要放在好取、干燥、通风处。每年要检查两次干粉是否结块，如有结块要及时更换；每年检查一次药剂重量，若少于规定的重量或看压力表如下掉气压，应及时充装。

二氧化碳灭火器不导电、不含水分、不污损仪器和设备，灭火后不留痕迹，可用于扑灭贵重仪器、电气设备及其他忌水物资的初起火灾和档案资料馆、计算机室内火灾，它不导电也适宜于扑救带电的低压电器设备和油类火灾，但不能用于含碳商品的灭火，如木材、棉、毛、纸张。

卤代烷灭火器不导电、不腐蚀、不污损仪器和设备。

图 7.8 干粉灭火器

图 7.9 二氧化碳灭火器

“1211”灭火器是一种高效灭火剂。灭火时不污染物品、不留痕迹，特别适用于扑救精密仪器、电子设备、文物档案资料火灾。它的灭火原理也是抑制连烧的连锁反应。

使用时要首先拔掉保险销，然后握紧压把开关，即有药剂喷出。使用时灭火筒身要垂直，不可平放和颠倒使用。它的射程较近，喷射时要站在上风，接近着火点，对着火源根部扫射，向前推进，要注意防止回头复燃。“1211”灭火器每三个月要检查一次氮气压力，每半年要检查一次药剂重量、压力，药剂重量若减少 10% 时，应重新充气、灌药。1211 灭火器主要用于扑救可燃气体、可燃液体、带电设备及一般物资的初起火灾；泡沫灭火器可导电，不能用于电器设备灭火，可用于扑救汽油、煤油等油类、香蕉水、松香水等易燃液体、木材及一般货物的初起火灾。

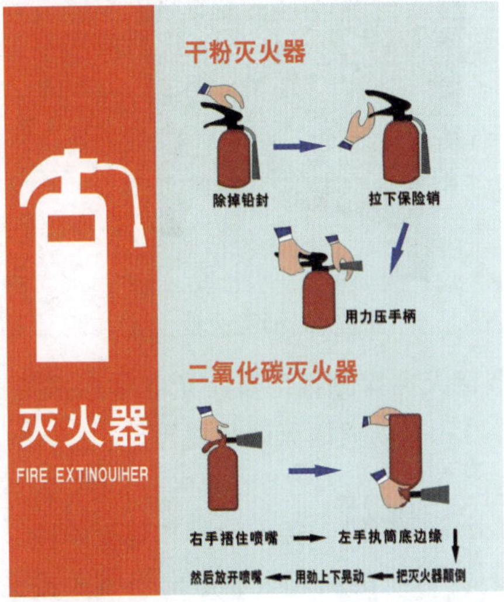

图 7.10 干粉灭火器与二氧化碳灭火器使用方法

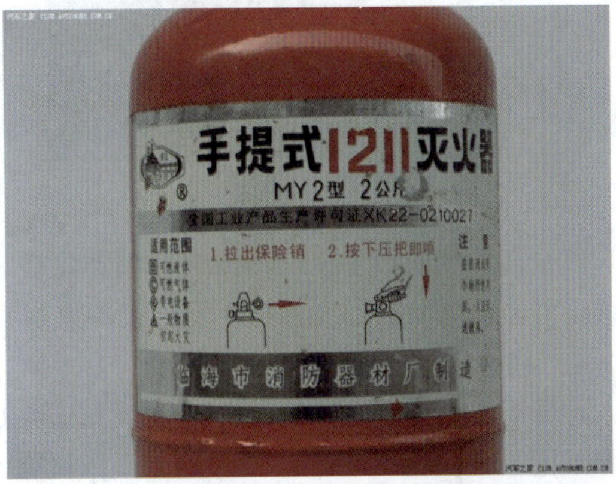

图 7.11 “1211”灭火器

泡沫灭火器目前主要是化学泡沫，将来要发展空气泡沫，泡沫能覆盖在燃烧物的表面，防止空气进入。它最适宜扑救液体火灾，不能扑救水溶性可燃、易燃液体的火灾（如：醇、酯、醚、酮等物质）和电器火灾。

使用时先用手指堵住喷嘴将筒体上下颠倒两次，就有泡沫喷出。对于油类火灾，不能对着油面中心喷射，以防着火的油品溅出。应顺着火源根部的周围，向上侧喷射，逐渐覆盖油面，将火扑灭。使用时不可将筒底筒盖对着人体，以防万一发生危险。

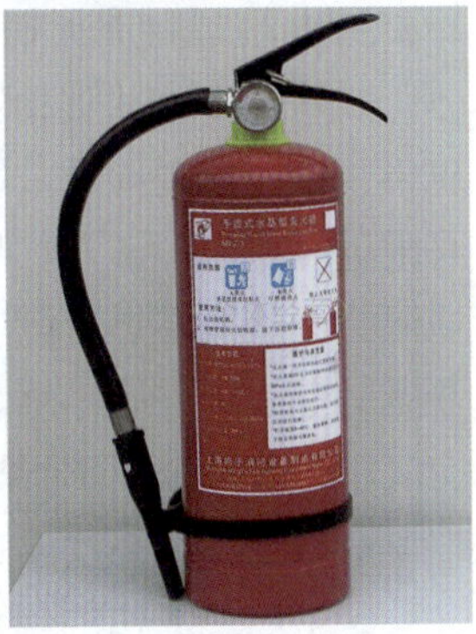

图 7.12 泡沫灭火器

四氯化碳灭火器使用时只要开启开关，四氯化碳即从喷嘴喷出。这种灭火器常用于扑救高压电和精密设备的火灾，对于易燃物质、易爆炸物等的初起火灾也有很好的灭火效果。由于四氯化碳有毒，使用时应特别防毒 。四氯化碳灭火器是一种老消防产品，不仅灭火效率低，而且在灭火时由于高温的作用，产生有毒光气，属窒息性毒剂，对人畜都有危害。国外早已禁止使用。

（2）水是仓库消防的主要灭火剂。仓库中应有足以保证消防用水的给水、蓄水、泵水的设备以及水塔、消防供水管道、消防车等。当库场中无自来水设备、距自然水源又远时，则必须修建水池，以储备消防用水。有自来水设备的仓库，按面积大小，合理设置消火栓（如图 7.13

所示)，应保证在每一个可能着火点上，有不少于两个水龙头可进行灭火。但不能用水对反应剧烈的化学危险品，如电石、金属钾、保险粉等进行灭火，也不能用于比水轻、不溶于水的易燃液体，如汽油、苯类物品的灭火。

（3）砂土。砂土覆盖在燃烧物上，可隔绝空气，能起窒息作用，从而使火熄灭。砂土可用以扑救电气设备及液体燃料的初起火灾，也可用于扑灭酸碱性物质的火灾和过氧化剂及遇水燃烧的液体和化学危险品的火灾。因此，仓库中应备有砂箱（如图 7.13 所示）。但须注意的是，爆炸性物品（如硫酸氨等）不可用砂土灭火，而应用冷却法灭火，可用水浸湿的旧棉絮、旧麻袋，覆盖在燃烧物上。

图 7.13 消火栓

图 7.13 消防沙箱

（4）自动消防设备。常见的自动消防设备有离子烟感火灾探测报警器、光电烟感报警器、温感报警器、紫外火焰光感报警器、红外火焰光感报警器和自动喷洒灭火装置等。

4．初起火灾的扑救

火场上，火势发展大体经历四个阶段，即初起阶段、发展阶段、猛烈阶段和熄灭阶段。在初起阶段，火灾比较易于扑救和控制。据调查，约有 45% 以上的初起火灾是由当事人或义务消防队员扑灭的。面对初起火灾，必须掌握正确的灭火方法，科学合理使用灭火器材和灭火剂。冷却灭火法是将灭火剂直接喷洒在可燃物上，使可燃物的温度降低到燃点以下，从而使燃烧停止。除用冷却法直接灭火外，还可用水冷却尚未燃烧的可燃物质，防止其达到燃点而着火；也可用水冷却受火势威胁的生产装置或容器，防止其受热变形或爆炸。隔离灭火法是将燃烧物与附近可燃物隔离开，从而使燃烧停止。如将火源附近的易燃易爆物品移到安全地点；采取措施阻拦、疏散易燃可燃液体或可燃气体扩散；拆除与火源相毗邻的易燃建筑物，造成阻止火势蔓延的空间地带等。窒息灭火法是采取适当的措施，阻止空气进入燃烧区，或用惰性气体稀释空气中的含氧量，使燃烧物质缺乏或断绝氧气而熄灭。采用湿棉被、湿麻袋、沙土、泡沫等不燃、难燃材料覆盖燃烧物或封闭着火孔洞、桶口等，都是窒息灭火法。

5．灭火工作的组织指挥与逃生

在灭火的过程中要注意服从命令听指挥，听从库领导的安排，配合消防队员灭火；组织仓库职工警戒火场，保护现场，保护国家财产，防止坏人的破坏活动；注意安全，避免不必要的伤亡。

疏散时烟雾较浓，可采用低姿势行走，或匍匐穿过浓烟区的方法。若有条件可用湿毛巾堵住嘴、鼻，或用短呼吸法，迅速撤出烟雾区。若自身着火，不能奔跑，应就地倒下打滚，把身上的火焰压灭，也可用湿麻袋、毯子灭火，或跳入池塘 中将身上的火熄灭。

为了最大限度地减少损失，火场上的物质应有组织地疏散。首先应疏散那些可能扩大火势和有爆炸危险的物资；其次，疏散性质重要、价值昂贵的物资。

6．有毒气体的防范

首先，应查清毒气的种类和扩散范围，以便采取对策；其次，对已出现的各种有毒气体，可用喷雾水进行驱赶。人应尽量站在上风方向，借助风的作用增强驱赶效果，又能有效防止人员中毒。

7．化学危险品火灾的扑救

一般情况下，爆炸品引起的火灾主要用水扑救，氧化剂起火大多可用雾状水扑救，也可用二氧化碳灭火器、泡沫灭火器、砂土扑救。

易燃固体失火，一般可用水、砂土和泡沫灭火器等扑救。易燃液体失火，用泡沫灭火器最为有效，也可用干粉灭火器、砂土、二氧化碳灭火器扑救。由于绝大多数易燃液体都比水轻，且不溶于水，故不能用水扑救。

腐蚀性商品中，碱类和酸类的水溶液着火可用雾状水扑救，但遇水分解的多卤化合物、氯磺酸、发烟硫酸等，不能用水扑救，只能用二氧化碳灭火器扑救，有时也可用砂土灭火。遇水燃烧的商品起火，只能用干砂土和二氧化碳灭火器扑救。自燃性商品起火，可用大量水和其他灭火器料。压缩气体起火，可用砂土、二氧化碳灭火器、泡沫灭火器扑救。放射性物品着火，可用大量水或其他灭火器扑救。

技能训练

◆ 情境设置

某公司组织相关部门进行安全检查，发现 20 只干粉灭火器中，有 4 只已经过期或压力不够，消防水龙带过短。同时公司组织相关人员进行了一场安全管理教育培训并进行了安全消防演习。

◆ 技能训练目标

1．通过分析该情境，让学生了解消防的重要性。

2．通过训练，让学生掌握消防器具的正确使用方法。

◆ 技能训练准备

1．学生每 5 人为一组，每小组选一名组长。

2．以组为单位完成情境分析和利用废旧灭火器进行基本灭火技能训练。

3．教师现场指导。

4．训练时间安排：2 学时。

任务 7.4 仓库的安全操作管理

工作思考

1．现代仓储企业操作不当的原因主要有哪些？

2．应注意哪些操作规程？

引导案例

某集装箱班轮远东美西航线，冬季航行于北太平洋，途中遭遇大风浪，集装箱内的卷钢由于堆固、绑扎不当，发生移动，造成 24 个集装箱箱体严重损坏，美西港口卸货困难，工人采用链条、框架等特殊工具作业，船舶在港延迟两天，公司经济损失重大。研究分析事故发生的主要原因是，发货人在卷钢货物装箱时，没有对卷钢进行正确的堆装和固定，船舶航行中受风浪影响产生横摇，卷钢这些易滚动的重件移动，撞坏集装箱。

知识链接

如何在集装箱内加固卷钢。集装箱的里面是长方体，四个内角有钩，所以可以在装箱的时候用钢丝绳和锁扣将钢卷加固，如果卷钢中间是空的，可以将钢丝绳从中间穿过，然后交叉起来接到四角上起固定作用，同时在地板上钉上木楔子以防钢卷滚动，如图 7.14 所示。

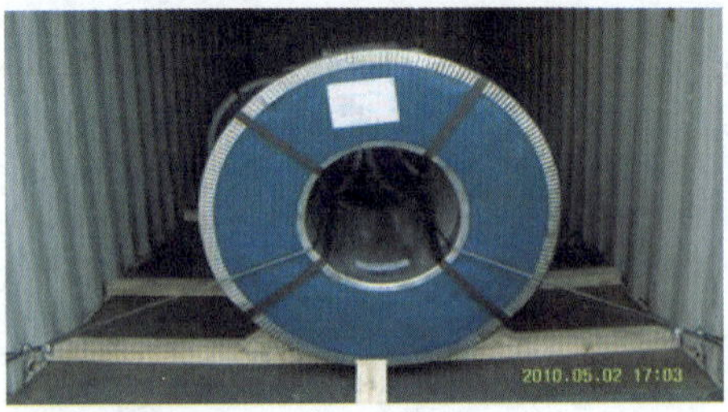

图 7.14 在集装箱内加固卷钢

任务发布

集装箱在装卸搬运和运输的过程中，需要做好加固的工作，如果你是集装箱运输公司的作业指导人员，请完成以下任务：

（1）制定集装箱的装卸与运输规范。

（2）撰写装卸作业人员操作手册。

我要学习啦

仓储安全作业管理是指在商品进出仓库装卸、搬运、储存、保管等过程中，为了防止和消除伤亡事故，保障职工安全和减轻繁重的体力劳动而采取的措施。

它直接关系到货物的安全、作业人员人身安全、作业设备和仓库设施的安全。这些安全事项都是仓库的责任范围，所造成的损失全部由仓库来承担，因而说仓储安全作业管理是经济效益管理的组成部分。

安全作业管理要从作业设备、场所和作业人员两方面进行管理，一方面消除安全隐患、减少不安全的系统风险；另一方面提高作业人员的安全责任心和安全防范意识。安全作业管理的首要任务是安全检查。

7.4.1 仓库安全作业检查

1. 安全检查的内容

从面向被检查的对象来说，安全检查的内容，主要是查思想、查管理、查制度、查现场、查隐患、查事故处理。简单说明如下：

(1)查现场、查隐患。安全生产检查的内容，主要以查现场、查隐患为主，深入生产现场工地，检查企业的劳动条件、生产设备以及相应的安全卫生设施是否符合安全要求。

(2) 查思想。在查隐患，努力发现不安全因素的同时，应注意检查企业领导的思想路线，检查他们对安全生产是否认识正确；是否把员工的安全健康放在了第一位；特别对各项安全生产法规以及安全生产方针的贯彻执行情况，更应严格检查。

(3) 查管理、查制度。安全生产检查也是对企业安全管理上的大检查。检查企业领导是否把安全生产工作摆上议事日程；"五同时"的要求是否得到落实；企业各职能部门在各自业务范围内是否对安全生产负责；安全专职机构是否健全；工人群众是否参与安全生产的管理活动；改善劳动条件的安全技术措施计划是否按年度编制和执行；安全技术措施费用是否按规定提取和使用；"三同时"的要求是否得到落实等。

此外，还要检查企业的安全教育制度，如新工人入厂的"三级教育"制度；特种作业人员和调换工种工人的培训教育制度；以及各工种操作规程和岗位责任制等。

(4) 查事故处理。检查企业对工伤事故是否及时报告、认真调查、严肃处理。在检查中，发现未按"四不放过"的要求草率处理的事故，要重新处理，从中找出原因，采取有效措施，防止类似事故重复发生。

在开展安全检查工作中，各企业可根据各自的情况和季节特点，做到每次检查的内容有所侧重，突出重点，真正收到较好的效果。

2. 安全检查的形式

(1) 综合性安全大检查，由公司领导负责，根据企业的生产特点和风险状况，组织发动广大职工群众进行检查，同时组织各有关职能部门及工会组织的专业人员，以五查为内容，进行认真、细致、全面地检查。

(2) 专业性安全检查，是对易发生事故的设备、场所或操作工序，除在综合性大检查时检查外，还要组织有关专业技术人员或委托有关专业检查单位，进行安全检查。检查时应有方案，有明确的检查重点和具体的检查手段和方法。

(3) 季节性安全检查，是根据季节特点和对企业安全工作的影响，由安全部门组织有关人员进行。如雨季以防雷、防静电、防触电、防洪、防建筑物倒塌为内容的检查；夏季以防暑降温为内容的检查；冬季以防冻保暖为内容的检查。

(4) 节日前安全检查，是针对国家重大节日或重要会议前，确保过节或会议期间的安全生产，创造安全的社会环境，由安全部门组织有关人员进行。主要检查节日期间的安全生产工作的布置、安全应急措施和安全值班布置等情况落实。

(5) 日常安全检查，是按检查制度规定的，每天都进行的，贯穿于生产过程的检查。主要由安全值班领导和安全员巡回检查；班组长、操作者的现场检查，以辨别生产过程中一切事物的不安全状态和人的不安全行为，并加以控制。

7.4.2 仓库安全操作技术

1. 人力作业安全

(1) 在仓库作业中，应尽力避免纯人力作业，如确实因货物形状、尺寸不标准而必须使用人力作业，也应仅限制在轻小件的作业。男工人力搬举货物每件不超过 50 kg，距离不大于 60 m，全日作业量不超过 30 t，尽量避免上下坡作业。搬运重物之前，应采取防护措施，戴防护手套、穿防护鞋等，衣着要合体、轻便。检查物体上是否有钉、尖片等物，以免造成损伤。

（2）尽可能采用人力机械作业。人力机械承重也应在限定的范围内，如人力绞车、滑车、拖车、手推车等不超过500kg。当用小车推物时，无论是推、拉，物体都要在人的前方。

（3）作业人员按要求穿戴相应的安全防护用具，使用合适的作业工具进行作业。采用安全的作业方法，不采用自然滑动和滚动、推倒垛、挖角、挖井、超高等不安全作业，人员在滚动货物的侧面作业。

（4）注意人员与操作机械的配合，在机械移动作业时人员需避开。只在适合作业的安全环境里进行作业。作业前应使作业员工清楚明白作业要求，让员工了解作业环境，指明危险因素和危险位置。

（5）必须有专人在现场指挥和安全指导，严格按照安全规范进行作业指挥。人员避开不稳定货垛的正面、塌陷、散落的位置，运行设备的下方等不安全位置作业。在作业设备调位时暂停作业，发现安全隐患时及时停止作业，消除安全隐患后方可恢复作业。

（6）合理安排工间休息。每作业2h至少有10min休息时间，每4h有1h休息时间，并合理安排生理需要时间。

2. 仓库机械作业安全技术

（1）对起重机驾驶人员的要求。凡操作起重运输机械的驾驶人员，必须事先经过专门技术培训，经有关部门考核合格，持证上岗。对驾驶员在操作起重机过程中有五项基本要求，即：稳、准、快、安全、合理。稳：即在操作过程中，必须做到起动、制动时平衡梁、吊钩和载荷不摇晃。准：在稳的基础上，使吊钩或重物正确地停在所需要的位置上。快：在稳、准的基础上，协调各机构的动作，缩短工作循环时间。认真做好设备的维护、保养工作，发生故障能迅速排除，保证起重机在工作时间内能不间断地工作。安全：对设备进行预检、预修，确保起重机在完好的情况下可靠有效地工作。在操作中，严格执行安全技术操作规程，预防任何人身和设备事故，在意外故障情况下，能机动灵活地采取措施，防止事故或使其损失减少到最低程度。合理：在掌握起重机的机械特性基础上，根据所吊运物体的具体情况，正确地操作起重机。

（2）巷道式堆垛起重机的安全技术。巷道式堆垛起重机专用于高架仓库。采用这种起重机的仓库高度较高。起重机在货架之间的巷道内运行，主要用于搬运装在托盘上或货箱内的单元货物；也可开到相应的货格前，由机上人员按出库要求拣选货物出库。巷道式堆垛起重机由起升机构、运行机构、货台司机室和机架等组成。起升机构采用钢丝绳或链条提升。

除了一般起重机常备的一些安全保护装置和措施，如各种机构的缓冲器、紧急停车、电机保护等，应根据实际需要，注意以下各种安全保护操作手段：

设计堆垛机时，应考虑堆垛机遇上撞击不倾覆，并应防止堆垛机脱轨。

司机应熟悉所操纵堆垛机各机构的构造和技术性能、堆垛机操作规程、规范及有关法令。司机室应有良好的视野，能观察到货物入出库作业的全部过程，便于操作和维护。

操纵台上应装电锁，必须将钥匙插入锁内，方可接通电源，取出钥匙为断电状态。

堆垛机的起升机构、运行机构及货叉伸缩机构都必须装设制动器。

使用单位应根据所用堆垛机的种类、复杂程度，按说明书以及使用的具体情况，建立必要的规章制度。

3. 仓库电器设备的安全技术

（1）各种用电系统的设计、用电装置的选择和安装，都须符合有关的技术规范或规程。

（2）照明灯具下方不准堆放物品，其垂直下方与储存物品水平间距，不得小于0.5m。电气开关应设在库外，并有防雨防潮装置保护。灯泡正下方，不准堆放可燃物。

（3）储存丙类固体物品的库房，不准使用碘钨灯和超过60W以上的白炽灯等高温照明灯具，当使用日光灯等低温照明灯具和其他防燃型照明灯具时，应当对镇流器采取隔热、散热等防火保护措施，确保安全。

（4）仓库内的灯泡严禁用纸、布或其他可燃物遮挡。仓库内可使用60W以下灯泡，不准用日光灯及60W以上的灯泡，最好用防爆灯，如图7.15所示。

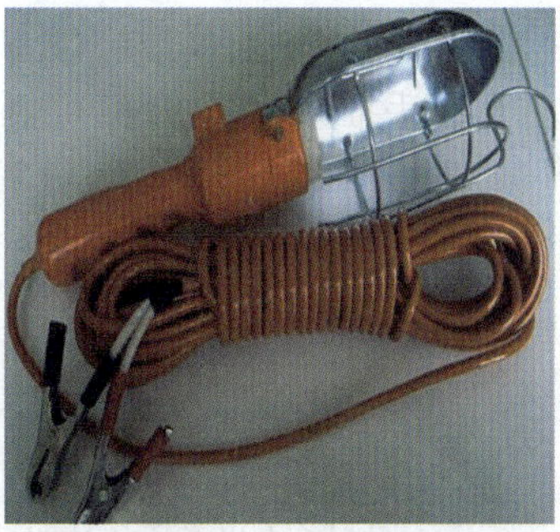

图 7.15 仓库用手持式照明灯

（5）库房内不准使用电炉、电烙铁、电熨斗等电热器具和电视机、电冰箱等家用电器。

4．库房建筑安全

库房建筑安全很重要，特别是装有桥式起重机、巷道堆垛起重机的大型、高层库房，应坚固、耐用。存放易燃、易爆物资的危险品仓库，应具有良好的防火性能，并有足够的泄压面积。库房及其他建筑物间的距离，应符合国家规定的有关《仓库防火安全管理规则》。

7.4.3 劳动保护

劳动安全保护包括直接和间接施行于员工人身的保护措施。仓库要遵守《劳动法》的劳动时间和休息规定，每日8小时、每周不超过40小时的工时制，依法安排加班，保证员工有足够的休息时间，包括合理的工间休息。提供合适和足够的劳动防护用品，如高强度工作鞋、安全帽、手套、工作服等（如图7.16和图7.17所示），并督促作业人员使用和穿戴。采用具有较高安全系数的作业设备、作业机械，作业工具应适合作业要求，作业场地必须具有合适的通风、照明、防滑、保暖等适合作业的条件。不进行冒险的仓储作业和不安全环境的作业，在大风、雨雪影响作业时暂缓作业。避免人员带伤病作业。

劳动保护工作主要包括两方面的内容：

1．安全技术措施

安全技术措施是为了消除生产作业中引起的工伤事故的潜在危险，确保职工在劳动生产过程中的安全，在技术上采取的各种措施。具体包括：机械起重设备、加工设备、电器设备、高压容器、库房建筑物的安全技术装置和技术。

2．工业卫生

工业卫生是指为了改善劳动条件，避免有毒有害物质危害仓库职工的健康，防止发生中毒和职业病而采取的技术措施，包括个人安全设备、除尘通风设备、防暑降温设备、防止噪音设备、防止毒气泄漏和散发的设备、措施、防止放射性物品对人体伤害的措施等，努力创造一个舒适、安宁的工作环境。

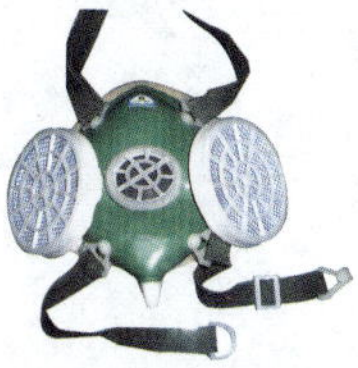

图 7.16 防尘面具

图 7.17 安全帽

技能训练

◆ 情境设置

某公司进了一批货物，孙某某是该公司的搬运工，由于入库比较急，忘记佩戴安全帽，机械装卸的过程中，货物滑落，砸在孙某某的头上，导致其重伤。事后召开事故分析会，认定未佩戴劳动保护用具和工班长监督不力是主要原因。

◆ 技能训练目标

1．通过分析该事故，让学生了解安全生产的重要性。

2．通过训练，让学生掌握安全帽的正确佩戴和使用方法。

◆ 技能训练准备

1．学生每 5 人为一组，每小组选一名组长。

2．以组为单位完成事故分析和安全帽基本佩戴技能训练。

3．教师现场指导。

4．训练时间安排：2 学时。

小　结

现代仓储的安全管理在整个仓储活动中有着举足轻重的作用，是其他一切工作的前提，现代仓储的安全管理活动包括仓库的消防、仓库的危险品管理、仓库的安全生产技术操作规范等等，安全管理贯穿于仓储管理的全过程。

参考文献

[1] 周兴建，张北平 . 现代仓储管理与实务 [M]. 北京：北京大学出版社，2012.
[2] 郑文岭，赵阳 . 仓储管理 [M]. 北京：机械工业出版社，2012.
[3] 季敏 . 仓储与配送管理实务 [M]. 北京：北京大学出版社，2011.
[4] 孙秋高 . 仓储管理实务 [M]. 北京：电子工业出版社，2010.
[5] 蒋长兵，白丽君，吴承健 . 仓储管理战略规划与运营 [M]. 北京：中国财富出版社，2010.
[6] 李英 . 仓储管理实务 [M]. 南京：东南大学出版社，2010.
[7] 周文泳 . 现代仓储管理 [M]. 北京：化学工业出版社，2010.
[8] 林贤福 . 仓储与配送管理 [M]. 北京：北京理工大学出版社，2009.
[9] 谭刚，姚振美 . 仓储与配送管理 [M]. 北京：中央广播电视大学出版社，2005.
[10] 李永生，郑文岭 . 仓储与配送管理 [M]. 北京：机械工业出版社，2011.
[11] 黄中鼎，林慧丹 . 仓储管理实务 [M]. 武汉：华中科技大学出版社，2009.
[12] 李志英 . 仓储与配送 [M]. 北京：机械工业出版社，2009.
[13] 王国文 . 仓储管理与战略 [M]. 北京：中国财富出版社，2008.
[14] 田奇 . 仓储物流机械与设备 [M]. 北京：机械工业出版社，2009.
[15] 邬星根 . 仓储与配送管理 [M]. 上海：复旦大学出版社，2005.
[16] 金汉信，王亮，霍焱 . 仓储与库存管理 [M]. 重庆：重庆大学出版社，2008.
[17] 邹晓春 . 仓储部规范化管理工具箱 [M]. 北京：人民邮电出版社，2013.
[18] 真虹，张婕姝 . 物流企业仓储管理与实务 [M]. 北京：中国财富出版社，2007.
[19] 江美亮，吴日荣 . 工厂仓储物料精益管理实务 [M]. 北京：中国时代经济出版社，2012.
[20] 蒋长兵 . 仓储作业流程表格与示例 [M]. 北京：中国财富出版社，2010.
[21] 何庆斌 . 仓储与配送管理 [M]. 上海：复旦大学出版社，2011.
[22] 王文信 . 仓储管理 [M]. 厦门：厦门大学出版社，2006.
[23] 王连新 . 仓储物流管理实务培训图表书 [M]. 北京：中国经济出版社，2013.
[24] 周轩 . 仓储管理职位工作手册 [M]. 北京：人民邮电出版社，2012.
[25] 唐连生，李滢棠 . 库存控制与仓储管理 [M]. 北京：中国财富出版社，2011.
[26] 李亦亮，徐俊杰 . 现代物流仓储管理 [M]. 合肥：安徽大学出版社，2009.
[27] 孙丽 石强 . 仓储管理实操手册 [M]. 北京：中国电力出版社，2012.
[28] 薛威 . 仓储作业管理 [M]. 北京：高等教育出版社，2012.
[29] 曲衍国 . 危险品物流安全风险及其管理 [J]．物流技术，2008，（11）.
[30] 季健 . LD 公司危险品运输管理 [D]. 西安：西北农林科技大学，2012.
[31] 李玉如 . 保税货物及其通关 [J]．集装箱化，2002，（8）.
[32] 陆海生 . 试析保税货物的风险责任划分 [J]．中国海关，1995（6）.
[33] 麦晓琳 . 我国消防安全管理研究 [D]. 大连：大连海事大学，2012.
[34] 杨晓楼，许茂增 . 我国冷藏食品物流市场现状及发展措施 [J]．重庆交通学院学报，2005（6）.

中国铁道出版社

CHINA RAILWAY PUBLISHING HOUSE

教 师 服 务 登 记 表

填表日期：

<table>
<tr><td>教师姓名</td><td></td><td>□先生
□女士</td><td>出生年月</td><td></td><td>职务</td><td></td><td>职称 □教授 □副教授 □讲师
□助教 □其他</td></tr>
<tr><td>学校</td><td colspan="2"></td><td>学院</td><td colspan="2">经济系</td><td>系别</td><td></td></tr>
<tr><td>联系电话</td><td colspan="3">办公：
移动：</td><td>联系地址及邮编
E-mail</td><td colspan="3"></td></tr>
<tr><td>学历</td><td></td><td>毕业院校</td><td></td><td colspan="2">国外进修及讲学经历</td><td colspan="2"></td></tr>
<tr><td>研究领域</td><td colspan="7"></td></tr>
</table>

主讲课程	现用教材名	作者及出版社	教材满意度
课程 1 □专□本□研　人数：　学期：□春□秋			□满意 □一般 □不满意 □希望更换
课程 2 □专□本□研　人数：　学期：□春□秋			□满意 □一般 □不满意 □希望更换
课程 3 □专□本□研　人数：　学期：□春□秋	销售管理 运营管理		□满意 □一般 □不满意 □希望更换

著书计划	

希望提供的样书

注：申请的样书必须与本表填写的授课情况相符。

书 号	书 名

意见和建议

申请提供电子课件及其其他辅助材料

此表请填写人据实填写，以详尽、清晰为盼。填妥后请选择以下任何一种方式将此表返回：（如方便请赐名片）

地 址：北京市西城区右安门西街 8 号　中国铁道出版社教材研究开发中心　邮编：100054

电 话：（010）51873014　E-mail：book@tdpress.com

图书详情可登录 http://www.51eds.com 网站查询